박정희시대 민주공화당 구술연구

이 도서는 조은문화재단의 지원을 받아 간행되었습니다.

박정희시대 민주공화당 구술연구

초판 1쇄 발행 2016년 12월 30일

엮은이 조영재
펴낸이 윤관백
펴낸곳 도서출판 선인

등록 제5-77호(1998.11.4)
주소 서울시 마포구 마포대로 4다길 4 곳마루 B/D 1층
전화 02)718-6252 / 6257   팩스 02)718-6253
E-mail sunin72@chol.com

정가 · 28,000원
ISBN 979-11-6068-026-3   94900
ISBN 978-89-5933-333-2   (세트)

· 저자와 협의에 의해 인지를 생략합니다.
· 잘못된 책은 바꿔 드립니다.

박정희시대 민주공화당 구술연구

조영재 엮음

머리말

    이 책은 박정희 정부 시기의 집권여당이었던 '민주공화당'에 관한 구술연구이다. 최근 정치학계에 일고 있는 '반성적 성찰'이 출발의 계기가 되었다. 한국의 정당정치가 지속적인 위기에 봉착해 있음에도 불구하고, 정치학 또는 정당연구가 적실성 있는 설명이나 대안을 내 놓지 못하고 있다는 것이다. 기존 연구들이 서구중심적 개념과 이론에 과도하게 의존한 것이 이유 중에 하나로 지목되었다. 물론 이러한 개념과 이론들이 한국 정당정치를 다른 사회와 비교할 수 있도록 보편적 범주를 제공해 주었다는 점에서 의미가 크다. 하지만 여기에는 한국 정당정치의 특수한 맥락이나 변화 경로의 특성에 대한 이해가 전제되어야 한다는 것이다.
    그런 의미에서 이 책은 한국정당정치에 대해 역사적 맥락에 접근하고자 하였다. 다음과 같은 두 가지 이유에서 그렇다. 첫째, 공화당에 주목한 이유를 들 수 있다. 공화당이 한국 보수정당의 원형(prototype)에 가깝다고 보기 때문이다. 공화당 이후를 승계한 민주정의당은 당사나 연수원 같은 경제적 자산뿐 아니라 사무국의 인력자산, 그리고 교육 프로그램, 경험과 노하우 등과 같은 지적 자산의 일체를 승계하였다. 따라서 한국 보수주의 정당의 경로의존적 변화 과정을 확인하기 위해 공화당을 살펴보는 것이 매우 중요하다. 공화당이 한국 정당정치에 미친 영향은 그 계승정당에 그치지 않는다. 정당 사무조직의 구성과 운영은 반대당과 그 계승정당에게까지 영향을 미쳤다. '공화당으로부터의 전염'이라 할만했다. 둘째, 구술(oral history)을 통해 접근했던 이유를 들 수 있다. 사실 정당은 '단일한 공동체가 아니라 전국적으로 퍼져있는 수많은 작은 집단들의 연합체'라는 듀베르제의 표현 이상으로 복잡한 구성물이다. 한쪽으로는 유권자 개인에게 연결되어 있으며, 다른 한 쪽으로는 정부에 연결되어 있다. 그리고 그 사이는 다양한 행위자들의 위계 또는 연계로 가득 채워져 있다. 구술은 이러한 행위자들의 다층적이고 복합적인 관계를 추적할 수 있는 다양한 정보를 포함하고 있을 뿐 아니라, '그 시간, 그 장소'에 대한 경험적 진술은 한국 정당정치연구에 결핍되어 있는 현장성을 메울 수 있는 좋은 자료이다.

이 책은 6편의 구술로 이루어져 있다. 이 중 4편의 구술은 2015년 명지대국제한국학 연구소에서 진행한 정기학술포럼의 일환으로 진행된 것이다. 강성원(2015.4.8), 김영도(2015.6.17), 김원웅(2015.10.7), 김한선(2015.11.7)의 구술이 그것이다. 나머지 2편은 한국학중앙연구원과 명지대국제한국학연구소가 진행한 정당정치 구술 중 일부를 발췌한 것이다. 예춘호(2010.2.10)와 정창화(2013.4.9)의 구술이 여기에 해당한다. 이 책의 말미에 보론을 첨부하였다. 기록학연구(제43호, 2015)에 실렸던 글이다. 정치엘리트 구술자료의 특성을 이해하는데 도움이 될 것이다.

무엇보다 구술에 참여해 주신 분들께 감사를 드린다. 역사적 기록을 남긴다는 책임의식이 없었다면, 고령의 나이에 구술에 참여하기란 결코 쉬운 일이 아니다. 덧붙여 포럼을 후원해 준 조은문화재단과 국제한국학 학술총서를 출간해 준 도서출판 선인에 감사드린다. 또 포럼을 진행해 주신 정성화 소장님, 김택호·손동유 두 분의 연구교수님께도 감사를 드린다.

2016년 12월
조영재

목 차

머리말 ··· 5

서론: 민주공화당 연구와 구술연구 ·· 11

제1부 공화당 창당요원 구술
- 강성원 ··· 27
- 김영도 ··· 53
- 예춘호 ·· 113

제2부 공화당 공채요원 구술
- 정창화 ·· 149
- 김한선 ·· 219
- 김원웅 ·· 251

보론: '사실'과 '구술자료'의 간극에 대한 하나의 해석
   －정치엘리트구술을 중심으로－ ·· 291

서론: 민주공화당연구와 구술연구

조영재
명지대학교 국제한국학연구소

정당정치 연구와 민주공화당

    서구사회와 비교해 볼 때 한국의 정당은 짧은 생명주기를 가지며, 이합집산을 거듭하는 유동적인 존재라는 특징을 보인다. 그에 비춰 볼 때 민주공화당(이하 공화당)은 상당히 이례적인 존재이다. 공화당은 1963년 2월 26일에 창당되어 1980년 10월 27일 해산될 때까지 17년 8개월 동안 존속했다. 새누리당과 함께 한국에서 가장 오랜 수명을 가진 정당이다.[1] 이 정당은 1년여 기간 동안의 치밀한 준비과정을 거쳐, 전국적으로 1,300여 명의 유급사무요원과 15만 명의 당원을 갖춘 매머드 정당으로 출발하였다. 위로부터는 당총재로부터 리동통(里洞統)과 같은 최하급 말단 행정단위를 거쳐, 생활단위인 자연부락에 이르기까지 조직화하였다.[2] 당원들에게 정기적·비정기적으로 다양한 교육을 제공하

---

[1] 새누리당은 1997년 11월 21일 신한국당과 민주당의 합당으로 창당된 이후 2015년 7월에 공화당의 수명기록을 갱신하였다.

[2] 통상 농촌사회에서 '마을'이라고 불리며, 경작이나 자연조건 등을 이유로 자연적으로 형성된 취락단위를 지칭한다. 1963년 당시 조사에 따르면 자연부락의 숫자

였으며, 1970년대 10여 년 동안 교육받은 당원의 숫자만 하더라도 110만여 명에 달했다. 또 3번의 대통령 선거(제5대~제7대)와 5번의 국회의원선거(제6대~제10대)의 선거를 치르며 집권당의 지위를 누렸다. 하지만 공화당은 한국정당정치사에서 뚜렷한 족적을 남겼음에도 불구하고, 그다지 학문적 주목을 받지는 못했다. 거기에는 다음과 같은 몇 가지 이유가 있다.

첫째, 연구자들이 주로 1987년 민주화 이후의 정당정치에 관심이 있었기 때문이다. 정당이 대의제 민주주의를 작동시키는 핵심적인 메카니즘이라는 것을 고려해 보면, 어쩌면 당연한 일이다. 그렇다면 권위주의 하에서 정당은 의미가 없는가? 그렇지 않다. 현대 정치사를 보면 가장 민주주인 체제에서부터 가장 전체주의적인 체제에 이르기까지 하나 또는 그 이상의 당기구가 존재해 왔으며, 체제가 작동하는데 중심적인 역할을 해왔다.3) 공화당 역시 박정희 정부시기의 권위주의 체제의 수립과 유지과정에서 결정적인 역할을 수행했었다. 공화당의 기능과 위상의 변화는 박정희 권위주의 체제의 작동방식과 밀접한 관련이 있었다. 예컨대 공화당은 민정이양 시기, 3선개헌 시기, 유신체제 시기에 각각 역할과 위상을 달리했으며, 권위주의체제가 붕괴되는 과정은 공화당의 역할 축소와 밀접하게 연관되어 있었다.

둘째, 기존의 정당정치 연구가 정당체제(party system)의 특성과 문제점을 분석하는데 치중하였으며, 상대적으로 정당의 조직과 구조에 대한 연구를 소홀히 했기 때문이다. 특히 반공주의와 지역주의의 균열

는 53,238개이며 60호 내외로 구성되어 있다(조성기, 「농촌자연부락의 집락형태에 관한 연구」, 『건축』 23집 3호, 1979, 45쪽). 보통 2~3개 정도의 자연부락이 하나의 리(理) 단위를 형성하였다.

3) LaPalombara and Weiner, *Political Parties and Political Development*, Princeton Univ. Press. 1966, 윤용희 역, 『정당과 정치발전』, 법문사, 1989, 36쪽.

이 어떻게 한국의 정당정치에 작동해왔으며, 민주화 이후에 이르기까지 보수독점적 '지역정당체제'를 지속하는데 어떠한 기능을 하였는가 하는 것은 주요 연구주제 중에 하나였다. 사실 한 사회가 민주주의로의 진전하는 것은 정당들이 유권자들에게 얼마나 폭넓은 대표와 선택의 영역을 제공하고, 또 그에 대해 어떤 방식으로 책임을 지는가에 상당부분 달려있다. 따라서 정당들이 유권자를 확보하기 위해 서로 폭넓게 경쟁하고, 그러한 경쟁을 통해 만들어 낸 상호작용의 체제로서 정당체제를 연구하는 것은 민주주의의 작동을 이해하는데 있어서 매우 중요하다. 하지만 개별 정당의 구조나 조직 또한 중요하다. 개별 정당 수준에서 유권자, 당원, 당간부가 어떻게 결합되어 있느냐 하는 것은 그 자체로 정치현실의 중요한 일부 일 뿐만 아니라, 개별정당의 조직 및 구조의 변화는 정당체제의 변화와 상호 밀접하게 연관되어 있기 때문이다. 정당조직의 방식이나 유형은 정당의 활동방식이나 선거 결과에 지대한 영향을 미치며, 따라서 정당체제의 지속이나 안정성에 영향을 미칠 수 있다.[4] 그 역도 성립한다. 물론 박정희 시기 권위주의 체제에서는 전자보다 후자가 강했다. 예컨대 박정희 시기 권위주의 체제에서 공화당의 조직과 구조는 양당 간의 경쟁체제의 영향을 받았다. 실제로 박정희 정부시기 정당체제는 정보기구나 행정기관의 개입 또는 '1구 2인 선출'의 선거제도, 유정회 제도에 의해 크게 영향을 받았다. 점차 권위주의적 정부기구의 영향력이 강화되고 급기야 유신체제 성립으로 정당 간의 경쟁은 크게 약화되었다. 그로 인해 정당의 조직과 활동이 약화된 것은 반대당 뿐 만이 아니었다. 공화당 역시 조직, 예산, 활동 등 모든 영역에서 축소가 이루어 졌다.

셋째, 기존 연구들이 서구 중심적인 사유방식과 개념에 크게 영향을

---

[4] Mair, Peter, *Party System Change: Approaches and Interpretations*, Clarendon Press. 이정진 외 역, 『정당과 정당체계의 변화』, 오름, 1997, 68쪽.

받았기 때문이다. 특히 정당의 조직과 구조 수준의 연구에서 그랬다. 서구 정당연구 계보에서 등장하는 간부정당, 대중정당, 포괄정당, 카르텔정당, 선거전문가 정당과 같은 정당조직 형태를 분석하는 개념도구들이 한국 정당연구에서 이념형적 분석도구로 활용되는 수준을 넘어서 현실에 직접 적용되기까지 하였다. 물론 이러한 개념과 사유방식을 통해, 연구자들은 한국 정당을 서구사회의 정당과 비교할 수 있는 보편적 범주와 문제의식을 가질 수 있었다는 점에서 의미가 적지 않다. 하지만 이러한 개념과 그 역사적 배열(sequence)을 단선적이고 진화론적 발전경로처럼 한국사회에 적용하였을 때, 개념과 현실의 괴리가 발생할 것은 분명하다. 한국의 정당사는 서구와 다른 발생론적 기원과 역사적 맥락을 지니고 있으며, 따라서 서구적 개념과 문제의식만 가지고 한국 정당이 지닌 역동성과 변화·발전 양상을 이해하기 어렵기 때문이다.[5] 공화당의 경우만 보더라도 서구의 정당유형과는 거리가 멀다. 형식적으로는 서구의 대중정당과 마찬가지로 당원들을 중심으로 하는 정당의 형태를 추구하였고, 사무국을 중심으로 강력한 '관료적 집중성'을 지니고 있었다. 하지만 조직의 경로와 내부 관계는 달랐다. 서구와 달리 권력을 장악한 세력에 의해 위로부터 조직되었으며, 당내 민주주의보다는 후원-지지관계(patron-client relationship)를 발전시켰다. 그리고 이러한 속성은 민정당, 민자당, 신한국당으로 이어지는 한국 보수주의 정당의 계보 속에서 상당기간 존속하였다.

---

[5] 강원택, 「한국 정당 연구에 대한 비판적 검토」, 『한국정당학회보』 제8권 제2호, 2009.

기존의 공화당 연구

이처럼 공화당 연구의 토대는 매우 빈약하다. 따라서 공화당에 대한 기존 연구는 사례가 많지 않다. 소수의 사례 중에서 심지연,[6] 김용호,[7] 장훈[8]의 연구가 대표적이다. 이들은 단순히 교과서적인 정당연구 분석틀을 넘어서, 한국정당정치에서 공화당이 지닌 역사적 맥락과 특성을 찾고자 하였다.

먼저 주목할한 연구는 심지연의 것이다. 그는 한국 정당정치를 분석할 수 있는 틀로서 '위기와 통합'이라는 가설을 제시하고, 이를 통해 공화당의 변화를 설명하고자 하였다. 그에 따르면 한국의 정당들은 여야를 막론하고 분열 했을 때에는 위기에 직면했으며, 위기에 처하면 다시 통합하려는 경향이 있다는 것이다. 공화당의 창당과정에서의 군부세력의 분열과 통합, 1963년 5대 대선과 6대 총선 이후의 주류와 비주류의 분열과 통합, 1971년 총선을 전후하여 4인체제와 구주류의 분열과 위기는 구체적인 사례라고 주장한다. 특히 공화당은 기존 정치인이 아닌 군인들이 주체가 되었음에도 다른 정당들과 마찬가지로 위기와 통합의 가설이 적용될 수 있다는 점에 주목한다. 다시 말해 주체세력의 차이에도 불구하고 위기와 통합이라는 정당변화의 동학은 공화당을 통해 한국 정당정치의 구조적 특징으로 자리 잡았다는 것이다.

그리고 심지연은 이 과정에서 정당체제라는 개념대신에 '정당구도'라는 독자적인 개념을 도입한다. 정당체제는 서구사회와 같이 비교적 안정된 국가에서나 적용이 가능하다는 것이다. 반대로 한국과 같이 정당

---

[6] 심지연, 『한국정당정치사』, 백산서당, 2004.
[7] 김용호, 『한국정당정치의 이해』, 나남출판, 2001.
[8] 장훈, 「민주공화당의 실패한 실험: 전통 앞에서 좌절한 민주공화당의 대중정당의 실험」, 한국정치사 기획학술회의 발표논문, 2000.

정치가 역동적이고 변화무쌍하며 정당의 존립에 정치권력의 작용이 크게 영향을 미치고 있는 상황에서는 권력자의 의지를 포함하고 있는 정당구도 개념이 보다 설명력이 있다는 것이다.

이와 같은 심지연의 연구는 공화당의 내부 동학(dynamics)을 전체 한국 정당정치사의 흐름 속에서, 그리고 다른 정당과 상호작용과 경쟁 속에서 분석하였다는 점에서 커다란 의의가 있다. 하지만 위기에 직면하면 통합한다는 심지연의 가설이 지닌 설명력은 제한적이다. 공화당을 포함하여 한국 정당이 이합집산을 둘러싸고 어떤 행태를 보이는가에 대해서는 설명력이 뛰어나지만, 정당 내부 조직과 구조의 변화를 설명하진 못한다.[9] 이것은 심지연 연구의 적지않은 약점이기도 하다. 왜냐하면 정당에서는 유권자로부터 출발하여, 당원, 당료 및 국회의원들로 이어지는 내부조직과 구조가 매우 중요하기 때문이다. 정당의 본질적 기능이 유권자와 정치권력을 매개하는 것이고, 정당의 조직과 구조는 구체적인 매개방식이라는 점에서 그렇다.

또 하나 주목할 만한 연구로는 김용호의 연구가 있다. 그는 공화당 내부동학을 분석하고, 공화당의 사회적·정치적 조건을 타국의 사례와 비교하고자 하였다. 그에 따르면 공화당은, 1960년대 당시 제3세계에서 빈번하게 시도되었던 것처럼, 군부의 장기집권계획의 일환으로 만들어 진 것이다. 군사정변을 통해 권력을 장악한 군부지도자 중에서 김

---

[9] 이 점은 권위주의 시기 야당 연구에서도 마찬가지다. 최근에 나온 『민주당계승 정당연구』(2015)와 『더불어민주당 60년사』(2016)가 대표적이다. 이 연구들은 권위주의 정치세력과의 갈등, 경쟁, 투쟁 등과 같은 정당체제적 측면에 분석을 집중하고 있으며, 정당자체의 조직과 구조에 대한 분석은 제한적이다. 여기에는 연구 외적인 측면이 강하게 작용한 것으로 보인다. 즉 야당은 간부정당의 속성을 가지고 있어서 당원이나 유권자의 관계가 그다지 중요하지 않았다는 점, 정치적 탄압과 빈약한 정치자원으로 인해 조직화 수준이 매우 낮았다는 점, 그리고 당시 정당자료가 거의 남아있지 않다는 점 등이 야당의 조직과 구조에 대한 연구를 방해한 것으로 보인다.

종필을 중심으로 하는 일부 세력은 강력하고 안정된 지배 정당을 건설하여 경쟁자를 무력화·종속화하기 위한 방편으로 패권정당제(dominant party system)을 추구하였다는 것이다. 그리고 한국은 패권정당의 건설에 방해가 되는 인종적·종교적·언어적 분열이 없었으며, 북한 위협의 존재는 대중을 동원하고 사회를 통제할 수 있는 기회를 제공하였다. 한마디로 패권정당 건설에 우호적인 사회적, 정치적 기반이 형성되어 있었다는 것이다. 그리고 실제로 패권정당제를 시도한 결과로, 공화당은 한때 170만 이상의 당원을 확보하고, 1967년 선거에서 압승을 하여 패권정당의 가능성을 보이기도 하였다.

하지만 김용호에 따르면, 1972년 유신이 선포되면서 공화당을 통해 패권정당제를 실현하려는 시도는 실패로 돌아갔다. 당 내부에서는 사무차장제와 부녀국을 폐지하고 지방의 관리장제를 없애는 등 조직이 축소되었으며, 당 외부에서는 유정회라는 유사정당이 공화당의 역할 일부를 대체하였다. 안정적인 지배정당, 즉 패권정당의 가능성이 사라진 것이다. 그 이유는 다양하게 존재하지만, 김용호에 따르면, 다음과 같은 두 가지가 특히 중요하다. 하나는 당내 역학이다. 공화당 사무국을 중심으로 강력한 원외 정당을 추구했던 김종필 계열이 국회의원을 중심으로 하는 원내 정당을 구축하려는 반김종필 계열에게 패배했기 때문이라는 것이다. 결국 국회의원들, 특히 4인체제(김성곤, 길재호, 백남억, 김진만)가 주도하는 공화당은 박정희 대통령의 정치적 도구로 전락하게 되었다. 또 하나는 행정부와의 역학이다. 즉 경제개발계획 등의 영향으로 행정부와 관료의 역할은 증대되는 데 반해, 공화당은 이들을 통제할 수단이 거의 없었다는 점이다. 당은 행정부에 의존하거나 심지어는 통제까지 받아야 했다. 그 결과로 유신체제 이후에 공화당은 무력화되었다는 것이다.

이와 같은 김용호의 연구는 당시 사회·경제·정치적 조건이 유사했던 제3세계 국가의 정당사례와 공화당을 비교분석을 하였다는 점에서, 더나가 공화당의 등장과 몰락을 정치적 상황과 당내 역학을 통해 설명했다는 점에서 기여가 크다. 하지만 그의 연구 역시 공화당의 조직과 구조에 대한 분석은 미흡하다. 당내 역학을 분석하는 데 있어서, 김종필 계열이나 4인체제와 같은 중앙당 최상층 지도부만을 대상으로 하고 있기 때문이다.

마지막으로 주목할 만한 연구는 장훈의 연구이다. 그는 공화당이 추구했던 정치적 프로젝트와 그 결과에 대해 분석하고자 했다. 그에 따르면 공화당은 1961년 집권한 군부가 추진했던 정당정치 근대화프로젝트의 산물이었다. 군부가 공화당을 통해 추진하고자 했던 것은 '조직, 이념, 의사소통 구조에 있어서 근대적인 성격을 갖는 대중정당'을 수립하는 것이었기 때문이다. 그들은 대중정당을 통해 연고주의와 엘리트 중심의 정당정치를 근본적으로 변화시키려고 하였으며, 특정 리더십 중심의 개인적 지배가 아닌 정당이 중심이 되는 제도적 지배를 추구하고자 했다는 것이다. 하지만 장훈에 따르면, 공화당의 정당정치 근대화프로젝트는 실패로 끝난 실험이었다. 1965년 2월 당헌개정을 기점으로 대중정당 노선은 간부정당으로 회기하였으며, 1967년 총선과 3선 개헌을 거치면서 개인지배로 귀착되었기 때문이다.

장훈의 연구가 지닌 장점은 간부정당이나 대중정당과 같은 정당모델의 보편적 범주를 적용했다는 데 있지 않다. 그는 다음과 같은 두 가지 측면에서 공화당 연구에 기여했다. 첫째, 정당정치 또는 조직의 세 가지 측면을 분석의 차원으로 도입함으로써 공화당의 정치적 프로젝트가 지니고 있는 다양한 측면들에 대한 설명력을 높였다. 조직으로서의 정당(party as organization) 차원에 대한 분석을 통해 공화당의 내부 권력구조의 변동을 설명하고, 시민사회 내 정당(party in the society) 차원을 통해 공화당이 기존 지역이익구조와 결합하는 과정을 설명하고,

정부 내 정당(party in government) 차원을 통해 집권당인 공화당이 정책결정과정과 공직충원과정에서 배제되는 과정을 설명한다. 그리고 조직으로서의 정당 차원에서의 실패가 다른 차원의 실패로 이어졌다고 주장한다. 둘째, 공화당의 근대화프로젝트의 결과가 한국정당정치에 남긴 유산에 대한 지적이다. 그는 개인적 리더십과 연고주의, 시민사회와의 괴리, 행정부 종속적인 집권정당 등과 같은 한국정당정치의 원형이 바로 공화당의 실패에서 연원한다는 것이다.

이와 같은 장훈의 연구는 기존 정당정치의 분석틀과 방법을 공화당 연구에 적극적으로 적용하려는 시도라 할 수 있으며, 그 결과 공화당이 지니고 있는 다양한 측면을 복합적으로 드러내고 설명력을 높이는데 기여한 것으로 보인다. 하지만 그의 주장에서 일부는 논쟁적이며, 일부는 확증이 필요한 가설의 영역에 존재한다. 특히 개인적 지배, 연고주의, 시민사회와의 괴리는 공화당이 창당되기 이전인 1955년에 창당된 민주당과 그 계승정당들에서도 지속적으로 이어 내려온 문제이다. 다시 말해 최소한 민주당 계승정당에 대해 공화당의 유산을 언급하는 것은 적절치 않다.

이처럼 몇몇 소수의 연구가 공화당 연구를 크게 진척시켰지만 아직 남아있는 문제들이 적지 않다. 통시적으로나 공시적으로 설명되어야 할 연구영역과 주제들이 많이 남아있다. 다음은 연구영역을 그림으로 나타낸 것이다.

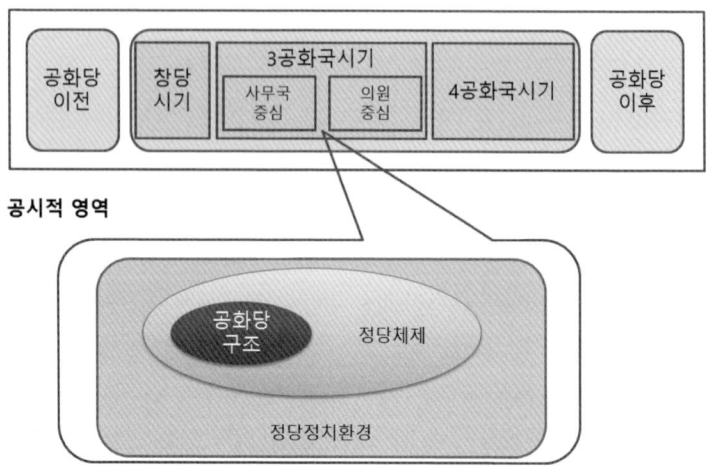

〈그림〉 공화당 연구의 영역들

통시적으로 볼 때, 공화당이 기존체제와는 어떤 관계 속에서 창당되었으며, 18년의 존립기간 동안에 어떤 변화과정을 거쳤으며, 해체 이후 어떤 유산이 어떻게 작동되었는지 설명되어야 한다. 특히 정당발생의 한국적 경로와 그 특이성에 대해 연구되어야 한다. 공화당은 의회체제 외부에서 조직된 전국적인 당원조직을 갖추고 출발하였다는 점에서 일종의 '외생정당'이자 '대중정당'의 특성을 지니고 있지만 그 경로와 방식은 서구사회와 전혀 달랐다. 즉 참정권을 갖지 못한 일반대중을 조직하여, 선거권의 확대와 함께 의회체제에 내부로 진입했던 서구의 외생적 대중정당과 달리, 공화당은 기존의 의회체제를 정지시키고 강압적인 방식으로 '위로부터 자원과 조직을 동원'하였기 때문이다.

공시적으로 볼 때, 공화당의 조직과 구조, 사회적 기반, 정부나 다른 정당과의 관계 및 상호작용 등에 대해서도 충분한 연구가 필요하다. 특히 공화당의 사회적 기반의 형성과 변화에 대해 설명이 필요하다. 서구의 정당들이 사회적 갈등을 발생시키는 사회균열(social cleavage)에 기반하고 있는 반면, 공화당의 사회적 기반은 다소 복합적인 것으로 보이기 때문이다. 처음 공화당을 조직했던 군부엘리트들은 빈농 또는 중농 출신들이 주축이었던 것으로 알려져 있으며, 여기에 중산층 지식인이나 지역인사, 관료 등이 결합하였다. 창당 이후에는 구정치인, 기업가, 지역지배층(지역유지)들에 의해 당조직과 활동이 주도되었다. 이들이 어떻게 공화당의 보수적 사회기반으로 통합되었는지, 그리고 어떻게 공화당의 이념과 정책을 수용하게 되었는지에 대한 연구가 진척되어야 한다.

이 책의 구술자들

앞서 말했듯이 공화당 연구의 영역과 주제는 많이 남아있지만, 그에 비해 연구자료는 매우 빈약하다. 공적인 자료로는 공화당에서 출간한 『민주공화당4년사』(1967), 『민주공화당사』(1973)와 중앙선거관리위원회에서 발간한 『대한민국정당사』 제1집(1973)과 제2집(1981) 등이 있다. 하지만 공화당이 생산했던 대부분의 자료들은 공화당의 청산과 함께 망실되거나 개인적으로 소장하고 있는 것으로 알려져 있다.[10] 이 같은 상황에서 구술자료는 매우 사료적 가치가 높다. 구술자료는 문서자료의 결락을 보완해 줄 수 있을 뿐 아니라, 문서자료로는 담을 수 없는 풍부한 정보들을 포함하고 있기 때문이다.[11]

---

[10] 공화당 기록물을 개인적으로 가장 많이 소장하고 있는 이는 김종필 전 공화당 총재로 알려져 있다. 공화당 기관지인 『민주공화보』를 비롯하여, 다수의 메모, 서류, 사진 및 박물(artifacts) 등 공화당 관련 기록물을 소장하고 있는 것으로 알려져 있다.

이 책에서는 6명의 구술을 수록하였다. 이들은 모두 공화당 사무국 요원[12] 출신으로, 핵심실무책임자를 거친 정당정치의 핵심인물들이다. 그중에 강성원, 김영도, 예춘호는 공화당의 창당과정 참여했던 이른바 '창당요원' 출신들이다. 나머지 3인 정창화, 김한선, 김원웅은 공채시험을 통해 공화당에 들어온 '공채요원' 출신들이다.

창당요원들은 공화당의 창당과정과 이른바 '이원조직'의 변화과정에 대해 많은 구술을 남겼다. 강성원은 군 출신으로 5·16에 참여하였으며, 김종필의 지시를 받아 공화당 창당작업의 실무를 책임졌다. 공화당의 사전조직인 '재건동지회'를 기획하고, 조직하고, 교육하는 과정에 대해 구술을 남겼다. 그는 공화당 창당 자금을 조달하기 위해 이른바 '증권파동'을 일으켰으나, 그에 관한 구술은 개인적인 사정으로 이루어지지 못했다. 김영도는 교사생활 도중에 강압적으로 발탁되어 재건동지회에 참여한 경우이다. 그는 공화당의 선전부에서 주로 활동하였으며, 사무차장 직위에까지 올랐다. 공화당의 사전조직뿐 아니라 공화당 조직과 교육 및 선전활동에 관하여 구술을 남겼다. 예춘호는 대학강사 출신으로, 부산지역에서 기업을 운영하고, 사회사업을 했던 인물이다. 재건동지회 경남지부 책임자로 발탁되어 공화당 사무총장의 지위에까지 올랐다. 그 역시 공화당의 사전조직과정과 교육과정뿐만 아니라, 초기 사무국 중심의 당조직이 의원 중심의 공화당으로 변화하는 과정에 대해 상세한 구술을 남겼다. 이러한 변화의 결정적 기점이었던 1965년 당헌개정 당시, 그는 사무총장이었다.

---

[11] 이 책의 보론 참조.
[12] 한국 정당사에서 사무국(처)에 근무하는 유급인력에 대해 '사무국요원'이라는 명칭을 최초로 부여한 정당은 공화당이었다. 이후 이 명칭은 민정당, 민자당 등 계승정당에서도 이어졌다. 반면 야당이었던 신민당 등에서는 '사무국직원'이라는 명칭을 사용하였다. 대부분의 정당들이 '사무국당직자'라는 표현을 사용한 것은 2000년대 이후의 일이다.

공채요원들은 주로 사무국 내에서 자신들의 활동과정과 공화당의 몰락 또는 민정당으로의 승계과정에 대해 구술을 남겼다. 정창화는 공화당 사무국에 공채1기로 선발되었으며, 말기에는 훈련부장을 맡았다. 그는 사무국 요원의 교육과정, 청년조직에서의 활동, 당원교육활동 등에 대해 상세한 구술을 남겼다. 그는 당원교육과 훈련에 관한 흔치 않는 전문가로서 이후 민정당에서도 훈련국장과 훈련원부원장을 지냈다. 김한선 역시 공채1기 출신이다. 줄곧 조직부에서 성장하여 조직부장까지 역임하였으며, 공화당 청산과정에서 청산위원을 지냈다. 그는 당 조직활동, 정치자금조달방식, 10·26 이후의 당 운영 등에 대해 구술을 남겼다. 김원웅은 공채 7기 출신이다. 그는 주로 선전부에서 활동했으며, 대만 유학 후에는 조직국장을 지냈다. 선전부 산하 해외국에서의 활동, 공화당의 민정당으로의 승계과정, 여당과 야당의 차이점 등에 대해 구술을 남겼다.

제1부

창당보원 구술

강 성 원
김 영 도
예 춘 호

강성원

❏ 사회자 : 조영재 (명지대 국제한국학연구소 연구교수)

❈ 구술자 소개

강성원은 1928년 황해도 사리원에서 출생하였으며, 사업을 하는 가정에서 성장하였다. 한국전쟁이 발발하자 전시 장교양성기관이었던 육군종합학교 17기생으로 입교하였으며, 1950년대 후반 미국에서 미군으로부터 기획관리에 관한 교육과 훈련을 받은 이후에는 관련 전문가로 활동하였다. 김종필 중령과는 육군본부 정보참모부에 함께 근무하며 인연을 맺었으며, 그때부터 김종필의 핵심참모역할을 하였다. 5.16 군사정변 당시 국가조사기관을 총괄하여 예비검속과 재벌수사업무를 주도했다. 중앙정보부가 창설된 이후에는 현역 소령이자 행정관의 신분으로 공화당사전조직의 실무를 총괄하였으며, 창당에 필요한 자금을 조달하기 위해 '증권파동'을 주도하기도 하였다. 1963년 공화당이 창당되자 초대 조직부장이 되었고, 1966년에는 원외 사무차장직을 맡았다. 1971년 제8대 전국구 국회의원이 되었으나, 10월 유신 이후 정계를 은퇴하였다. 이후 축산업을 시작하여 현재까지 성원목장을 경영하고 있다.

<주요 이력>
1928년 황해도 사리원 출생
1950년 육군종합학교 입교
1962년 육군소령 예편
1963년 공화당 초대 조직부장
1966년 공화당 사무차장
1971년 제8대 국회의원(전국구)
1975년 (현)성원목장회장

조영재 : 지금부터 명지대 국제한국학연구소 정기 학술 포럼을 시작하겠습니다. 올해부터는 박정희 정부 시기의 정당, 공화당에 관한 구술연구를 진행할 예정입니다. 첫 구술을 해주실 분으로 강성원 의원님을 초대했습니다. 공화당은 한국에서 최초로 근대적인 조직체계를 갖춘 정당[1]으로 볼 수 있었고요, 그 정당의 조직을 실제로 실무적으로 총괄하고 기획하셨던 분이기 때문에 의미있는 첫 출발이 되지 않을까 싶습니다. 간단히 약력을 소개해 드리겠습니다. 공화당을 창당하는 과정에서 실질적으로 기획하고 진두지휘하셨고, 그리고 공화당 사무차장, 8대 국회의원을 역임하셨으며, 현재 성원유업 회장님으로 계십니다. 의원님에게 본격적인 질문을 드리기 전에 앞서 의원님에 대한 사회·교육적인 배경에 대해 간단히 듣고 싶습니다. 1928년 황해도 사리원에서 출생하신 걸로 알고 있는데요, 부모님들은 어떤 분이셨는지, 가족관계나 교육적 배경은 어떠셨는지 간단하게 소개를 부탁드리겠습니다.

강성원 : 저희 세대사람들은 다 비슷하지만, 저도 서당에 다닌 것부터 어린 시절을 보냈죠. 제 선친은 마흔여덟에 돌아가셨어요. 그러니까 6·25전쟁 한창 할 때 돌아가셨죠. 나는 익산에서 중대장으로 근무를 하고 있는데, 친구가 전화를 했어요. 병에 걸리셔서 마흔여덟 살에 세상을 떠나셨어요. 그 이후에 근년에 와서 우리 강씨 족보를 새로 만드는데 제가 관계를 해서 이제 이것저것 따지다 보니까, 제 할아버지도 마흔여덟에 돌아가셨어요. 제 선친은 돌아가시기 전에는 저 하나를 손 잡고 38선을 넘어왔어요. 황해도 사리원에서요. 삼팔선을 넘어왔는데, 그 이후에 제가 이북에 드나들면서 형도 데려오고 삼촌도 데려왔어요.

---

[1] 해방 직후 근대적인 대중정당을 지향한 남로당이 있으나, 정부수립이전이므로 논외로 한다. 한민당, 자유당, 민주당 등이 있었으나, 이들은 국회의원과 명망가들이 모인 전형적인 간부정당의 특성을 띠고 있었다.(심지연·김민전,『한국정치제도의 진화경로』, 백산서당, 2006, pp.311~314)

마흔 여덟에 돌아가셨으니 제가 육군 중위 때 돌아가신 거예요. 제 선친이 독립운동 하시는 분들과 관계가 깊었어요. 돈은 많이 못 냈을 거예요. 하여간 그분들과 같이 지냈어요. 그 중 한분이 해방 후에 서울에 와서 독립촉성국민회의라는 것을 조직했어요. 거기에 제 선친도 들어와서 일을 봐라 해서 일을 보고했어요. 저는 공부를 한다든지 그런 것 보다요, 고급기술을 하고 싶었어요. 당시 아버지가 글리세린(glycerin) 수입하고 파는 사업을 하셨어요, 그래서 재미있게 사업을 하셨거든요. 그렇게 빨리 돌아가실 줄 모르고 돈을 썼었죠. 아버지께서 6·25가 나니까, 형과 함께 한강다리가 무너지니까, 자전거를 하나씩 주셨어요. 이걸로 부산까지 가라하셨어요. 무책임하게 가라고하셨어요. 이게 서로 헤어지게 된 시간이 되고 만 거죠.

조영재 : 한국전쟁 당시 군입대를 하신 것으로 알고 있습니다. 어떤 경로로 입대하셨습니까?

강성원 : 난 부산에 가서 입대했어요. 군에서 동래고등학교 건물을 빌려서 을종사관후보생, 그 당시 육군종합학교를 만들어서 17기로 들어갔어요. 육사시험을 보지 않고 육군종합학교 17기로 들어가서 9주 동안 훈련해서 소위로 만들어요. 그거 끝나고 나니까 군번을 주었어요. 210090, 번호가 참 인상적이라 제가 아직도 잊지 않고 있어요. 후보생으로 들어가서 성적을 가지고 201을 시작해서 저까지 온 거죠. 꼴찌에서 두 번째라고 하더라고요. 육군소위로 임관되어 6사단으로 배치되었어요. 당시 장도영 씨가 6사단장이었어요. 전혀 아는 사람이 없었어요. 그런데 연락장교가 됐죠. 6사단 19연대 5중대 2소대장, 이런 게 됐어요. 육군 소위가 된 거죠. 2주 만에 가슴에 총을 맞아 쓰러졌어요. 지혈해서 눕혀서 엠블런스를 타고 가라고 했는데, (그만) 위생병이 잊었던 거예요. 저녁이 되서 정신이 들었는데, 아주 허름한 약초집에 눕혀있더라고요. 그 집에 처녀가 있었어요. 아마 17~18살 정도 됐을 거예요, 그

처녀가 닦아주고 물을 주고 했는데, 빨리 후송이 안 돼도 크게 고생을 안 할 거 같다는 생각이 들더라고요. 밤 11시 쯤 되서 미 공병대 장교가 하나와요. (제가) 영어를 조금 엉터리라도 했거든. 그 장교가 중위였는데, "어떻게 된 거냐"고 자꾸 묻는 거예요. "나는 잘 모른다"고 우물거리면서 있는데, "내가 이렇게 낙오된 것은 내 탓이 아니고 전투를 지휘하는 놈 탓이다" 이렇게 이야기했어요. 12시가 조금 넘으니 비행기 소리가 나요. 그 옆이 비행장이었어요. 간이비행장인데, 비행기가 서있었죠. (저를) 미군 트럭 뒤에 실어서 문 있는데 갔다 놨어요. 들어서 옮기는걸 보니 다 미국사람이에요. 철모를 벗어서 놨는데, 부상당한 곳이 두 곳이었어요. 가슴엔 총을 맞고, 머리에는 122mm 박격포를 맞았어요. 아슬아슬하게 생명이 붙어서 왔는데, 그 철모에 포탄 파편이 박혀있었어요. 비행기에 내려서 부산 시골병원에 한국장교들을 보냈는데, 그(곳에서) 하루에 평균 6명이 죽는데요. 그런데 기분이 나쁘더라고요. '죽더라도 싸우다가 죽든지 해야지, 그냥 아무가치도 없이 죽어버리면 되겠나'라는 생각이 들더라고요. 어렸더라도 생각이 많았죠. 거기서 제 옆에 누워있던 장교가 그 다음날 아침에 죽더라고요. 기분이 참 나쁘더라고요. 가톨릭 수녀가, 뚱뚱한 분이 제 담당이어서 닦아주고 있었는데, 책을 주며 공부하라고 하더라고요. 고마워서 공부를 했죠. 세례를 받아 보는 게 어떻냐고 하더라고요. 세례를 받으려면 시험에 합격해야한다고 하더라고요. 엉터리로 공부 한 거 같은데도 합격해서 세례를 받아 오늘날까지 엉터리 신자로 살고 있습니다. 말이 많은 사람이 아닌데, 말이 없다고 핀잔 받는데, 이 자리에오니까 말이 술술 나오네요. 별 가치도 없는 얘기를 많이 했습니다.

조영재 : 역사적 사료가치가 충분히 있을 뿐만 아니라, 이후 의원님의 활동을 이해하는 데도 도움이 될 거라 생각됩니다. 흥미로운 이야기입니다만, 주제로 접근하여 질문을 계속하겠습니다. 당시 박정희 정보

학교교장과 인연이 있었던 것으로 알고 있습니다.

강성원 : '5·16혁명'에 참여를 하게 된 이유이기도 하죠. 제가 중위 때, 6·25가 바로 끝나고 말이죠, 육군 정보학교에 배속이 되었어요. 학교에 가보니까 육군 대령이 교장을 하고 있는 거예요. 그게 바로 박정희 대통령이에요. 그 양반이 군사학(軍史學)에 아주 조예가 깊어요. 여기서 사는 역사 사(史)자에요. 일주일에 한 시간씩 매주 교관들 모아놓고 강의를 했어요. 거기서 그 양반에 대해 존경하게 됐달까, 매료됐어요. 그 양반이 말하는 건 뭐든지 옳은 거 같고, (그래서) 말하는 것들을 기억하려 노력했어요. 그렇게 교관을 하다가, 정보참모부로 발령이 났어요. 박정희 대령과는 인연이 그때 끊어졌죠. 얼마 있다가 보니까, 육군정보참모부에 문관으로 오더라고요. 대령으로 있다가 면직을 당한 거 같아요. 자세한 과정에 대해서는 못 들었지만요. 대령이 사라지고 문관 박정희가 됐던 거예요. 1년간 정보참모부에 문관으로 일을 하셨어요. 또 소령으로 편입됐어요. 당시 군에 현역으로 편입됐던 거 같아요. 저는 육군정보참모부 연합정보과에 있었습니다. 거기에서 배정받은 연구가 있으면 보고서를 내고, 발표하는 나날을 보냈죠. 거기 과장이 김종필이에요. 제가 있었던 과는 CIC, HID, SIS[2] 같은 정보 단체들.

조영재 : 군 정보기관 말씀하시는 건가요?

강성원 : 예, 그 기관들의 예산을 다루던 곳이에요. 예산을 다룬다는 것은 단순히 돈을 다룬다는 것이 아니라, 금년이나 내년에 그곳에 무슨 일을 시킬 것이냐, 병력을 추가를 할 것이냐, 훈련을 어떻게 할 것이냐, 그런 계획을 세우는 일을 했었죠. JP(김종필)가 참 다재다능한 사람이

---

[2] SIS(Special Investigation Service)는 육군본부 정보국 소속 '특별수사대'이며, 이는 1949년 '방첩대'(CIC: Counter Intelligence Corps)로 바뀌었다.
HID(Headquarters of Intelligence Detachment)는 한국전쟁 당시 활동했던 '육군첩보부대'를 말한다.

고 거짓말을 잘해요. 내가 그 양반 밑에서 CIC, HID, SIS의 예산을 다 뤘는데, 가끔 자신에게 술값이 없으면, "예산 준걸로 하고 가져와" 합니다. 우리가 "그건 도둑질입니다" 하면, "나중에 갚아 넣을게 걱정하지 마라" 이러더라고요. 뭐로 갚아 넣었나. 나중에 생각해보니까 정권을 잡아서 정치자금으로 메꿔 넣으려 했던 거 아닌가 생각돼요. 그 양반 밑에서 그냥 연구관으로 있었는데, 어느 날 자신의 집으로 가자고해요.

조영재: 그때부터 '5·16군사혁명'에 관여하게 되신 계기를 말씀하실 거 같은데요. 그 전에 한 가지 질문을 하고 넘어가겠습니다. 의원님께서는 1953년 포트베닝(Fort Benning)[3]에 다녀오셨고, 육본시절에도 6개월 정도 미국에 가서 군사교육을 받으신 걸로 알고 있습니다. 당시 한국군의 유망한 장교들을 상대로 미군이 종종 교육을 실시하였는데요, 그때 어떤 교육을 받으셨습니까? 그리고 그 교육이 한국군에 미친 영향이나, 의원님의 정치활동에 미친 영향은 무엇이었습니까?

강성원: 1년을 갔다 왔어요. 거기에 가있는 동안 우리 정부에서 '훈련 기간을 늘려서, 교육을 확대해서 해 달라'고 대사에게 지시를 했어요. 학교 교장인 소장과 김용식 대사가 친했다고 해요. 그 양반이 교섭을 해서 6개월에서 1년으로 연장했는데, 무슨 교육을 하기 위해 그랬냐면, 기획관리. (당시) 우리 육군에 기획관리가 없었어요. 그것을 우리 군에 퍼트리기 위해서, 교육을 철저히 해서 보내달라고 했어요. 저는 6개월 예상하고 갔는데, 1년 동안 훈련하고 왔죠. 한국에 와서 육군본부에서 기획관리 교육을 받고 온 장교들을 1군에 한 사람, 2군에 한 사람, 육본에 두 사람 이런 식으로 배치했어요. 육군은 기획관리 업무에 관한한 우리나라 모든 공기관 중에서 수준이 높았죠.

조영재: 당시 수준에 비춰봤을 때요?

---

[3] 미국 조지아주에 위치한 미육군보병전문교육훈련기관이다.

강성원 : 예, 5·16 직후에 각 국가기관과 기업에 '(기획)관리실'을 만들었어요.

조영재 : 미군교육 경험의 여파인가요?

강성원 : 예, 그 경험의 여파이죠. 나는 정보참모부에서 갔다가 돌아왔고, (그리고 나서) 정보기관에 교육을 하고 다녔죠. 다른 사람들은 작전에서 갔던 사람도 있고, 각기 다른 군의 보직에서 투신해서 일을 했지만, 종합적으로 연구하는 것도 꽤 효과적으로 진행됐던 거 같아요. 육군의 경우는 각 군의 종류별 조직에서 전체적으로 상당한 수준까지 교육을 했어요. 5·16 이후에 각 (행정)부서에 파견 나갔던 장교들은 대체로 나에게 교육받았던 사람들이었죠. 이렇게 말하면 제가 그 사람들보다 위에 있어 보이지만, 그것은 사실이 아니고요. 강한 힘을 가진 사람들로 대체로 8기생이었고, 우리같이 전쟁 이후 짧게 훈련받은 장교들은 아니었어요.

조영재 : 당시 미국에서 근대적이고 체계적인 기획 관리업무를 배우셨고, 그것이 한국군에 전파되었고, 5·16 이후에는 한국정부부처에까지 확산되었다고 말씀하시는 건가요? 그 이후의 일입니다만, 공화당을 창당하고 사무처장까지 하실 때 당시의 미국에서의 기획관리 교육과 경험이 효과가 있었다고 생각하시나요?

강성원 : 전 굉장히 효과가 있었다고 생각돼요. 국가 기관 전체가 기획관리를 몰랐기에 그 영향은 엄청났다고 생각됩니다.

조영재 : 교육을 받고 오셨을 때 일입니다. 당시 기획관리과 과장이 김종필 씨였습니다. 좀 전에 말씀하시길, 김종필 씨가 어느 날 갑자기 집으로 초대했다고 하는데, 그 이유는 무엇이었습니까?

강성원 : 그때 많은 이야기를 나눠 다 기억하지 못하지만, 이야기의 핵심은 이거에요. '군대에서 얼마나 출세할 수 있을 거 같으냐' 같은 이야기부터요. (제가) 군대에서 출세는 다 틀렸지요. 내가 중근신(重謹

愼) 2주일짜리를 두 번 받았어요. 한 번은 육군대령을 때려서 중근신을 받았습니다. 나보다 계급이 위인 대령을 못 본 척하고 자리를 안 비켰어요. 일본 같으면 맞아죽었죠. 일본군은 더하니까요. 우리군은 처음 창건 할 적에 일본군의 찌꺼기들이 출세를 해 가지고 비슷하게 만들어 갔지만, 일본처럼 심하지는 않거든요. 일본 놈들은 지금도 그래요. 지금도 옛날처럼 두들겨 패고 그래요. 한국은 병정하나 죽으면 난리가 나죠. 일본은 그런 거 없습니다. 일본은 군대에서 결정하고, 국가의 이익에 필요하다 싶으면 전 국민이 하자고하죠. 일본인들이 그런 근성이 있죠.

조영재 : 김종필 씨 자택으로 가셔서 어떤 이야기를 나누셨나요?

강성원 : 결국 그 이야기죠. 4 · 19 이후 국무총리 멱살 잡고 나오던 때 아니겠습니까. 연합정보과에서는 사회적 현실을 가지고 분석을 한 결과가 책자로 나왔습니다. 거기에서 일치된 견해가 뭐냐면, 어떤 정보판단을 하고 있었냐면, '만일 이대로 나간다면 금년 내에 적화된다' 였어요. 그건 엉터리죠. 1년 내에 적화되겠어요? 그때는 행정공무원뿐 아니라, 학자도 전부 엉터리였어요. 그런 책을 만드는 일을 하던 사람들이니까, 제대하고 나서는 그런 이야기들을 밤새워 하고 있었어요.

조영재 : 당시에는 그 이야기를 진지하게 받아들이셨나요? 북한의 위협에 대해서요?

강성원 : 그럼요. 그거에 대한 정보는 우리가 굉장히 많이 활용했으니까 말이죠. 결국 JP의 이론은 그거예요, '군 생활 해봤자 대장되기는 틀렸다' 이거예요. 제가 고분고분하지 않는 성격이란 걸 이 양반이 알고 이야기하고, 높은 분을 무서워하지 않는 것도 알고 하는 얘기니까, 이야기가 금방금방 맞아 들어가죠. "기회가 있으면 한 번 뒤집어 보고 싶어요"라고 이야기했죠. 그날 밤 뭐라도 같이해보자고 이야기됐죠.

조영재 : 김종필 씨는 1960년 9월에 있었던 소위 '하극상 사건'[4]의

배후조종자로 지목되어 군복을 벗게 되지 않습니까? 그 이전입니까 그 이후입니까?

강성원 : 그 이전이죠.

조영재 : 육본에 계실 때요?

강성원 : 그렇죠.

조영재 : 그러면 그 이후에 관계는 어떠했습니까?

강성원 : 출퇴근도 같이 할 정도였어요. JP를 이야기할 때 요새 세상 물정을 모르는 사람들은 이런 이야기해요. 강성원이 오른팔이라고요. 둘이 맨 날 붙어 다니니까, 필요한 문서들을 제가 많이 만들었구요. JP와 박정희 대통령이 필요하다고 하면, 문서들을 대체로 내가 만들었어요.

조영재 : 5·16을 기획하고 준비하는 과정을 다 지켜보셨겠네요?

강성원 : 다 지켜봤다고 하면 안 될 거 같아요. 왜냐하면 박정희 대통령은 자기의 그룹을 가지고 있었고, 동지들 사이에서도 항상 극비였으니까요. 다 안다고 할 수 없죠.

조영재 : 당시 어울리던 분들 중에서 (5·15에) 참여했던 분들이 육사 8기생 분들이었는데요. 의원님께서는 같은 육사 출신이 아니었는데 어떠셨나요?

강성원 : JP가 자기 과원(科員)이고 내가 한 살 아래니까, 만만히 보고 막 부려 먹었지.

조영재 : 구체적으로는 어떤 역할을 하셨습니까? 5·16을 모의를 하

---

4) 1960년 9월 24일 영관급 장교들이 최영희 합참의장에게 정군(整軍)을 요구한 사건이다. 당시 최영희 합참의장 초청으로 미국방부 군사원조국장인 윌리스톤 파머 준장이 방한 후 귀국길에 정군에 반대한다는 성명을 발표하자, 16인의 영관급 장교가 최영희 합창의장을 방문하여 해명을 요구하고 직위에서 물러나라고 요구한 것이다. 김종필은 이 사건의 배후조종혐의로 체포되어 1961년 2월 예편하였다.

실 때요.

강성원 : 거기서 무슨 준비를 했느냐하는 문제에 관해서는 몇 년 전에 구술하신 것들이 이곳에 있을 거예요. 지금은 잊어서 좀 줄어 들 거예요.

조영재 : '5 · 16 군사혁명' 당시에 어떻게 참여하셨나요?

강성원 : 저는 5 · 16을 준비할 때부터 일이 미리 정해져있어요. 특별한 경우죠. 이렇게 미리 정해져있던 경우는 저와 제 그룹 정도 아닐까 생각돼요.

조영재 : 어떤 역할이셨습니까?

강성원 : '성공했다', '방송국 점령하고, 중앙정보국 점령했다' 이렇게 결론이 난 것이 5월 16일 오후 10시경이거든요. 그때부터는 뭐를 할 것이냐 하는 것은 (참여군인들)본인들은 모르고 있어도, 박대통령과 JP는 알고 있는 거였을 텐데. 아무튼 '임명하고 조직하라'는 명령이 내려와서, (그렇게) 했던 거죠. 나는 별동대장이었어요. 왜 별동대장이었냐 하면, 나만큼 두 사람이 머리가 좋지 않았어요. 혁명을 성공하면 이런 일들 착수해줘야겠다 했는데, "이름이 뭐가 좋겠느냐" 하니, "별동대장이 좋겠네요!" 했죠. "좋다" 고해서 별동대장이 됐죠.

조영재 : 별동대가 내부적으로 통용되던 표현이셨습니까?

강성원 : 그럼요. 지금도 조직의 모양이 다 생각납니다. 여덟 개의 지부가 있어요. 이 지부들을 어떻게 만들었냐면, 군 수사기관이 하나, 검찰과 경찰에 하나, 이런 식으로 국가 전체의 모든 수사기관 또는 조사권력기관들을 총괄하는 것을 별동대라고 했죠. 처음으로 한 일은 예비검속을 먼저 했어요. 말하자면 친북파라던지, 게릴라를 했던 기록들을 조사한 것들을 가지고 명단을 만들어서 몽땅 구속하는 거죠. 그거 구속하지 않고 놔두면 곤란하잖아요. 예비검속하는 것이 제1임무였고, 재벌들을 잡는 것이 두 번째였어요. 그런 식의 일을 했어요. 중앙정보

부 창설 준비하는 일을 제가 맡았죠.

조영재 : 별동대와 중앙정보부는 어떤 관계였습니까?

강성원 : 그건 아무관계가 없습니다. 나중에 중앙정보부에 별동대 대원들이 흡수되어버렸죠. 조직은 그런 식으로 됐지만, 특별한 관계를 맺었다거나 독립된 역할을 했다거나 하지는 않았어요.

조영재 : 중앙정보부를 만드실 때 어떻게 하셨나요. 당시 정보부장이 김종필 씨, 기획운영차장이 서정순 씨, 행정관리차장이 이영근 씨였습니다. 역할이나 비중으로 봤을 때 의원님께서도 중요한 직위를 맡으셨을 것 같은데, 그렇지 않은 이유는 무엇이었습니까?

강성원 : 김종필이라는 사람이 머리가 좋고 재밌는 사람이에요. 그 사람이 나에게 직책을 주지 않고 부려먹었어요.[5] 상당기간을요. 치사하게 자리를 달라고 할 수 없잖아요. 그럴 수 없는 게 아닌데, 정치를 할 놈이면 그럴 텐데, 난 정치를 할 생각이 없었고, 그냥 하게 돼서 하게 된 거거든요. 자리에 대한 욕심은 없었으니까요. 그냥 일이 생기면 가고 그랬죠.

조영재 : 최고회의도 그렇고, 직위를 통해 권력이 행사되었는데요. 직위가 없으면 중요한 역할을 하기 쉽지 않았을 텐데요.

강성원 : JP가 맹잡았죠. 난 직위도 요구하지 않고, 밥 먹여줄 것도 요구하지 않고, 아무것도 요구하지 않고, 무슨 일이 필요하다하면 해서 갖다 바치고, 일 년 동안 그렇게 했죠.

조영재 : (민주공화당을) 조직하는 과정에서 미 CIA의 도움이 적지 않은 걸로 알려져 있습니다. 어떤 도움이었습니까?

---

[5] 김종필은 최근 회고록(김종필, 『김종필증언록』, 미래엔, 2016, p.179)에서 강성원의 직책을 중앙정보부 행정관으로 적고 있다. 하지만 직책과 상관없이 강성원은 공화당을 사전에 조직한 실무 핵심이었으며, 정치자금을 조달하기 위해 '증권파동'을 일으킨 주역이었던 것은 틀림없어 보인다.

강성원 : 미 CIA에서 중요한 일을 한다고 하는 소령이 하나 와있었어요. 그 친구한테 재료를 계속 받아서 준비를 하고 그랬죠.

조영재 : 어떤 자료들입니까? 조직이나 업무관련된 것이었습니까?

강성원 : 그렇죠. 미국의 경우는 그랬더군요. 지금도 미국에 대해 잘 모르지만, 미국의 정보기관들의 관계는 모조리 연관돼있어요. 독자적으로 놔두지 않아요. 다 연관돼 있어요. 미국의 정보가 전 세계에서 가장 앞선 이유는 그런 것에 있겠죠.

조영재 : 한나라의 전체 정보를 취합하고 다루는 시스템에 관련되어, (미 CIA의) 도움을 받으신 건가요?

강성원 : 그렇죠.

조영재 : 이제 본격적으로 공화당 조직을 준비해나가는 과정, 사전조직6)에 대해 여쭤보도록 하겠습니다. 사전조직에 나서게 된 계기나 배경은 무엇이었습니까?

강성원 : 사전조직에 관여하게된 것은 두 가지 이유가 있습니다. 하나는 정치를 하는 사람들 중에 깨끗한 놈들을 고르는 것은 불가능하다고 판단되었죠. 조사해보니 뻔해요. 지금은 상당히 깨끗해 진거예요. 그때는 썩어있던 거니까요. 썩어 있던 거 때문에 친북파, 종북파가 가지를 많이 치지 않았습니까. 그래서 조직에 관한 이야기가 어떻게 나왔냐면요. 박 대통령이 참 순진한 분이에요. JP에게 문서를 내려 보냈어요. 11절지 한 장에다 친필로 써서요. '우리가 군으로 복귀한 후에 정부기관을 억제(통제)할 수 있는 헌법기관을 만들 수 있느냐'는 것을 보고

---

6) 민주공화당 창당을 위한 사전준비가 1962년 1월부터 12월까지 1년 동안 비밀리에 진행되었다. 당시 김종필 중앙정보부장이 주도하고 중앙정보부 차장 이영근 소령과 구술자인 강성원 소령이 실무를 진행하였다. 이때 민주공화당 사전조직의 명칭이 '재건동지회'이다. 1962년 말에는 중앙조직과 지방조직을 합쳐서 1,200여 명에 달했던 것으로 알려져 있다.

하라고 왔어요. 그때 내가 뭐하고 있었냐면, 아무 자리도 안주니까, 일이 있으면 하고 없으면 안하는 거 아닙니까. 그날은 내가 낚시를 가고 있었어요. 내 누이동생이 집을 지키고 있었는데, 까만 지프 두 대가 와서, 네 명이 내려서 '강성원이 어디 있냐'고 묻더라고요. 동생이 지프에 타고 나한테까지 왔어요. 강제 연행하러 왔냐고 물으니, 그렇지 않더라고 하더라고요. 시간이 없다고 빨리 가자고 하더군요. JP가 부장실에서 기다리고 있더라고요. 남산이죠. 들어오니, 종이를 내놓는 거에요. 내가 보고서 "뭡니까" 물어보니, 써있는 데로 삼일 내로 연구해서 보고하라고 하는 거예요. 난 오늘 수정해서 가져다드린다고 했죠. 내가 집에 가져와서 가만히 생각해보니까, 질문이 단순하니까 금방 쓸 수가 없더라고요. 그냥 간단히 쓰고 말면 된다. 상대가 JP가 아니라 박정희니까 간단히 써도 금방 알아들을 거다. 이런 생각이 들어서 몇 줄 써서 가져갔어요. JP가 "이거가지고 답변서라 할 수 있어?" 이러더라고. "몇 장더 쓸까요?" 했지. 그리고 "혹시 부장님은 비리법권천(非理法權天)이라고 아십니까?" 하니까, JP가 "무슨 뜻이야" 묻더라고요. "이치가 절대로 법을 능가하지 못하고, 법은 권력을 능가하지 못한다. 권력은 하늘의 뜻을 능가하지 못한다(는 뜻입니다). 여기서 한 가지만 이해하면 됩니다. 법이 권력을 능가하지 못 한다는 것만 기억하면 됩니다." 그래서 내가 설명했죠. 권력이라는 것은 법을 만들 수도 있고 없앨 수도 있는 권력을 말하는 거니까. 그 권력보고서, 내가 하라는 대로 하면 따라올 권력자가 어디 있습니까. 권력을 잡는 놈이 법을 만드는 거니까. 법을 좌지우지하고 싶거든 권력을 잡아라. 이게 내 이론이란 말이야. JP 앞에서 썼어요. 따라서 '권력을 잡아야지, 권력을 잡지 않고서, 통치 권력을 통치하고 통제할 방법이 없다'고 결론 내렸어요. 종이 한 장에 쓴 거예요.

조영재 : 그게 언제쯤이었습니까?

강성원 : 그게 7월인가 8월인가 잘 모르겠네요. 그때 이미 박대통령이 최고회의에서 괴롭힘을 당하던 때였다고. 최고위원 중에 혁명군출신이 여럿 있었어요. 여러 사람이 혁명군으로 나왔던 군을 직접 동원한 사람들이 최고위원이 됐으니까. 이 사람들이 출동했던 군을 장악하는 거예요. 박 대통령한테는 이 친구들이 툭하면 '자기네 최고위원 하나 늘려야하지 않겠느냐' 이런 소리부터 시작해서 장관도 우리 혁명출신으로 하자고(했지). 우리 혁명출신에게 적절히 배치해야하는 거야. 당신 정치를 처음 하니까 모르는데, 권력은 나눠가지는 거야. 안 그러면 맞아죽어. 그런 협박을 많이 했어요. 반혁명 공작도 여러 건 있었고, 내가 잡은 것도 여러 건 있어요. 박대통령이 괴로움을 받는다는 것을 난 짐작했죠.[7]

조영재 : 그래서 직접 권력을 잡아야한다고 진언을 하셨을 때, JP나 박정희 의장께서는 어떤 반응을 보이셨나요?

강성원 : 나는 모르죠. 그걸 올려준 후에 박 대통령과 내가 한참동안 단독으로 만난 적이 없으니까. 공화당에서 사무처장으로 있을 때는 박 대통령과 어렵게 지내지 않았지. 하지만 그땐 시작한지 얼마 안됐거든. 한 달도 안됐을 때니까. 간단치 않단 말이야.

조영재 : 그 제안을 했을 때, 정당을 만드시라는 의미였습니까?

강성원 : 거기까지 생각은 안했고, 권력을 잡아야한다는 이야기로 끝

---

[7] 1961년 12월 김종필 중앙정보부장이 박정희 최고회의 의장에게 보고했다는 이른바 '8·15계획서'가 만들어지게 된 배경설명으로 추정된다. '8·15계획서'는 새로 정당을 창당하여 군정 이후에도 군인들이 정치에 참여하여 지속적으로 '혁명과업'을 수행할 수 있는 방안을 담고 있었다. 이 계획서는 김종필의 중앙정보부에 참여했던 지식인들을 중심으로 '정책연구실', '대외문제연구소' 등과 같은 곳에서 만들어 졌다고 알려져 있다. 구술자의 말에 따르면, 이미 '장도영반혁명사건'(1961년 7월 9일 발표)을 전후로 한 시기부터 '혁명주체들'이 정치참여를 구상하기 시작했다는 것을 의미한다.

난 거고. 그 이후 '구체적으로 어떻게 하는 게 옳은가'에 대해 연구를 하라고 지시가 내려왔지.

조영재 : 박정희 의장에게서 내려온 건가요?

강성원 : 박정희 의장에게서 내려온 거죠. 그래서 김종필에게서 내려온 거죠. 그러면 나에게 오니까.

조영재 : 그러면 사전준비를 하셨다는 건데요. 구체인 과정은 어떻습니까.

강성원 : 그건 참 이야기하려면 시간이 많이 걸려요. 간단히 이야기해야지.

조영재 : 그 이야기를 들으려고 초대했습니다. 직책과 직위나 자원들을 갖지 않은 상황에서 정당을 비밀리 조직한다는 것은 쉽지 않았을 텐데요. 조직이나 네트워크없이 정보를 취득하는 것도 쉽지 않으셨을 텐데요. (의원님께) 어떤 권한을 주고 정당을 조직하라고 하던가요? 또 JP로부터는 구체적으로 어떤 지시사항이 있었습니까?

강성원 : JP와 핵심적인 사람들이 조직에 관한 박 대통령의 결심이셨을 때 모여서 의논한 것이 무엇이냐면, 우선 정당이란 것이 '이조 500년처럼 양반이란 것들이 정권을 잡고 세습적으로 가져가고, 상놈을 때려죽여도 상관없고, 이런 식의 정당이 되서는 안 된단 말이야. (신분)층이 자연스럽게 만들어지는 정당이 만들어져서는 안 된다.' 이러고. 두 번째는 '어떤 파(벌)나 그룹이 정치적 권력을 갖게 해서는 안 된다.' 점조직이라는 용어가 우리나라에 유행했죠. 그 점조직이라는 용어야말로 완벽하게 제 창작입니다. 초대 (공화당)조직부장도 제가 맡았죠.

조영재 : '권력을 잡기위해서 정당이 필요하고, 그 정당을 어떻게든 조직해야한다.' 이런 생각은 어느 분에게서 나왔습니까?

강성원 : 그건 제 친구 중에 한사람이 있는데, 캐나다에 갔는데 지금 목사를 하고 있어요. 아주 머리가 좋은 사람이에요. JP는 나한테 머리

가 좋다고 하지만 정지원8)이가 머리가 좋아요. 이영근 중앙정보부 차장의 보좌관을 한 사람이에요. 그 사람도 나와 같은 소령출신이에요. 그 친구가 정당에 대한 아이디어를 많이 냈죠. 그래서 연구실이란 걸 만들었어요.

조영재 : 정책연구실9)인가요?

강성원 : "정책이라는 이름을 붙어야하지 않겠냐"고 해서 붙인 거지. 제가 박의장에게 제안해서 승인을 받은 것은 그냥 '연구실'이에요. 박의장은 그냥 웃었어요. 알맹이가 없는 거 같다고요. 왜 연구실이라고 했냐면, '첫째 헌법을 만들어야하고, 그 다음으로는 정치 정화법을 만들어야겠다. 깨끗한 정치세력들이 그룹이 되서 정당을 해야겠다'고 해서 만들었지. 생각이 잘 안 나네요. 생각이 나면 이야기할게요. 거기에 실장을 누가했냐면 육군 소장인 이모, 생각이 안 나네요.

조영재 : 정책연구실이 중앙정보부에 설치된 거죠? 중앙정보부체계와 같이 움직였습니까?

강성원 : 전혀 관계가 없습니다.

조영재 : 중앙정보부의 부설기구로 알려져 있는데요.

강성원 : 그럴 수밖에 없죠. 먹고살려는 문제도 있고 하니, 중앙정보부에 붙여서 먹여 살렸으니까요. 거기에 23명의 대학교수들을 조직했어요.

조영재 : 인선은 누가 했나요?

강성원 : 인선은 제가 했어요.

---

8) 정지원(1929~)은 1962년 현역 소령신분에 중앙정보부 관리실장으로 재직하면서, 공화당 사전조직의 실무를 맡았다. 1963년 증권파동으로 구속되었다.

9) 5·16 직후 창설된 중앙정보부는 곧바로 부설조직으로 정책연구실을 만들었다. 최규하·김정렴·김학열 등 관료 출신과 윤천주(고려대)·김성희(서울대)·강상운(중앙대) 교수 등 23명이 위원으로 참여했다.(김종필,『김종필증언록』, 2016, p.137)

조영재 : 최규하, 윤천주 같은 분들이 계셨을 텐데, 누가 천거를 하거나 이러진 않았나요?

강성원 : 천거는 하나도 없었어요. 조직을 위한 명단을 만들려고 문서 수집을 했거든요. 혁명하기 전에 수집했어요. 23명이나 되니 사람이 많네요.

조영재 : 윤천주,10) 윤주영11) 이런 분들이 계셨는데요. 리스트를 만들어 놓고, 취사선택을 하신건가요?

강성원 : 그런 건 아닙니다. 그런 건 생각하고 있었지만, 명단재료나 문서화 할 적에 참고한 책자들은 미리 수집했죠.

조영재 : 그런 분들을 초빙하실 때, 세간에 알려지기로는 JP가 나서서 하셨다던데요?

강성원 : JP는 하나도 안했어요. 그런 종류의 일을 하나도 안했어요.

조영재 : JP는 주로 어떤 일을 했나요?

강성원 : JP는 국가정책 수준의 일을 주로 했죠.

조영재 : 정책연구실에서 결제만 한 것인가요?

강성원 : 나중에 노출이 되기 시작한 후에 박 대통령이나 JP가 직접 관계된 분들과 같이 의논도하고 협의도 많이 했죠. 그때는 많이 내놓을 때가 됐으니까 그렇죠. (하지만)출발할 때는 나 혼자 했어요.

조영재 : 재건동지회는 어떻게 만들어졌습니까?

강성원 : 동지회는 기초 조직이죠. 회장은 아까 말한 중앙정보부 행

---

10) 윤천주(1921~2001)는 학자 출신으로, 공화당 초대 사무총장, 문교부장관, 제7대 국회의원을 지냈다. 1962년 고려대학교 정경대학장으로 재직 중에 재건동지회에 참여하였으며, 3선개헌 반대 후 정계를 떠났다. 1975년 서울대 총장으로 재직했다.

11) 윤주영(1928~)은 1962년 조선일보 편집국장 재직 시 재건동지회에 참여하였으며, 이후 공화당 사무차장 등 당직을 거쳐 문화공보부장관과 제9대 국회의원(유정회)을 역임하였다.

정차장을 지낸 이영근 씨. 그 이야기도 좀 있어요. 박의장이 JP와 날 불러서 구체적으로 안을 내놓으라고 해서 처리해나가는데, 이 과정에서 8기생들이 날 못 잡아먹어서 환장해요. 8기생들 생각에는 혁명정부의 권력을 주무르는 자리에는 몽땅 8기생들이 앉아야한다고 생각해요. 어리석어요. 그러니까 (김종필) 자기는 8기생이니까, 어떻게 하지 못하고, 다독이고 있었는데, 기강이 안서는 거죠. 그러니까 밖에 사람들은 모르지만 안에서 있는 사람들이 보기에는 8기생들이 밤낮으로 싸우면서 '뭐든지 (자기들이)해야 한다'고 해요. 내 경우에는 말이죠, 재미로 들어주세요. 내가 감사대상이 됐어요. "JP와 강성원이 일하는 걸 내버려두면, 우리는 없어지게 된다. 그러니까 저놈이 일을 확대하기 전에 없애버려야 한다." 하는 이야기가 내 귀에 들어와요. 중앙정보부라는 게 묘해요. 활동과정에서 그런 거예요. 내가 하는 것도 저기로 들어가고요. 하루는 권총을 차고 다니는 게 불편해서 옷을 풀고, 지프를 타고 가는데, 경향신문 뒷골목을 지나갔어요. 누가 총을 들이밀면서 차를 움직이지 못하게 한 거예요. 총을 창문으로 들이미는 걸 보고 나도 총을 뺐죠. 나도 뺐더니 밖에 있는 친구가 아는 친구 같았어요, 8기생(중에) 아는 사람이 얼마 없는데. (그 사람을) 보고 총을 집어넣었죠. 그렇지 않았으면 그 날 죽었을 거예요. 그 다음에 JP가 나에게 호위를 붙여 주려했어. 난 잊고 있었는데, 다음날 두 명을 붙여줬어. 한 지프에 뒤에 두 명이 타고 앞에는 내가 타고 돌아다녔는데, 그 이후 총 맞을 뻔한 일은 없었어요. 그런 살얼음판 같은 분위기속에서 초기 1년간을 보냈죠.

조영재 : 이어서 질문하겠습니다. 정책연구실에서 헌법이나 정당법, 선거법 등 중요한 입법을 준비하였습니다. 정책연구실에서 정당에 대한 대략적인 그림도 그렸습니까, 아니면 정당 조직하는 과정은 별도의 작업이었습니까?

강성원 : 완전히 별도로 했죠. 일의 양이 두 가지, 세 가지를 할 수 있지 않더라고요.

조영재 : 정당에서 필요한 정책이나 이념은 정책연구실에서하고요?

강성원 : 정책연구실에서 헌법팀이 있고, 정당팀이 있고 짜여있어서, 저 같은 건 껴주지 않아요. 자부심이 많아서요.

조영재 : 그러면 공화당을 만드는 과정에서 정책연구실의 실제 역할은 무엇이었습니까?

강성원 : 정당을 만드는 것은 내가 했지만, 정당의 원리나 기능 같은 건 그 사람들이 했죠. 난 전문가도 아니고 공부도하지 않았으니 할 수도 없죠.

조영재 : 당시 배경에 대해 질문을 하면요. (공화당을) 사전에 조직을 하는 과정에서 최고회의가 배제되었습니다. 무슨 특별한 이유가 있습니까?

강성원 : 충분히 이유가 있죠. 그 친구들이 끼면 되는 일이 없다고요. 싸우느라 일이 안 돼요. 그 친구들과 이야기 할 수 없죠. 박정희 의장과도 이야기했어요. 조직부장을 맡으라 고해서 맡았어요. 일을 시작하기 직전에 밥을 얻어먹으면서 이야기했어요. "지금 8기생과 5기생을 두고서는 일을 할 수 없습니다." 하니까, "어떻게 하면 좋겠어." 하더라고. "우선 8기생을 다독거릴 수 있는 사람이 제 위에 와야 합니다. 이영근 씨를 주십쇼." 해서, 우리 사무총장으로 왔어. 그때 쓰던 명칭으로 조직부장, 조사부장, 선전부장, 기획부장, 훈련부장이었어요. 훈련부장을 윤천주 씨가 했어요.

조영재 : 창당 이전인 거죠? 서로 직책을 불렀습니까?

강성원 : 그렇죠. 불렀죠. 예를 들어 윤천주 씨의 경우 훈련부장을 하셨거든요. 모두 존경하고 굉장한 분이셨거든요. 그 양반에게 뭐라 할 수도 없고 해서, 알아서 하라고 했죠. 저는 전국에서 조직을 해서 올려

보냈어요. 일을 엄청나게 했죠. 15만 명이나 보고해서 올렸으니까. 국회의원은 한참 뒤에 조금하고요.

조영재: 김용채씨의 경우에는 그런 판단을 하시더군요. 그때 당을 조직하면서, 최고회의나 다른 기수들과 권력을 나눠가졌으면 내부적 갈등이 적었을 텐데, 강(성원) 의원님께서 고집이 강해서 그런 측면이 있다고 판단하시더라고요.

강성원: 얼핏 보기에는 맞는 말 일거예요. 보통 상식적으로는 맞는 거예요. 그런데 절대로 안 맞는 말입니다. 그 친구들과 함께하면 아무 것도 만들 수가 없어요.

조영재: 선전부장과 기획부장은 누구셨습니까?

강성원: 윤주영이가 선전부장을 했죠, 서인석12)이가 조사부장을 했고, 윤천주 씨가 훈련부장이었고요.

조영재: 기획부장은 어떤 분이었습니까?

강성원: 박동윤13) 씨가 잠깐 했었죠. 딴사람에게 물려줬지만요.

조영재: 이 조직이 재건동지회라고 봐도 되겠네요.

강성원: 예. 그렇습니다. 정당도 공개채용을 하자고해서 아마 우리나라 역사상 처음으로 했을 거예요. 공화당이 공개채용을 17기까지 했습니다.14) 매년 했어요. 지금도 상당히 우수한 정치인으로 커가고 있어요.

---

12) 서인석(1926~)은 1962년 『뉴욕타임즈』 서울특파원으로 재직 중 재건동지회에 참여하였으며, 공화당 선전부장 및 재선의원(제6대, 제9대)을 역임하였다.
13) 박동윤(1927~)은 1962년 연세대 정법대 강사 신분으로 재건동지회에 참여하였으며, 대통령비서실 정무비서관, 국회의장비서실장을 역임하였다.
14) 민주공화당은 1965년 한국정당사에서 최초로 사무국 직원을 공채로 선발하였다. 하지만 17기까지 선발 했다는 것은 구술자의 착오로 보인다. 실제로 1979년 11기 공채가 마지막이었다. 이 책 뒷부분에 구술한 정창화, 김한선 의원이 공채1기에 해당한다.

조영재 : 65년부터 공채제도가 자리 잡은 거죠? 하지만 처음 선발을 할 때는 비밀리에 선발하고 훈련하지 않았습니까? 어떤 절차와 정보·조사를 근거로 하여 사람들을 선별하고 조직하셨습니까? 아까 15만 명이라고 하셨는데요.

강성원 : 15만 명은 지금 숫자하고는 질이 다르죠. 15만 명을 예로 들면, 지역에 조직, 선전, 기획 같은 보통 네 가지 직책이 있어요. 지역에 따라서 명칭이 달라질 수도 있고, 임무가 조금씩 달라질 수 있는 자율성을 가지고 있지만, 네 개쯤 부서가 있는 지구당이 있습니다. 당시 지구당이 정식으로 있을 때죠. 지금은 없어졌지만. 지구당에 부장만 해도 네 명이에요. 그런 사람들이 욕심이 있죠. 국회의원 욕심이 있는 사람들이 하는 거예요. 그러니까 싸우는 거예요. 밤낮으로 다투지만 중앙집권제로 만드는 정당을 앞으로 육성해야한다는 목표를 세우고 실제로 만들어나갔거든요.

조영재 : 그러면 아까 15만 명은 전체 당원을 말하는 것이고, 재건동지회는 조직하고 훈련된 사무인원들만 이야기하는 것입니까?

강성원 : 네, 그것만 이야기하는 것이 재건동지회라고 통칭되죠.

조영재 : 중앙에 사무국요원들이 있고, 지역에 내려가면 거기에도 사무요원들이 있었을 텐데요. 그런 분들은 어떻게 선발하셨습니까? 정계와 무관하게 선발하셨다고 하셨는데요.

강성원 : 그 명단은 거의 사전에 준비되었어요. 그 명단을 얻어내는 데 어려움을 느끼지 않았어요.

조영재 : 어떤 루트를 통해서 얻으셨나요.

강성원 : 정권을 통해서 얻었죠. 군대와 중앙정보부가 능력이 있었어요.

조영재 : 주로 지역에가 있는 군·민간 수사기관을 통해서 정보들을 취합해서 가지고 있고, 그것을 활용하셨던 건가요?

강성원 : 그렇죠.

조영재 : 교육은 주로 어디서 이루어졌습니까?

강성원 : 교육장소는 잊어버렸는데, 곽상훈 의장의 사저를 빌려서 한동안 썼어요.15)

조영재 : 그곳 한 군데 밖에 없었습니까? 아니면 여러 군데 있었습니까?

강성원 : 교육하는 데는 그곳밖에 없었어요.

조영재 : 교육의 방식과 인원은 어떻게 됐습니까?

강성원 : 교육은 한 기가 보통 50~60명 정도일거예요. 여기서 이 기회에 일러두고 싶은데, 중앙정보부장을 했던 김재춘이가 밀봉교육 했다고 언론에 불어서 나랑 피비린내 나는 싸움을 했습니다. 그 친구도 소장출신인데, 재수 없이 굴면 안 되는데, 그따위 생각을 가지고 있어요. 밀봉교육을 했다고 공표를 했어요. 중앙정보부장인 사람(김재춘)이 틀림없다고 하는데, 증거를 대라고했지. (그리고) 윤천주라는 양반이 고집이 많이 쎘지. 우리끼리 이렇게 합시다하면 거절했어.

조영재 : 당시 훈련부장이었던 윤천주 교수가 프로그램을 만들고 강사들까지 결정하도록 완전히 위임하셨던가요?

강성원 : 간섭했다가는 맞아죽어요.

조영재 : 의원님께서는 선발된 인원들의 교육 전과 교육 후의 모습을 모두 보셨을 텐데요. 교육을 전후로 차이가 있었나요?

강성원 : (교육을 받고 나서) 사람이 달라져요. 그래서 우리가 윤천주라는 양반을 엄청난 능력의 소유자라고 본거예요.

---

15) 재건동지회 요원의 훈련과 교육은 서울 낙원동에 소재한 춘추장에서 이루어졌다. 이곳은 자유당시절 정치깡패 임화수의 집으로, 대지 300평에 건평 80평의 건물이다. 이때는 고급요정으로 쓰이고 있었다. 구술자의 주장은 춘추장 이전에 잠시 곽상훈 국회의장(4, 5대)의 사저를 이용했다는 것이다.

조영재 : 기간은 어땠나요.

강성원 : 단기로 하면 3주인가 했고, 보통 한 달 정도 했어요.

조영재 : 다른 지역에는 교육하는 시설이 없었나요?

강성원 : 없었어요. 전부 서울로 불러서 했죠.

조영재 : 그 정도의 인원을 지속적으로 반복하여 교육하였고, 그 숫자가 천 명이 넘었다는데, 최고회의나 첩보기관 쪽에 보안을 유지하기가 쉽지 않았을 거 같은데요.

강성원 : 보안유지는요. 그 정도가 되면 보안유지를 생각할 수 없게 되죠.

조영재 : 그래도 공화당이 조직되고 있다는 게 알려진 게, 1962년 말경 아닙니까? 몇 개월 동안 계속 해왔을 텐데요.

강성원 : 잘 모르겠는데, 말로는 보안해야한다고 지시하는데, 비밀이 아니라고 생각했어요.16)

조영재 : 당을 창당하는 것까지 염두에 두고 하셨을 텐데요. 1962년 한국일보에서 '혁명주체세력들이 영국 노동당을 모델로 하는 정당을 준비하고 있다'라는 기사17)가 1면 톱으로 게재되어, 사주인 장기영 씨까지 구속되었습니다. 그때부터 이미 개략적인 정당형태가 관측되었다고 볼 수 있습니다. 구체적으로 신당조직에 관하여 참고하거나 안내받은 모델이 있었습니까?

---

16) 실제로 비밀유지가 잘 되었던 것으로 보인다. 창당 준비 직전까지 최고위원들조차 몰랐다. 1962년 12월 23일 최고위원 송년모임에서 처음으로 김종필 중앙정보부장이 신당의 골격에 대해 설명했을 때, 김동하, 김재춘 등은 거세게 항의하며 송년모임이 아수라장으로 변했다는 데서도 드러난다.(김종필, 『김종필증언록』, 2016, 189쪽)

17) 1962년 11월 28일 『한국일보』는 "신당, 「사회노동당」(가칭)으로"라는 제목의 톱기사에서 '혁명주체세력'이 영국노동당의 정강정책을 대체로 본 딴 신당 창당을 모색하고 있다고 주장하였으며, '영국노동당'에 대한 해설을 첨부하였다. 『동아일보』 1962.11.29.

강성원 : 정치학을 공부하지 않아서 잘 모르겠는데. (제가) 책을 읽었어야죠. 무식한 사람들이 한 거니까, 직관적인 자신감으로 한 것이지 근거를 갖고 한 게 아니에요.

조영재 : 사전조직이 계속 진행되는 과정에서 JP나 박정희 의장께 보고도 하셨을 텐데요. 그리고 JP 경우에는 지역 조직현장을 방문하기도 했습니다. 그분들은 사전조직에 대해 어떻게 관여하셨습니까?

강성원 : 더 이상 비밀에 붙일 수도 없고, 올바르게 해나가겠다고 의사표명을 해야 하지 않나 해서 보고를 했죠.

질문자 : 의원님께서 재건동지회의 동지들을 모으실 때 일입니다. 당시 활동했던 분들의 말로는 '8년간 어떤 직책도 가지지 말고 조용히 있어라, 그 이후에는 좋은 직책을 줄테니'라는 이야기를 들었다는 거에요.

강성원 : 누가 그랬는지 모르겠지만, 나는 그런 한 마디도 안했어요.

조영재 : 그와 관련한 몇 가지 정황이 있었습니다. 예컨대 지방의 경우 1963년과 1967년 총선 때 안 나타났다가, 나중에 나타나신 분들이 있거든요. 대구의 박찬, 안동의 김대진 이런 분들이 63년부터 재건동지회 멤버였거든요. 이런걸 보면 조직이 굉장히 깊었고, 단계적으로 생각하지 않았나라는 생각이 들어서요.

강성원 : 국회의원을 하는 것을 하는 것은 묘해요. 그 계획을 무슨 계획이라고 하냐 면요. '8·15계획'이라는 것이 있어요. 그 얘기는 들었을 거에요. 내가 만들어서 JP한테 서명하라했더니, 8·15계획이라고 썼어요. 그래서 8·15계획인데, 이것이 뭐냐면, '정당을 운영하는 행정가들은 (업무를) 마스터하기 전까지는 정치적으로 넘어가지 못 한다'라는 이야기를 한 적이 있죠. 사람을 포섭을 할 적에 그런 짓(정치적인 활동)하면 모가지다. 그런 짓 하지도 않고 조건으로 내걸지도 않았어요.

조영재 : 이전 말씀 들었던 분들 중에 이런 말씀하시더라고요. '사무국 요원들은 공천 받을 생각하지 마라.' 내규화되었다고 하더군요.

강성원 : 그게 8·15계획이에요. (하지만 실제로 국회의원) 안하는 조건으로 했던 적은 없어요.

조영재 : 사전조직을 할 당시, 전국 각지를 돌아다녀서 피곤하실 텐데요.

강성원 : 그걸 조직할 때 뒤로 누우면 바로 잘 수 있게 지프를 두 대 만들어서 좋은 쪽을 타고 다녔죠. 전국을 그걸 타고 헤매면서 지프에서 자고, 지프에서 자지 않으면 사람들과 면담했죠.

조영재 : 그때 집에는 거의 못 들어가셨겠네요.

강성원 : 그때는 결혼도 하기 전이니까요. 자금을 어떻게 했냐하는 걸 묻지 않으셨죠?

조영재 : 다음 시간에 물어보려했습니다.

강성원 : 그렇죠. 그것이 제가 가지고 있는 유일한 흠입니다.

조영재 : 증권파동 관련해서요?

강성원 : 그렇습니다.

조영재 : 그 부분에 대해서는 다음 시간에 이어가도록 하겠습니다. 긴 시간 감사하고요. 다음에 한 번 더 요청해 드리도록 하겠습니다. 오늘 참석해주셔서 대단히 감사합니다.

(※ 2차 면담은 구술자의 개인 사정으로 인해 진행되지 못했다)

김영도

□ 사회자 : 조영재 (명지대 국제한국학연구소 연구교수)

❋ 구술자 소개

김영도는 1924년 평안북도 정주에서 출생하여 평양에서 성장하였다. 해방 직후 학업을 위해 단신으로 월남하였다. 서울대 철학과 재학 중에 한국전쟁에 참전하였으며, 졸업 후 육군사관학교 철학강사, 성동고등학교 교사생활을 하였다. 그러던 중 1962년에 공화당 사전조직인 재건동지회에 '끌려가서' 비밀리에 활동하였으며, 공화당 창당과 함께 사무국 요원업무를 이어갔다. 이후 주로 선전부에서 활동을 하였으며 훈련부교수, 선전부 차장, 부장을 거쳐 1971년 원외 사무차장을 역임하였다. 10월 유신선포 이후 1973년 제9대 국회의원(유정회)이 되었으며, 재임 중이던 1977년 고상돈 대원이 포함된 한국 원정대장으로 원정대를 이끌며 한국최초로 에베레스트 등정에 성공하였다. 이후 정계를 은퇴하였으며, 현재 대한산악연맹 고문이다.

<주요 이력>
1924년 평안북도 정주 출생
1948년 서울대학교 입학
1955년 육군대위 예편
1956년 육군사관학교 강사
1959년 성동고 교사
1962년 재건동지회 요원
1964년 공화당 선전부차장
1969년 공화당 선전부부장
1971년 공화당 사무차장
1973년 제9대 국회의원(유정회)
1977년 희말라야 한국원정대장

【 1차 】

조영재 : 명지대 국제 한국학 연구소 정기 학술포럼을 시작하도록 하겠습니다. 오늘 모신 분은 김영도 전 의원님이십니다. 김 의원님께서는 공화당의 사전조직인 '재건동지회'의 조직과정에서 실무를 담당하셨고, 1960년대 공화당 핵심당료로서 사무차장까지 경험하셨습니다. 제9대 유정회 의원을 역임하시기도 했고요. 공화당의 조직과 활동에 유익한 말씀을 기대하고 있습니다. 그럼 지금부터 먼저 김영도 선생님에 대한 교육 및 사회적 배경에 대해 질문을 드리겠습니다. 1924년 평안북도에서 출생하신 것으로 알고 있습니다. 가족관계는 어떠했습니까?

김영도 : 평안북도 정주에서 태어났지만, 어려서 평양으로 나와서 평양이 고향이죠. 당시에 평양이라는 곳 자체가 한심한 데예요. 인구가 30만 되지 않았겠나 생각되고. 거기서도 저희 집은 변두리에 떨어져 있는 곳이에요. 가난하게 살았는데, 다만 아버지가 (조)만식 선생이 교장 할 때에 학교를 다녔고, 오산학교. 저야 모르죠, 들은 이야기니깐. 3·1운동 때 졸업을 못해서 졸업식도 못하고, 졸업장도 없어요. 우리 아버지가 아마 막내였던 모양이에요. 근데 큰 아버지가 큰 사업을 했어요. 큰 사업이라는데, 유기장사 아십니까? 놋그릇 장사. 그 당시에는 놋그릇이라는 게 대단했어요. 그거 굉장히 크게 해 가지고 아버지를 금고지기로 끌어 앉혀놓고 공부를 안 시켰대요. 아버지는 결국 좀 생각이 달랐던 모양인데. 할 수 없이 제가 그 밑에서 자랐고, 제가 장남이라 아버지께서는 '어떻게 해서라도 공부를 시켜야겠다', 그래서 중학교 나오고 나서 서울에 혼자 38선 넘어와서, 부모와 고향 다 없어진 것 아닙니까. 그래서 이렇게 된 것입니다.

조영재 : 평양에 사시면서 학교는 어떻게 다니셨습니까?

김영도 : 평양고보라고 있어요. 유명하다면 유명하죠. 그 당시로는

말하자면 서울의 경기고등학교하고 2대 명문이었어요. 사실 저는 초등학교 다니면서 놀기만 하고 공부를 안 해서 평양고보에 두 번이나 떨어졌습니다. 그랬는데 그 후에 개성에 송도중학이라고 있어요. 그 학교가 조금 독특해요. 지금은 하나도 아는 사람이 없겠죠. 근데 거기가 전국에서 처음 시험을 친다고, 아버지가 거기에 지원하자고 해서, 시험 삼아 갔다가 그 시험에 붙었어요. 그것이 제 인생의 출발입니다. 제가 평양고보에 나왔다고 되어 있지만 아니에요. 평양고보가 좋은 학교지만 평양고보 출신으로서 큰일을 한 사람이 많지 않아요. 우수한 사람이 몇이 있었는데 저는 개성의 송도중학을 다니면서 인생의 바탕이 되었다 생각합니다. 제가 주로 보는 게 영어, 독일어 책인데, 번역하고 있어요. 이런 것을 송도중학에서 배웠어요. 책을 좋아해요. 6·25때 5년 동안 군대에 있을 동안 책을 놓고 다녔지, 그 나머지는 책을 손에서 뗀 적이 없어요.

조영재 : 종교가 기독교이신 것으로 알고 있습니다. 어떻게 해서 신앙을 갖게 되었습니까?

김영도 : (저는) 종교가 없는 집안인데 저희 집사람이 저보다 먼저 이남에 와서 있었는데, 가정이 기독교 가정이에요. 그 집과 결혼하면서, 끌려서 교회에 다니기 시작한 거죠. 그렇게 되었습니다. 마누라는 교회 열심히 다녔고, 저는 교회 열심히 다니면서도 산이 좋아서 산에 놀러 다니고, 주일에 교회 안가고 산에만 가니 마누라는 서운했겠죠. 이것은 하나의 개인 생활이었어요. 저는 이북에서 종교와 전혀 관계없었고, 다만 종교에 (대해 말하면서) 마누라 이야기를 했지만, 순전히 마누라 때문만은 아니에요. 6·25때 전투하다 동생이 죽었어요. 학도병으로 나가서 다 죽었고, 저 혼자 살았어요. 그런 이야기는 후에 물어보실 수 모르겠지만, 그래서 인생의 허무감을 느껴서 종교적인 생각이 조금 싹이 텄다고 볼 수 있죠. 그러다가 마누라를 만났다고 볼 수 있죠.

조영재 : 해방 이후에 월남을 하게 되시잖아요. 월남 과정에 대해 말씀 해주시죠.

김영도 : 중요한 이야기에요. 중학교 나와 가지고, 24년생이니 요새 사람들은 잘 모르지만 일본군 징병 1기입니다. 일본에서 학도병, 학병이 아니고, 징병제도가 실시되어서 끌려간 첫 케이스가 저예요. 그때는 일본의 고등학교 가는 것이 제일 엘리트 코스입니다. 일본 고등학교 가서 일본 제국대학 가는 것이 엘리트 길이었어요. 지금 젊은이들이 사회적 여건이 달라졌지만, 입시 경쟁 때는 얼마나 골머리를 아파합니까? 그런데 입시 경쟁이 없어요. 고등학교에 들어가면 제국 대학은 들어가게 돼 있어요. 자동케이스로. 저는 일제 강점기인 44년에 중학교를 나왔는데, 45년에 해방 아닙니까? 갈 곳이 없어요. 일본 고등학교를 못갑니다. 고등학교 가서 시험 쳐야 징병으로 끌려가요. 그래서 고등학교를 가야되는데 못가고 있는데, 일본 군대에 끌려갔어요. 운이 좋아서 두 달 만에 종전이 되지 않았습니까?

조영재 : 그럼 어떤 계기로 월남을 하셨습니까?

김영도 : 군대에서 나오니깐 할 일이 있나요. 아버지가 경성대학 예과가 생겼다고 하셔요. 우리나라가 처음으로 대학을 세운 것이 경성대학이었어요.[1] 그 당시에는 고려대, 연세대학이 없어요. 전문학교예요. 저는 예과가 생겼다는 말에 정신이 트였어요. 예과를 가겠다고 했어요. 그 자리에서 38선 넘었어요. 45년 겨울인가 그럴 거예요. 근데 46년에 시험을 친다는 거예요. 그래서 간 거예요. 집이 가난해서 아무 것도 없으니깐. 가는 게 재밌어요. 교통편이 있나요. 자동차, 짐차 지나가면 주

---

[1] 일제가 패망한 바로 다음 날인 1945년 8월 16일, 경성제국대학은 직원과 학생들을 중심으로 자치회를 결성하고 '경성대학'으로 개칭하였다. 이후 1946년 8월 미군정청에 의해 국립서울대가 설립되자 경성대학은 해체되어 서울대학교로 흡수되었다.

어 타는 거예요. 운전수가 물어보지도 않아요. 그냥 가는 거예요. 어디 가는지 몰라도 그냥 가는 거예요. 용케 사리원에서 꺾더니 해주지나 하편을 가는 거예요. 내리고 그냥 갔어요. 하편이 38선 넘는 기지예요. 먹을 것도 없고, 돈이 없으니. 돈이 있어도 통화가 통하지 않잖아요. 넘어왔는데…

조영재 : 단신으로 넘어오신 거네요?

김영도 : 시험을 쳐야 되니깐 넘어왔어요. 44년에 죽은 동생이 서울고등상업학교에 시험을 쳐서 일제 강점기에 서울고등상업학교 시험을 쳐서(들어온) 학생이었어요. 동생이 청량리에서 하숙을 하고 있었어요. 거기를 찾아갔어요. 거기서 시험준비를 했어요. 과목이 우리나라 국어, 영어, 수학, 역사예요. 내가 국사를 모르고, 우리나라 국어도 모르고, 일본 국어만 했지, (국어, 국사는) 모릅니다. 수학은 원래 못하는 사람이라 영어 하나만 한다, 이렇게 달려든 거예요. 국사는 서울 거리 나와서 보니 박문서관이라고 있었어요. 이병도 교수의 국사대관이라는 책이 있었어요. 당시에는 유명했어요. 그걸 한 권사서 대충 훑어보고, 국어는 시험지를 받아보니 용비어천가에 대해 써라. 그 다음에는 청산별곡, 사미인곡. 이게 음악책인지. 용비어천가는 뭔가 싶어서 백지로 냈어요. 영어 하나만은 하는 대로 했어요. 수학은 모르겠어요. 근데 발표를 했는데, (합격선에) 들었어요. 우리나라가 국어는 안할 수 없으니 했지만, 일제 강점기에 공부한 사람들은 '문과 계통은 수학 못해도 좋다. 영어는 무조건 필요하다.'(는 분위기였어요.) 영어가 제일 중시돼서, 그래서 제가 되지 않았나 생각해요. 그럴 시대죠.

조영재 : 철학을 전공하시게 되잖아요.

김영도 : 철학은 중학교 때에 송도(중학) 다니면서, 책을 좋아하면서, 그 당시에 학생으로는 많이 봤어요. 철학책에 대해서 관심을 가지고 보게 됐어요. 철학책이 어려워서, 보면서 끌려 들어갔어요. 대학 가는 것

도 부모와 상의 한 적도 없고, 제가 하고 싶은 것 했죠. 철학을 전공하는데, 지금도 그렇지만 저는 철학자는 아니고, 철학도이다. 철학을 좋아하니 철학도예요. 논문을 써본 적이 없어요. 당시 유명한 교수, 박종홍, 고형곤, 최재희 세 분이 대단한 분이었어요. 지금 생각해보니 대단하지 않아요. 시대가 그랬기에 공부를 열심히 했지만 내놓은 것이 없어요. 그분들이 40대이니 어른이죠. 근데 그분들이 대단했어요. 철학 공부도 재밌었어요. 박종홍 선생은 깐깐하고, 단정하죠. 고형곤 교수는 문학적이고 예술적이에요. 절대로 학생하고 간격을 안 둬요. 좋은 술 있으면 가지고 놀러와 그랬어요. 독일어 원서를 하는데, "모르겠다. 누구 해온 사람 없냐?", 그런데 학생들도 모르니 "그냥 지나가" 이러셨어요. 그 책을 잊을 수가 없어서 독일어 책을 나이 80에 샀어요. 고형곤 선생이 어디를 읽어보고, 어디를 몰랐나 생각하며 읽어봤어요. 이제는 내가 번역을 합니다. 번역을 시작했어요. 그래서 내가 철학도예요.

조영재 : 한국전쟁은 어떻게 참전하시게 되었습니까?

김영도 : (서울대 예과를 마치고) 제가 48학번인데 3학년 다닐 때 6·25가 터졌어요. 기숙사에 있었는데 전부 도망갔어요. 젊은이가 도망가면 나라는 누가 지킵니까. 아수라장이 됐는데 우리는 어떡합니까. 같은 반에 있던 6명 친구 중에 2명은 없고, 남은 4명이서 "가자. 이남으로 가자"고 해서 한강을 넘어서 간 것입니다. 대전에 피난민이 모여서 아수라장이에요. '젊은이들이여 나와라'라고 써 붙여 있었어요. 근데 싸울 애들이 없어요. 그게 김석원 장군의 애들이에요. 김석원 장군이 그때 수도 사단장이에요. 내가 젊은이인데 정신이 들어있는 대학생이에요. 학도(호국단) 간부 다 도망가고, 서울대 친구 다 없어지고, 우리 넷은 이북에 와서 같은 방에 있었는데 대전역에 나가봤더니 소나기가 오는데 군용열차가 북상하고 있어요. 전부 미군이에요. 그때 내 마음이 움직였어요. 태평양 건너서 한국 전쟁터에 오고 있는데 한국 대학생들

은 전부 도망이라니. 그래서 뛰어 들어가서 총을 든 겁니다. 학도병이 60명이에요. 백인엽 씨라고 있어요. 백선엽 씨의 동생이에요. 공부는 못했는데, 연대장으로 아주 훌륭했어요. 6·25가 터지고 3개월이 되기 전에 남쪽으로 다 밀리지 않았습니까? 낙동강까지 밀렸어요. 안강, 포항, 영천. 여기서 대치상황에서 석 달 있었어요. 대한민국이 얼마나 한심했는지 압니까? 포항, 안강, 영천, 대구, 마산만 남았어요. 전라도 뺏기고, 경상도 뺏기고, 부산이 남았어요. 마지막 지킨 것이 학도병이에요. 경주에서 20km 올라가면 형제산이라고 있어요. 포항, 안강도 다 뺏겼어요. 이때 이승만 대통령이 찾아와서 여기 뺏기면 마지막이라고 잘해달라고 하고 돌아갔어요. 이 전투예요. 형제산 전투. 백선엽 씨가 책에도 썼지만. 저만 안 죽었어요. 다 죽었으니 그 전투를 아는 사람이 나밖에 없어요.

조영재 : 통역장교 생활도 하신 것으로 알고 있습니다만,

김영도 : 인천상륙작전이 9월 16일 아닙니까? 대부대가 부산으로 이동한단 말이에요. 근데 인천상륙 할 적에 전혀 알 수가 없어요. 군함을 타고 육지가 보이지 않을 때 알았어요. 그때 갑판 위에 올라서 미해군 보고 "북으로 가냐"고 물어보니, "그렇다"고 하더라고요. '인천이구나'라고 알았지. 인천으로 올라와서 서빙고로 올라왔는데, 서울은 엉망이죠. 전부 불에 타고 사방이 (엉망이었죠.)… 전쟁터에서 중대장이 저만 불렀어요. 왜 부르나 갔더니, "너 고향이 이북이지?" "너 돌아가야 한다. 너 동생 죽었지? 넌 살아야해." 이렇게 말하더라고, 전투부대에서 빼준다고 하더라고. 인사부로 갔어, 갔더니 신문이 들어와, '배재고등학교에서 통역장교 모집한다', '영어시험이 있다'고 해서 배재고등학교로 뛰어가서 영어시험 봐서 통역장교가 됐죠. 미군 고문관과 일선에서 휴전 전까지 있다가 후방으로 가서 하숙집에 갔어. 그 하숙집 아줌마가 친구 딸이 있으니 만나보라고 해서 결혼하게 됐어요. 제 인생이 거기서

바꿨죠. 아무것도 없이 나랑 아내랑 시작했어요. 통역장교였지만, 장교 월급이 600원인가 얼마해요. 결혼하고 아무것도 없어서, 마누라랑 나는 군대에서 나온 내복 입고, 돈이 없어서 고문관이 후방에 갈 때 선물을 주면 팔고, 그랬어요.

조영재 : 그 이후에 공화당에 참여하게 됩니다만, 그 직전까지 교사 생활을 했던 것으로 알고 있습니다.

김영도 : 복귀해서 대학으로 갔는데, 졸업하고 나서 취직을 해야 하는데, 취직할 데가 있어야죠. 육군사관학교에서 철학을 가르치는 강사를 모집한다고 해서, 일주일에 한 번 정도 나갔어요. 철학과 나왔다고 해서요. 그러고 있는데, 대학선배가 찾아오더니 고등학교 영어선생 모집하는데, 가라고 하더라고. 자기가 있던 학교에요. 서울에 있는 성동고등학교라고. 영어시험을 친다고 하더라고. 영어시험을 치르갔더니, 영어 선생이 제일 흔해요. 여러 사람이 왔어요. 교장이 오더니 "여러분 가운데 독일어 아는 사람 있습니까?" 하더라고, 내가 철학을 해서 독일어 좀 했어요. 그래서 저 혼자됐어요. 영어랑 독일어 한다고. 이제 고등학교 선생을 하면서 전반적인 생활이 안정되었어요. (그 이전에는) 석 달이 멀다하고 집을 이사했는데, (이제) 안정됐죠. 5년 동안 고등학교 교사를 하고 있었어요. 5년째 해에 1962년이었는데, 학교 업무는 없었는데, 학부형이 찾아왔어요. 자기 아들이 전학을 하고 싶은데 도와달라고 해요. 그거 안 된다고 했는데, 관리 밖이라고 해서 거절했어요. 그리고 (그 사람이) 갔어요. 그리고 딴 사람이 와서 부탁하더라고. 안 된다고 거절했죠. 3일째 되던 날, 또 한 사람이 왔어. 역시 같은 얘기를 하면서 지금 "김유탁 선생이 있습니까?" 하니, 서울 고등학교로 갔다고 했어. (그리고) "그 선생에게 가봐야, 이야기 안 돼요" 했더니 (그냥) 갔단 말이에요. 이상했단 말이에요.

조영재 : (앞에서 방문한 학부형의 부정전학 청탁과는) 다른 사항으

로 왔습니까?

김영도 : 같은 일로 왔어요. 며칠 뒤에 서무과에서 전화가 왔대요. 갔더니 주임이 '밖에서 자꾸 물어 본다'는 거야. 그때 (제가) 미국 유학을 가려고 했을 때예요. 전 유학관련해서 전화를 했나했어요. 전화를 받는데, '유달영 선생을 아냐'는 거예요. 그 사람(유달영 교수)이 재건국민운동 본부부장을 했거든요. (서울대) 농대교수라고요. 당시 이름 있는 사람이에요. 이름은 안 다고하니까, '유달영 선생이 만나고 싶어 한다'고 하는 거야. 난 '만나고 싶다'고 하지 않았어. 그런데 '국가재건운동을 하면서 김 선생에게 여러 가지 묻고 싶다'는 거야. 그래서 응하지 않을 수가 없는 거야. 장소를 지정했지. 을지로 입구에서 외환은행 있는 다방이에요. 그 다방에 나오래요. 자기가 날 잘 안다고 해서 나갔지. 갔더니 아무도 없어, 시커먼 안경을 쓴 젊은이가 와서, 자리를 옮기자고 하더라고. 딴 데로 가니까 검은 지프차가 있어. 검은 지프차는 겁이 나던 때예요. 탔더니 한 바퀴 돌고 갔죠. 태평로의 삼성, 큰 건물이 있죠. 그 건너편의 건물입니다. 그 아래층에 들어갔습니다. 아무도 없어요. 그래서 기분이 이상한데요. 옆에 타자치는 젊은 여성 말고는 아무도 없어요. 조그마한 종이를 주더니 자기는 가. 읽어보니 "도장 찍으시오" 이러는 거야. "난 못하겠다" 했어. "난 학교교산데 교사면 됐지, 철학 한 사람인데, 정치에 취미 없어요" 이러니까, 정공법으로 나와요. "우리는 김 선생을 잘 압니다" 이러더라고. "김 선생, 38선 혼자 넘었죠? 대학 다니다가 군대에 들어갔죠? 일선에서 싸우다가 동생이랑 다 죽었죠? 나라를 위해서 다시 죽을 생각 없습니까?" 이러는데, 할 말이 있어야지. 그래서 '할 수 없다'고 생각하고 도장 찍었죠.

조영재 : 여기서 하나 묻도록 하겠습니다. 좀 전에 말씀하시길, 직장으로 있는 학교로 모르는 사람이 세 번 찾아와서 물었다는데, 일종의 테스트였습니까?

김영도 : 그 후에 알았는데, 이후에 이어집니다. 도장을 찍었더니 지프차를 타라고 해서 타고 종각의 뒷골목으로 갔는데, 간판이 '동양무역'이라고 돼 있어요.[2] 2층으로 올라갔어요. 올라가니까 사람들이 여럿 있는데, 낯이 익은 사람들이 있는 거야. 거기에 서울대학의 황성모(黃性模) 교수가 있는 거야. 내가 (서울)대학을 다녀서 알고 있었거든요. 그 교수가 끌려와서 조직부 차장을 했어요. 조직부장이 강성원 씨이었어요. 그 사람은 대단한 사람이에요. 그 사람을 잘 모르지만, 군인이니까… 군인치고는 똑똑한 사람이에요. 이 사람이 조직부장이에요. 이걸 보고 뭐하는지 알았죠. 이게 사전조직이에요.

조영재 : 하나 묻겠습니다. 그때 처음 내밀면서 도장을 찍으라했던 서류에 무엇이 적혀있었나요?

김영도 : 전혀 기억이 안나요. 아마 정치적으로는 정당 활동에 관한 거 아닐까하는데, 기억이 없어요. 서류가 남아있으면 좋을 텐데 모르겠어요.

조영재 : 추천은 어느 분이 하셨나요?

김영도 : 추천을 모릅니다. 누가했는지 몰라요. 그게 공화당 조직의 묘미입니다. 절대 모릅니다. 강성원 씨가 이런 말 한 적이 있어요. "우리 조직에 대한 것은 영원히 남는다." 더 이상 묻지 말라는 거예요.

조영재 : 그 세부적인 것들을 말인가요?

김영도 : 지금 여기 끌려왔다는 이야기를 하지 말라는 거예요. 가족에게는 말했어요. 마누라에게만 말했어요. 학교는 몰랐어요. 학교에는 사표도 안냈어요. 사표를 내면 왜 그만두는지 따질 거 아니에요? 학생들 입장에서는 선생이 느닷없이 사라진 거예요.

---

[2] 사전조직을 위해 1962년 1월 말 종로2가 뒷골목 제일 전당포 빌딩에 '동양화학주식회사'라는 간판으로 사무실을 냈으며, 이곳에서 이영근 정보부 차장과 강성원 행정관을 중심으로 재건동지회 요원선발을 수행하였다.

조영재 : 무단결근하신 거군요?

김영도 : 그렇게 됐어요. 공화당의 사전조직은요, 하나의 스토리입니다. 전 세계에도 그런 스토리가 없을 거예요. 수많은 사람들이 끌려와서 운명을 같이했고, 그 후에 인생들이 갈라져나가는데, 지금은 많이 죽었죠. 남은 사람이 몇 없어요.

조영재 : 말씀을 들어보니 대략 사전조직을 조직했던 분들이 요원들을 선발할 때, 미리 추천을 받아서 사전조사를 다하고, 직접 방문을 해서 유혹하는 테스트도 거치고. 의원님께서는 이런 절차를 겪으셨는데, 다른 분들도 이런 절차를 거쳐 요원이 되셨습니까?

김영도 : 나에게 교사 시험보라고 한 김유탁이가 국장이에요. 먼저 간 사람이 먼저 (상급직에)올라가요. 보니까 알 만한 사람이 없어. 학교에 찾아왔던 사람들은 알겠거든. 그 사람들보고 물어보지 않았어요. 그렇고 그런걸 아니까. 늘 우리가 앉아 있는 뒤에 상관이 앉아있어. 어떤 의미로는 감시인데, 요즘 사무적으로 그렇게 하더라고. 미국적인 행정조직인지 모르겠는데 그러더라고. 시간이 흐르니까 요원들끼리 이야기를 하는데, 앞으로 어떻게 되는지 이야기했지. 그때 아직 정당 간판이 아니었을 때거든. 밖에 나가서 다방에서 이야기했어. 뒤에 앉아있던 사람이 오라고해서 갔더니, 조금 전에 이야기한 걸 다 알아. 쓸데없는 이야기하지 말라고 하는 거야. 근데 그 사람이 보통사람이 아니야, 강성원 씨고, 그런 사람들이 CIA요원 출신이거든요. CIA사람들이요. 지금은 (어떨지) 모르지만 생각이 독특한 사람들이에요.

조영재 : 여기서 CIA는 KCIA(Korean Central Intelligence Agency)를 말씀하시는 건가요? 중앙정보부요.

김영도 : 네, 중앙정보부요.

조영재 : 아까 말씀하신 테스트하러 오셨던 분들이 사전조직의 요원으로 참여하신건가요? KCIA 출신인가요?

김영도 : 잘 모르겠어요. 사무국에 10년 있었어요. 정말 불안한 10년을 살았어요. 입이 돌아갔어요. 서울대학교 병원에 찾아갔더니, 찬데 누워있지 않느냐고 물어보더라고요. 내 생각에는 신경을 너무 써서 돌아갔다고 생각했어요. 그런 경험을 거기서 겪었어요. 그만큼 뭐가 어떻게 되는지 알 수가 있어야지. 그런데 할 수가 없어. 월급도 제대로 안 나오고, 우리가 일이라고 해서 하는 일도(알 수 없고.) 처음 들어갔는데, 훈련병으로 들어갔는데, 월급이 안 나와요. 삼개월동안 안 나와요.

조영재 : 처음에 동양무역에 들어간 날짜는 언제인가요?

김영도 : 잘 모르겠어요. 기록도 안 남겼어요. 고등학교 학기 초였으니까. 성동고등학교 8회에 맡아 12회 정도. 1962년 2월, 3월 정도라고 생각했으니까요

조영재 : 당시는 학기가 4월에 시작했죠. 4월 이전이란 말씀이죠.

김영도 : 그 당시 사무총장을, 여러 사람을 봤겠지만, 윤천주라는 분이 있었어요. 학자라고 할 수 있고, 동경제국대학교 다녔던 분이에요. 이 사람이 총장으로 왔는데, 이 사람이 얼마나 어려운 분인지 몰랐어요. 서울시내에 차가 없던 때에요. 서울에 블루버드가 지나가면 사람들이 모여든 때에요. 그런 때에 이 양반이 블루버드3)를 타고 다녔어. 공화당 최고 간부니까 타고 다녔다고. 일제예요. 아침에 오더니 사무총장이 각부를 순시한다고 하니, "어려울 때 일수록 각자 시간 지키고 자리 지키고 일하십시오." 사람들은 기가 죽어서 앉아있어. 제가 못됐죠. 총장님에게 "차 팔아서 월급 주십쇼" 했지. 삼 개월 동안 월급이 안 나오는데 살 수가 있어야지. 그땐 사전조직이 아니에요.

조영재 : 공화당(창당) 이후인가요?

김영도 : 공화당 이후인데 자금조달이 안돼서 월급이 제대로 안 나왔

---

3) 일본 닛산의 1,200cc급 소형차. 1962년 재일교포 박노정이 닛산과 기술제휴로 새나라자동차를 설립하고 수입했던 완성차이다.

어요. 지금 서울 역전에 세브란스 에비슨관이라는 건물이 있었어요. 정말 초라하던 때예요.

조영재 : 그러면 창당한 이후의 이야기는 이후에 듣도록 하고요, 사전조직에 대해서 조금만 더 여쭤보고 가겠습니다. 당시 윤천주 씨가 훈련부장으로 계셨던 것으로 알고 있는데, 의원님께서 처음에 들어가셨을 때 교육과정은 어떠했습니까?

김영도 : 예. 처음에 들어갈 적에 교육을 인사동의 어느 건물에서 했는데 보통 집은 아니었어요. 거기서 밀봉교육을 했어요. 전부 외부에 알리지 않았어요.

조영재 : (교육이)어떤 방식과 어떤 내용이었습니까?

김영도 : 경제학이라든가 사회학, 이런 공부를 가르치면서, 재정학이라든가 이런 것을 했어요. 강사들, 누가 왔는지는 기억이 안 나고요. 밀봉교육 한 것만은 사실이에요. 그런데, 나는 그것도 그래요. 거기서 무슨 음모한 것은 아닌데, 정당 활동에 대해 모르는 사람들을 모아놓고 가르치는 것 아닙니까? 저는 그렇게 봐요.

조영재 : 비밀리에 한 것은 맞지만, 그렇다고 해서 음모 조직이나 지하 조직처럼 간첩교육과 같은 방식으로 진행되었던 것은 아니란 말씀인가요?

김영도 : 그것(간첩교육과 같은 것)은 아니고. 거기서 우리가 배운 것 하나는, 사무국 조직에서는, 절대로 국회의원이 되서는 안 된다. 그러니까 '여러분은 국회로 나가서 정치 활동할 생각은 하지 말라'는 소리예요. 그럼 무엇을 하느냐? 사무국, 세크러터리아트(secretariat)로서의 기능을 하라. 나는 지금도, 우리 만나면 그럽니다. 나는 공화당의 사무국 조직만은 있어야 한다. 그래서 주로 하는 것은 무엇이냐면, 오피니어 리더(opinion leader), 사회에 여러 가지 의견들을, 지금 무슨 얘기들이 돌아가는지, 사회에 여론은 어떤가, 이런 것을 분석하여 상부

에다 전달을 하고. 각종 신문 매체를 갖다 놓고요, 이것은 선전부에서 한 것인데, 선전부에서 그 신문을 분석해요. 지금 외국은 어떻게 돌아가느냐, 우리는 어떡하고 있느냐, 이런 것을 분석했어요. (제가 했던 일은) 사실 학문하고는 관계가 없는데, 안 할 수는 없고. 그런 것들을 붙들고 있었죠.

조영재 : 예. 그러면 선전부의 역할은 아까 말씀하신 것처럼 사회의 여론동향이나 이런 것들을 수집해서 정리하고, 또 신문들을 분석하고 이런 역할을 하셨다는 것이죠? 그럼 당시 조직부도 있고 여러 부서들이 있는데…

김영도 : 조직부에서는 사회 조직, 부녀자회 조직, 청년들의 조직 이런 것을 했죠.

조영재 : 예. 그때도 조사부는 있었습니까?

김영도 : 예. 조사부도 있었어요. 그것도 나중에 기구가 기획조사부로 바뀌고 그랬는데, 그 조사부 기능이 후에 상당히 큰 역할을 했죠. 조사부라는 것이, 말하자면 국회의원 하겠다는 사람들.

조영재 : 공천조사?

김영도 : 예. 사람들이 많으니까 그 사람들이(조사부 사람들) 지방에서의 인물들 조사하는 것이죠. 사실 정당이니까 상당히 거기에 신경을 많이 썼어요. 저는 선전부에 있었는데, 선전부는 기관지, 그것을 당보라고 했는데, 기관지 만들고요, 영문 책자도 냈어요. 그래서 외국에다가 보내기도 했고요. 그리고 여러 가지 홍보 활동하고. 제가 선전부로 가게 된 얘기가 조금 재밌어요. 맨 처음 들어와 훈련부에 있었는데, 높은 데서 무슨 지시가 왔냐면, 김종필, 그때 당의장이라고 했는데, 김종필 당의장이 처음 기자회견을 하는데, 그 글을 써오라는 것이에요. 근데 선전부가 있는데, 그 글을 선전부한테 맡기지 않고 하필 저한테 왔어요. 제가 훈련부에 있었는데, 저한테 왔어요. 그러니까 아마 위에서

'이 사람이 서울대학교 철학과를 다녔으니까 이 사람한테 시키자', 이랬던 것 같아요. 좌우간 그래서 준비를 해야 하는데, 기자회견에서 무엇을 해야 하는지, 당의장이란 사람은 어떤 사람인지 알 수도 없고. 그러니 막연한 얘기 아닙니까?

조영재 : 창당하고 난 이후죠?

김영도 : 예. 좌우간 어떻든 김종필 씨 첫 기자회견이에요.

조영재 : 그럼 사전조직 때는 김종필 씨를 만나거나 얘기를 해본 적은 없고요?

김영도 : 김종필 씨 이름도 못 들어봤죠. 사전조직 때는요. 아까 그 강성원이 최고 간부입니다. 그것도 그래요. 사전조직이요, 제가 북창동에도 있어보고 어디에도 있어보고 했는데, 어느 건물에 들어가서 있었는데, 아침마다 출근하게 되면, 집합해서 지금까지 한 업무를 전부 보고하래요. 그럼 쭉 앉아서 보고하죠.

조영재 : 매일 그렇게 보고를 하셨단 말씀이십니까?

김영도 : 예. 매일이죠. 왜 매일 했냐면, 그때 조직할 때니까, 그때는 제가 들어가서 아마 경기도 조직을 맡았어요. 각 도에 두 사람씩입니다. 제가 과장이고 한 사람이 과원이고, 이렇게 두 사람이에요. 그런데 우리는 강성원, 이 사람 얼굴도 모르고 이름도 모를 때거든요? 이름들을 전부 바꿨기 때문에 몰라요. 가명을 썼어요. 그런데 어떤 인상이 남았느냐면, 아침이 되니까 시커먼 지프차 타고 오더니, 안경도 새까만 것 쓰고 나타나요. 아무 말도 없죠. 그러니 누군지 알 수가 있나요? 어쨌든 조직부장이다, 집합(해서), 보고해라. 서울부터 시작해서 서울, 경기, 충청, 대전 보고하죠. "얼마나 접촉해 가지고 몇 사람씩 포섭 했습니다" 이렇게 (했죠). 그랬더니 강성원 씨가 막 야단을 하면서 뭐라고 뭐라고 (하는 것이에요). 가만히 앉아 있다 보니까 화가 나더라고요. 그래서 그 사람한테 대들었어요. "우리가 잘못한 것이 뭐 있느냐?" 그

러니까 이 사람이 어이가 없어 가지고 회의를 끝내고 들어가 버렸어요. 그러니까 친구들이 날 보고 "너 큰일 났다. 너 그 사람이 누군 줄 알고 그런 것이냐?" "누구긴 누구야? 우리가 잘못한 것이 뭐 있니?" 그리고 앉아 있더니 부장실에서 절 오라고 연락이 왔어요. 갔죠. 갔더니 악수를 하면서 "당신 수고했어." 그리고 나가고 끝났어요. 그래서 요새도 만나면 웃으면서 그런 얘기를 하는데, 무서운 사람이에요. 사람들이 전부 무서워가지고 말도 못하고 그랬다고요. 그런데 사람이 일을 하려면 무엇인가를 해야 될 것 아닙니까? 제가 그러면서 공화당에 있었는데 아까 김종필 씨의 일, 그것(기자회견문)을 쓰라고 해서 썼는데. 이것 뭐 책이나 읽고 철학을 하고 그러니까, 정치적인 기사를 쓸 수가 있어야죠. 그래서 티에스 엘리엇(T. S. Eliot), 시인 있죠? 황무지(The Waste Land)라는 유명한 시가 있습니다. 그것을 전부 다 썼습니다. 근데 그때가 4월이거든요.

조영재 : 창당하고 첫해요?

김영도 : 예. 4월인데 그것을 어디서 했냐면, 조선호텔인가 반도호텔인가 어디서 기자회견을 했어요. 요란했죠. 엘리어트의 시 쭉 쓰고, 그리고 쓸 말이 있어야죠. 그래서 우리는 근대화에 앞장설 트리거(trigger)다. 독일어인데 담당 세력이라는 뜻 아닙니까? 근대화의 기수다. 이제 이런 식으로 했는데, 김종필 씨가 마음에 들었던 모양이에요. 김종필이라는 사람이요, 참 이상하게 돼 가지고 저렇게 됐지만, 센스가 좀 있는 사람입니다. 그 사람은 정치가면서 예술적인 데도 있고요, 그 사람 사범대학 출신 아닙니까? 그런데 사실 그 사람이 저보다 나이가 밑이에요. 좌우간 나이 따질 문제는 아니지만 그랬어요. 그런데 그것 쓰고 나서 제가 선전부로 발탁이 됐어요. 그러니까 느닷없이 선전부 차장으로 됐어요.

조영재 : 그러면 사전조직 때는 선전부 요원은 아니셨던 것입니까?

김영도 : 그때는 맨 밑바닥에 있었죠. 요원이긴 한데.

조영재 : 요원이면 역할 분담이 있었을 것 아닙니까?

김영도 : 요원이긴 한데, 그때는 그냥 있었죠. 창당 하고 나서 차차 (올라갔죠). 근데 그 조직부에 있을 때 제가 조금 정당 생활을 그렇게 했어요. 선전부 차장이 되기 전에 사건이 있어요. 63년에 첫 선거 아닙니까? 공화당이 창당 하고 나서 첫 선거입니다. 엄청난 선거지요. 그런데 그때 저는 밑바닥에 요원으로 있었는데, 우리 사무국에서 공천자를, 명단을 전부 작성했어요.4)

조영재 : 그럼 그것이 1963년 11월에 있었던 제 6대 총선 말씀하시는 것인가요?

김영도 : 예. 6대 선거죠.

조영재 : 그러니까 대통령 선거 지난 다음에요.

김영도 : 대통령 선거 지난 다음인가요?

조영재 : 대통령 선거가 63년 10월 15일에 있었고요. 그 다음에 한 달 좀 더 지나서 63년 11월에...

김영도 : 맞겠죠. 그런데 3·15 부정선거 아시죠? 그 3·15 부정선거의 원흉들, 아주 형편없습니다. 그 사람들이요, 명단에 다 올라왔어요. 그런데 그 사람들이요, 이 명단이요, 우리 공화당에서 만든 명단은 따로 있고, 그 명단이 CIA(중앙정보부)나 경찰 이런 데서도 올라와요. 제

---

4) 제6대총선의 국회의원후보자 공천을 앞두고, 공화당 중앙사무국은 '지역구 및 전국구 국회의원 후보 당추천규정 및 시행세칙'을 작성·공고하였다. 그리고 그 규정에 따라 공천자 명단을 작성하였으며, 그 결과는 3차례에 걸쳐 신문지상에 공표되었다. 하지만 공표된 공천자들 중에는 중앙사무국의 규정에 벗어난 인사들이 다수 포함되어있었고, 이에 당원들은 당사에서 농성을 하거나 난동을 부리는 등 크게 반발하였다. 이 파동을 수습하기 위해, 당시 공화당 총재였던 박정희 대통령이 '집권정당으로 국회 안정세력을 구축하기 위해 6할의 이상론과 4할의 현실론을 조화시킬 수밖에 없었다'는 담화를 발표하기에 이르렀다.(민주공화당, 『민주공화당사』, 1973, pp.110~113)

일 순수한 것은 공화당 것입니다. 왜냐하면 정치 모르는 사람들이 지금 학교에 있다가 와 가지고서, 열심히 해서, 원리 원칙대로 따지고 해서 사무국이 움직인 것 아니겠어요? 그래서 우리는 우리대로 만들었는데, 그것이 문제가 됐어요. 그런데 저는 직접 관계가 없으니까 문제될 줄은 몰랐는데, 아침에 출근하니까, 조희선[5]이라는 사람이 있어요. 그 사람이 경찰 출신이거든요? 그러니까 좀 생각하는 것이 그래요. 내가 나가니까 "김형, 저리로 가십시오." 왜 가냐고 하니까, 거기에 가면 여관에 다들 모여 있으니까 가래요. 이상하게 생각하면서 갔더니, 젊은 친구들이, 사무국 요원들이 전부 앉아 있어요. 우리 동료 아닙니까? 그래서 뭐하냐고 물으니까 오늘 전쟁이래요. 지금 공천파동이 일어났는데, 돼먹지 않았대요. "왜 돼먹지 않았냐?"고 하니까, '3·15 부정선거 원흉들이 다 올라오는데, 이것이 말이 되느냐' '공화당은 무엇 하려고 하느냐' 이렇게 됐어요. 우리 것을 가지고 저쪽하고 싸워야 되는데, 여기 대표자를 뽑는다는 것이에요. 그것을 가지고 갈 사람을. 그런데 그것을 날 보고 가져가라는 것이에요. 그래서 5명을 뽑았어요. 그런데 간부 회의가 열렸어요. 그 간부 회의에, 그때 사무총장이 장경순[6]입니다. 장경순이라는 사람이 육군 소장에다가 유도선수에요. 아주 몸이 대단하죠. 그런데 이 사람이 앉아 있고, 당의 간부라는 사람들이 쭉 앉아 있어요. 여기를 이제 문 열고 들어가는 것입니다. 밖에는 기자들이 말이죠, '오늘 무슨 일이 있다' 예측해 가지고(있었어요). 선두에 제가 섰어요. 왜

---

[5] 조희선(1928~)은 내무부 산하 중앙선관위 소속 공무원 재직 중에 재건동지회에 차출되었다. 재건동지회 당시 조사부활동을 하였으며, 창당이후 공화당 조정담당관을 역임하였다.

[6] 장경순(1923~)은 5·16군사정변에 가담하였으며 최고회의 최고위원 및 내각 농림부장관을 역임하였다. 제6대 총선 당시 공화당의 사무총장에 재임 중(1963.9.5~12.4)이었다. 이후 제6대부터 제10대까지 5선의 국회의원을 지냈으며, 1963년에서 1971년까지 국회부의장을 역임하였다.

냐하면 전부 우물우물 하고 있었거든요. 그래서 그 서류를 가지고 들어 갔어요. 거기 장경순이 앉아 있는데 "당신네들 뭐야?", "우리, 사무국 직원입니다.", "무엇 하러 왔어?", "이것(서류) 때문에 왔습니다.", "안 돼. 나가.", "이대로는 못 나가겠습니다. 이것을 대통령한테 내야 됩니다." 그리고 내밀었거든요. 그런데 그 얘기 뭐 길게 할 필요 없어요. 그리고 전부다 쫓겨났어요. "당신, 뭐야?" 소리치니까 4명이 다 도망갔어요. 그래서 나 혼자만 남았어요. 그런데 그 선거에서 3·15 부정선거 원흉들이 다 됐어요.

조영재 : 그런데 일단 아까 말씀하셨던 것처럼, 공천명단을 경찰에서도 올렸을 테고, 중앙정보부에서 올리고, 당에서도 올리고 했으면, 결국 청와대에서 최종 결정을 했을 것 같은데요. 그런데 그렇게 3·15 부정선거에 관여를 했고, 또 자유당 출신들이 많이 들어왔다는 것 아닙니까? 왜 그런 결정을 내렸다고 보십니까?

김영도 : 박정희 대통령이 그것을 모르겠어요? 그런데 나는 그렇게 봐요. '정치는 현실이다. 어떻게 하나? 그러니 사방에서 그러면 할 수 없다.' 사실 당의 조직이라는 것은, 이것은 아무 것도 모르는 풋내기들 아닙니까? 경찰이나 정보부에서 올라오는 소리가 '그러니까 아무래도 할 수 없으니까 이 사람들을 공천 줘야 됩니다' 이렇게 된 것 같아요. 그래서 그 사람들이 다 당선이 됐어요. 그런데 그 사람들 그 다음 선거에 다 떨어지지 않았습니까?

조영재 : 예, 그렇습니다. 그럼 창당하고 난 직후에는 경제적인 어려움도 많이 겪었고 또 사무국도 축소되고 했지 않습니까? 그런데 그 이전에 사전조직 때는 어땠습니까? 활동을 하다 보면 자금도 많이 필요하고, 지원도 많이 필요할 텐데요?

김영도 : 그것이야 뭐, 사전조직에 지원이 얼마나 필요했는지 우리가 어떻게 압니까? 어떻게 먹고 살았겠죠. 다만 나는 그것보다도, 이런 일

이 있어요. 월급이 안 나오고… 아, 그것은 이때 얘기입니다. 박정희 대통령이 '번의(翻意)'라고 해 가지고 이랬다 저랬다 하지 않았습니까? 결정을 못하고요. 그래서 '번의정치'라고 한창 그럴 때에 얘기입니다.[7] 그래서 사무국을 안 되겠다고 줄이는 작업이 벌어졌어요. 그런데 그때 부장이 해병대 대령인가 한 사람이었는데, 그 사람이 한 사람 한 사람 불러요. 그래서 물어보는 것이에요. '나가겠느냐 있겠느냐' 물어보는 것입니다. 왜냐하면 사람 줄여야 되니까. 그래서 들락날락 하더라고요. 제가 들어가자마자 물어보지도 않았는데 부장보고 그랬어요. "저 나가겠습니다." 그랬더니 부장이 좀 놀래요. "아니, 나가면 어떻게 합니까?" "지금 나가라는 것 아닙니까? 지금 나가는 사람 고르는 것 아닙니까? 그러니 전 나가겠습니다. 나가는데, 다른 사람들은 굶어 죽어요. 그런데 저는 안 죽습니다. 그래서 전 나가겠습니다." 그렇게 하고 그냥 박차고 나왔어요. 그리고 집에 갔어요. 그렇게 하고 1주일이 지났어요. 집은 가난하죠. 제가 커피를 좋아해 가지고 결혼하고 나서 애도 없을 때라 마누라와 둘이 커피만 마셨죠. 그런데 1주일이 지나니까 당에서 연락이 왔어요. 좀 나오라고. 그만두라고 해서 그만뒀는데 뭘 또 나오라고 하냐고 그러니까, 그러지 말고 좀 나오래요. 그래서 나갔어요. 그랬더니 "정식으로서 다시 나오라고 하는 것은 아니에요. 다시 일을 시작해야 되는데 사람이 없어요. 그러니 당신이 일 좀 해요." 그래서 내가 할 일이 무엇이냐고 하니까, 지방에 당원 교육을 나가라는 것이에요. 학교선생을 했으니까 지방에 당원 교육을 나가라고요. 그래서 전라

---

[7] 박정희 당시 최고회의 의장은 민정참여를 둘러싸고 1963년 10월 15일 대통령선거 때까지 번의를 반복하였다. 여기서는 민주공화당 창당 다음 날인 2월 27일 대통령선거 불출마 선언(2·27선서) 때 인 것으로 보인다. 2·27선서 직후에 최고회의 김동하와 중앙정보부의 김재춘 등은 공화당의 해체를 강력히 주장하였다.

도에서부터, 전북·전남으로 해서 한 바퀴 돌았어요. 그러면 여비를 줘요. 그때 우리 사무국 요원은요, 여비를 쓰고 남게 되면 반납을 했습니다. …나는 철학을 공부해서 '대중정당' 그런 것을 몰랐는데, 이 대중정당이라는 것이 무엇인지에 대해서 이것 저것 공부를 좀 했어요. 당원들을 수백 명 모아 놓고, 전북에서인가 그랬는데 수백 명이 왔어요. 중앙에서 왔다고 하니까 막 모였어요. 그래서 거기 가서 첫 마디에 무슨 말을 했냐면, '대중정당은 당원들이 국민 속으로 들어가서 호흡을 같이 하는 것이다. 그렇게 해야 된다. 중공에 모택동이 그렇게 했다' 이랬단 말이에요. 중공의 모택동이 양자강에서 헤엄도 치고, 그런 사람 아닙니까? 난 그것을 아무 생각 없이 (말) 했다고요. 그러고 한 바퀴 돌았어요. 그리고 서울에 왔더니 날 불러요. 큰일 났다는 것이에요. 중앙정보부에서 조사 나왔대요. 그래서 "중앙정보부에서 왜 날 조사해?" "너 돌아다니면서 무슨 얘기를 했어?" "나 무슨 얘기 한 것 없는데?" "모택동 얘기했어?" "모택동 얘기했지. 대중정당은 국민하고 같이 호흡하는 것인데, 모택동이 그랬다고 하는 것이 내가 못 할 얘기야?" 이랬어요. 근데 사실 이것이 문제가 됩니다. 우리가 지금 김일성 찬양하면 되겠습니까? 아무튼 그랬다고요. 그래서 난 자르려면 자르고 말라면 말라 그러고 있었어요.

조영재 : 그것이 63년도 일입니까?

김영도 : 그렇죠. 대통령 선거 전이에요. 그런데 사무국에서 무슨 얘기가 나왔냐면, "그런데 당신 운이 좋아서 살아났어." "왜 살아났어요? 어떻게 된 거요?" 그랬더니 "우리가 얘기를 잘 했어." "당신이 나에 대해 뭘 안다고, 무슨 얘기를 잘했다는 것이에요?" 그랬더니, '이 사람이 어떤 사람인지 아느냐, 공산주의가 싫어서 38선을 혼자 넘어왔다, 그리고 대학 때 6·25가 터지니까 총 들고 나갔고 동생, 친구 다 죽었다, 이 사람이 무슨 공산주의와 관계가 있느냐' 이랬대요. 그래서 그것으로

끝났어요.

조영재 : 그러면 공화당 초기에도 지속적으로 지방까지 계속 다니면서 당원교육을 했는데요. 그럼 당시 교육 내용에 대해서 중앙당에서 요원들에게 특별하게 지침을 내리던가 교육을 제공하거나 교재 같은 것을 공통적으로 제공하거나 했습니까?

김영도 : 교재는 없어요. 말하자면 저는 나가서 얘기나 할 사람(이라고 보고), 그래서 (당원교육 강사로) 세워가지고. 그러니까 그때만 해도 공화당이 조직적으로 그렇게 움직였다고 나는 안 봐요. 아마 순수한 사람들 모여가지고 열심히 하지 않았느냐, 나는 그렇게 봅니다.

조영재 : 그런데 의원님께서는 당시 공화당의 선전부 차장이셨는데, 차장도 정리 대상으로 설정할 정도였나요?

김영도 : 그런데 그것은 저도 잘 모르겠어요. 이런 얘기입니다. 공화당 조직은요, 요원들이 들어 와 가지고, 각 부서가 있지 않습니까? 그래서 5개부서[8]가 있는데 거기에 일단 다 배치를 하지요. 그래서 일을 시켜 봐요. 시켜보고 그 공과를 따져요. 공과표를 만들죠. 그런데 그 계기가 어떻게 해서, 나는 이 선거 때마다, 4년 선거 아닙니까? 4년 끝나게 되면 요원이 전부 바뀌어요. 그것을 우리는 리셔플(reshuffle)이라고 했는데, '리셔플을 한다' 그러니까 전부 신경들 쓰는 것이에요. 전부 여기에 있다가 저리가고, 저놈은 쫓겨 나가고, 저놈은 국영기업체로 가고, 저놈은 낙동강 오리알이 됐고, 이런 말들을 그때 했어요. 그런데 이상하게 전부 왔다 갔다 하는데 나만은 그대로 올라갔어요.

조영재 : 선전부로요?

---

[8] 민주공화당 중앙사무국은 유신선포 직전까지만 하더라도 9차례에 걸쳐 기구개편을 하였다. 그때마다 4개 혹은 5개부서로 개편되었다. 하지만 60년대 중반 이후부터는 기획조사부, 조직부, 선전부, 훈련부, 총무부(국)의 체제를 유지하였다.(민주공화당, 『민주공화당사』, 1973. pp.873~881)

김영도 : 예. 그대로, 선거 끝나니까 차장, 4년 끝나니까 부장, 그대로 올라갔어요. 그래 가지고 올라갔는데, 8대 국회 때입니다. 그때 제가 국회에 들어가기로 되어 있었어요. 왜냐하면 당의 간부는, 부장은 자동 케이스로 들어가게 되어 있거든요. 그 부장 중에서도 선전부장은 순서가 빨라요. 그래서 저는 틀림없이 가기로 되어 있었는데, 저는 사실 국회의원이라는 것은 별로 생각을 안 했어요. 취미도 없고, 거기에 대해서 조금도 생각 안 하고 있었어요. 그랬는데 공천 발표를 보니까 내가 빠졌어요. 다른 사람은 다 들어갔는데 내가 빠졌어요. 공천이 틀림없는 사람인데 빠졌다고요. 왜 빠졌느냐? 그때 사무총장이, 여러분 아시는지 모르겠지만 '4인 체제'라고 아시나요? 그 4인 체제에 아주 중심인물 입니다. 그때 길재호가 사무총장이었습니다. 대단했습니다. 그 사람 말은 아주 보증수표라고 해서, 기자들이 그 사람보고 보증수표라고 했는데, 근데 그때 무슨 일이 있었냐면, 난 4인 체제가 도대체 누구누구였는지도 몰랐어요. 관심도 없었고. 그랬는데 문제가 돼 가지고요, 그만한 자리에 있으면서도 (저는) 정치에 관심이 전혀 없었어요. 나는 선전부에 있으면서 그냥 책이나 보고 글이나 쓰고 그랬어요. 그러니까 말하자면 무슨 야심이 없으니까 그대로 올라간 것 같아요. 그런데 무슨 일이 있었느냐, 김종필 씨가 쫓겨났어요. 4인 체제에 의해 물러났어요.[9] 물러나니까 김종필 씨가 완전 야인이 됐어요. 그랬는데 대통령 선거 대유세가 벌어졌어요, 그러니까 춘천에서부터 시작해서 강원 서울 쭉 내려가는데, 밑으로 내려가면서 여론 조사가 어떻게 들어왔냐면,

---

9) 1968년 5월 30일, 김종필 공화당 당의장은 일체의 공직에서 사퇴하였다. 이른바 '국민복지회'사건으로 공화당 당기위가 김용태, 최영두, 송상남을 전격적으로 제명한 직후의 일이다. 이에 대해 김종필은 최근 자신의 증언록에서, 당내 4인체제 (김성곤, 백남억, 김진만, 길재호)와 당 밖의 김형욱 정보부장과 이후락 대통령 비서실장이 공동으로 김종필을 자신을 몰아내기 조작한 것으로 밝힌 바 있다. (김종필, 『김종필증언록』, 2016, p.349)

사람이 안 모인답니다. 대유세에 사람이 안 모이면 어떻게 합니까? 시장에 사람이 안 모인다고 그렇게 되어 가지고, '왜 안 모이냐' 했더니, '김종필 씨가 안 나오니까 안 모인다' 이렇게 됐어요. 이것이 청와대로 갔어요. 그런데 선거 때는 (당간부는) 어떻게 있냐 하면 선전부장은 중앙을 지킵니다. 다른 부장은 전부 지방으로 나가요. 그래서 지방으로 나갔는데, 선전부장은 (중앙을) 지키고요. 그래서 아무도 없고 제가 주인이에요. (중앙당 사무국에) 앉아 있는데, 청와대에서 연락이 왔어요. 김종필 씨를 당장 불러 가지고 대구로 내려 보내라고 하는 것이에요. 그래서 김종필 씨한테 전화를 걸었어요. 청와대 연락이니 빨리 내려가라고. 그래서 (김종필 씨가) 내려갔어요.

조영재 : 예. 그 상황들에 대해서는 다시 한 번 상세히 여쭤봐야 할 것 같고요. 당시 워낙 중요한 역할들을 많이 하셨고, 사무차장의 역할도 하셨지 않습니까?

김영도 : 아니, 느닷없이 제가 왜 사무차장으로 올라갑니까? 사무국 요원은 사무차장으로 못 올라가요. 이런 얘기입니다. 사무차장은 정치적인 레벨이거든요? 하지만 제가 사무차장으로 처음 됐어요. 된 이유가 바로 그것하고 관련 있어요. 김종필 씨를 내려 보냈더니, 부산에서 길재호 사무총장한테서 밤중에 전화가 왔어요. "당신 중앙에서 무엇을 하고 있는 것이야? 왜 당신이 김종필 씨를 내려보냈어?" 하고 소리를 지르는 것이에요. 김종필 씨하고 4인 체제가 사이가 안 좋거든요? 그래서 "제가 내려 보낸 것 아닙니다. 청와대에서 가라고 해서 내려 보낸 것입니다." 그러니 "알았다"고 내일 보재요. 그리고 전화를 끊었어요. 그런데 밤에 잠이 와야 말이죠. 아침에 나갔더니 사무총장이 부장회의를 (소집했어요). 그래서 난 그날 각오하고 들어갔어요. 오늘 나는 그만 둔다, 각오하고 들어가서 부장들보고요, 사무총장 있고 부장들 다 있는데 다 내보내고 문을 잠가 버렸어요. 사무총장하고 나하고 둘이 앉

아 있었어요. "총장님, 제가 잘못했다고요? 아니 선전부장이라는 것이 그렇게 대단한 자리입니까?" "알았어." "청와대에서 연락 와서 내려 보냈지, 내가 무슨 힘이 있어서 오라가라 합니까?" 그랬더니 "알았어" 하고 끝났어요. 두말 할 필요 없다고 해서 끝났는데, 국회의원(공천에) 떨어졌어요. 그렇게 된 것입니다. 국회의원 떨어지고 다른 사람이 들어갔는데 이게 재밌어요. 그것이 8대 아닙니까? 8대에 들어가 가지고, 오치성 내무장관 불신임 결의안이 국회에 상정이 되어 가지고, 이것이 부결이 돼야 하는데 가결이 되어 버렸어요. 가결이 되려면 여당이 표를 찍어야 되는 것 아닙니까? 그래서 대통령이 화가 났어요. 국회의원들 다 잡아 넣으라고. 그래서 국회 해산하고, 전부 다 쫓겨났어요. 그리고 여당의원들이 말이죠, 중앙정보부에 끌려가서 얻어맞고. 나는 국회의원이 안 돼는 바람에 살아났어요. 그래서 8대에서는, 국회 4년 하는 것이 1년으로 끝났죠? 그렇게 하고 이제 9대가 됐어요. 근데 그 사이에 그렇게 하니까 어떡합니까? 선전부장이 사무차장으로 올라갔어요. 그래서 사무차장이 된 것입니다.

조영재 : 초기 공화당에 관한 포괄적인 질문을 드리겠습니다. 당시 사전조직을 포함해서 공화당은 한국 제도권 정당에는 없었던 체계적인 조직을 갖고 있었습니다. 영국의 노동당 등을 참고했다는 이야기도 나오고 하는데, 당시 염두에 두신 모델이 있었나요?

김영도 : 브레인트러스트(braintrust)[10]라고, 그때 머리를 쓰는 부서가 있었어요. 우리는 관계가 없었고, 영국의 노동당을 흔히 이야기 하

---

10) 미국과 캐나다 등지에서 정치적 리더나 정부에 전문적인 조언을 하는 자문집단을 지칭한다. 이들은 통상 특정 정책분야에 전문적인 학식과 경험을 갖추고 있는 전문가들이다. 1963년 1월 공화당의 발기인들은 공화당에 브레인트러스트제도를 도입할 것을 의결하였다.(민주공화당, 『민주공화당사』, 1973, p.36) 하지만 실제 운영여부는 확실치 않다.

는데요. 저는 이렇게 생각합니다. 정당은 있어야하니, 정당 사무국이 있어야한다. 사무국이 있으려면, 제대로 사람들을 일 시켜야한다. 그러려면 자금 등이 필요하지만 그래도 해야 한다. 사무국에서 했던 일이란 것이 지방의 여러 가지 여론을 수집한 거예요. 이건 이해관계가 없는 거예요. 수집해서 전부 정리해서 윗사람에게 결재 받아 보고한 거죠.

조영재 : 이원조직이었는데, 원내대표와 사무국이 서로 각자 무게중심을 가지고 움직였는데, 한국정당사에서 최초 아니겠습니까? 원내그룹과 사무국은 어떤 관계였습니까?

김영도 : 제가 구체적인 예를 들죠. 민기식이라고 아나요? 민기식씨가 (국회)국방위원장을 할 때에요. 그때 무슨 문제가 났냐면, '서울 시내에 방어선을 구축한다' 이거예요. 서울시민들이 안심하고, 사업을 할 수 있게 한다는 거예요. 근데 무슨 대단한 이야기입니까? 의례해야 하는 거죠. 국방회의에서 비밀회의로 됐다는 거예요. 난 선전부장이어서 알았거든요. 책자를 만들어서 팜플렛을 만들어서 뿌렸다고요. 우리는 안보체제가 확고하고, 국민을 안심하게 한다고 홍보했단 말이야. 그런데 검찰에서 조사가 나왔어요. 내가 책임자니까, 호텔로 끌려갔어. 부장검사라는 사람이 "이런 일이 있었나요? 이적행위가 아닙니까?" 그러니까 내가 그 사람보고 이랬어. "이적(利敵)행위가 아니라 해적(害敵)행위입니다. 왜 이런 문제를 국민 앞에서 당당히 하지 않고, 비밀회의 합니까? 나는 선전부장으로서 우리 당원에게 알려야할 의무가 있습니다." 그걸로 끝났어. 난 풀려났어. 민기식 씨는 어떻게 됐냐 말이냐. 그때 해외에 갔다가 김포(공항)에서 체포되서 잘렸어.[11] 난 그 사건을 지

---

[11] 1968년 6월 16일 국회국방분과위원회의 국방부 감사 후 가진 기자회견에서 당시 민기식위원장의 '서울방위선 북상'을 공표했다. 이것이 빌미가 되어 민기식위원장은 당시 이효상국회의장을 수행하여 해외순방을 마치고 귀국하던 8월 13일 김포공항에서 검찰에 연행되어 조사받은 후 위원장직을 사퇴하였다.

금도 모르겠어요. 왜 그것이 문제가 됐는지요. 이런 상황이 공화당생활을 하면서 몇 번 있었어요. 한 번은요, 박정희 대통령 마지막 선거 때 일거예요. 청와대에서 긴급회의가 열려서 사무처장이 부장회의에 갔어요. "오늘 아주 중요한 회의가 열리니까 절대 비밀입니다."라고 하는 거야. 비밀이라는 게, 선거 전략이야. 선거 전략이니 비밀일 수밖에 없지. 그 첫 번째 말이 '이번 선거는 돈 안들이고 한다' (는 거예요). 당시 선거 때마다 돈을 하도 뿌려서 말썽이 많아요. 그런데 돈을 안들이고 선거하는 게 왜 비밀입니까? 그런데 비밀이라는 거야. 여러 가지 있는데, 회의가 있어요. 선전부장이니까 기자들이 (내게) 달려들었어. 난 암말 안했어. 그 중에 제가 동아일보기자를 알아요. (돈 안들이는 선거전략에 대해) 알렸더니, 특종이 됐어. 이게 특종이 돼서 난리가 났어. 그게 왜 특종이에요. 청와대에서 공화당 사무국 놈들 다 잡으라고 했어. 전부 잡혀갔어. 그런데 선전부장만 안 잡아가. 나 아직도 모르겠어. 화장실가다 그 기자들이 지나갔어. 가만히 있으라고 했지. 난 (이후에 그 기사들과 관련하여) 기자들을 만난 적이 없어. 난 알 수가 없어요. 그 기사하고 안보문제하고 왜 대외적으로 비밀인지 모르겠어. 공화당에 있으면서 내 자신을 정치 중심이라고 봐야하는데, 난 모르겠어.

조영재 : 태풍의 핵처럼 권력의 중심에 있어서 (오히려 알 수 없었던) 그런 거 아니겠습니까?

김영도 : 난 잘 모르겠어요. 제가 에베레스트 원정가지 않았습니까.12) 사실은 그 문제가 큽니다. 그런데 여러분 문제에서는 물어볼 대상이 아니잖아요. 그래서 저는 요직에 있어서, 그런 자리(원정대장)에 있었구나, 몇 번 생각했죠.

---

12) 구술자는 제9대 국회의의원 재임기였던 1977년 9월에 '에베레스트 한국원정대'를 대장으로 이끌며 한국 최초로 에베레스트 등정에 성공하였다. 당시 정상에 오른 대원은 고상돈이었다.

질문자 : 공화당에서 사무조직을 갖춘 게, 야당에 영향을 줘서 야당 조직도 그렇게 바꿨나요?

김영도 : 그때는 야당에 (사무국체제가) 없었죠.

질문자 : 그 후에는요?

김영도 : 그 후에 생겼다는 이야기는 들었죠. 이제는 당에 우리(사무국요원)가 본을 보여서 해야 하는데, 흐지부지됐죠. 그래서 좀 아쉬워요. 젊은 사람들이 정치에 뛰고 싶은 사람이 많을 건데, 사무국조직이 훈련 장소가 되면 좋지 않겠나(하는 거죠). 우리 때도 젊은 대학생들이 시험 쳐서 들어왔죠. 시험출제를 우리들이 했어요. 면접도 하고요.

조영재 : 1965년부터 시작된 공채군요. 그것도 다음 시간에 여쭤볼 주제이군요. 오늘은 여기서 마무리하고요. 다음번에 다시 한 번 김영도 선생님을 모시고 좋은 말씀을 듣도록 하겠습니다.

김영도 : 감사합니다.

【 2차 】

조영재 : 지금부터 정기학술포럼을 진행하겠습니다. 박정희시대 공화당 연구가 올해 저희들의 연구 주제입니다. 오늘 모신 김영도 전 의원님께서는 지난 회에도 참석을 해주셨습니다. 마저 들을 중요한 이야기들이 있어서, 다시 한 번 청해서 시간을 갖게 되었습니다. 지난 번에는 저희들이 공화당의 사전조직을 중심으로, 어떻게 해서 공화당 비밀조직이 꾸려졌고, 준비됐고, 창당이 되었는가, 일련의 과정들에 대해서 소상히 얘기를 들을 기회가 있었습니다. 지난 번 마지막으로 사무국과 의원그룹과의 관계에 대해 말씀해 주셨습니다. 이어서 사무국의 위계나 승진방식에 대해 설명을 부탁드립니다.

김영도 : 정당에서는요, 승진이 어떻게 되느냐 하면, 4년마다 선거 치르게 되면 승진을 합니다. 4년 동안 일을 시키고 그 사람의 평가를 해서 평가표가 나오게 되면 그것을 보고 이 사람은 계속 올릴 것이냐, 어느 조직으로 돌리는 것이 좋겠느냐, 또는 그렇지 않으면 아예 밖으로 내보내야 되냐, 대개 이런 방향이 결정됩니다. 그래서 많은 젊은이가 왔다가 몇 년 사이에 나간 사람이 많고, 일정한 자리에 있던 사람들이 있지 못하고 다 그렇게 해서 뿔뿔이 나간 사람 참 많습니다. 그나마 좀 일하는 사람들은 붙어서 조직부에서 선전부로, 훈련부로, 총무부로 이렇게 왔다갔다 했어요. 그런데 이상하게 저는 선전부에서 그대로 있었습니다. 그것은 정말 참 모르겠어요. 제가 우직하기 때문에 그냥 고지식하고 그래서 곧장 올라간 것인지, 남보다 특별히 뭐 일을 잘한 것 같지도 않고, 두드러진 일이라고 있을 리도 없는데, 저는 그래서 선전부에 있으면서 곧장 올라갔습니다. 그 올라가는 과정에, 그런데 이제 이 위에가 문제가 많아요. 정책 활동을 하다보니까 정치적인 바람이 셉니다. 저희 사무국이라는 것은 이름도 사무국이지만, 사무당원 그렇게

말했습니다. 이렇게 해서 영어로 세크리테리아트(secretariat) 이런 말을 썼는데, 이 세크리테리아트(secretariat)라는 조직은, 원칙이 국회에 진출 못하게 되어 있습니다. 그 규정이 (의미하는 것은) 사무당원은 사무국에서 밑거름이 된다(는 것이죠). 이것은 아주 좋은 말이에요. 그 밑거름이 된다는 말을 누가 제일 먼저 했냐하면, 저는 그 말을 굉장히 중요한 말이라고 흥미 있게 보는데, 그게 김종필이란 사람이 쓴 말입니다.

조영재 : 사무국 내에서 조직부, 조사부, 선전부 등 다른 여러 가지 기능적 부서가 있었지 않습니까? 의원님께서는 선전부에서 오랫동안 재직을 하셨습니다. 정당에서 선전의 역할이 굉장히 중요했는데 당시 공화당에서 선전부의 위상이라든가 역할은 어떠했습니까?

김영도 : 글쎄요. 저는 뭐 일개 부서에 지나지 않는다고 보고 각 부 중에서 어느 부가 더 프라이어리티(priority)가 있다든가 뭐 어떤 영향력이 있다든가, 저는 그렇게 별로 생각을 안 했어요. 그런데 아무래도 따져보자면, 기획조사부라는 데가 역시 제일 대외적으로도 영향력을 미치는 데고 외부에서도 많이 신경을 쓰는 데 아니겠어요? 그 기획조사부는 이름 자체가 기획업무와 조사업무인데, 이 조사업무라는 것이 간단한 일이 아닙니다. 정책 활동이니까 역시 정치적인 인물들, 앞으로 국회의원 할 사람, 또는 현직 국회의원 이런 사람들에 대한 조사를 (하다보면), 그야 뭐 긍정적인 면이 있을 것 아닙니까? 그렇게 조사를 하는 것입니다. 조사를 하다보니까 그것이 역시 긍정적인 평가만 받는 것이 아니고 부정적으로도 문제가 되거든요? 그러나 어쨌든 기획조사부라는 부서는 아마 가장 그렇지 않았겠냐(영향력이 있지 않았나) 하는 것이죠. 그런 의미에서 선전부는 그것보다는 덜해요. 그러나 대외적으로 선전하는 데는 절대적인 영향을 미치는 데가 선전부에요. 구체적으로 말씀드리면 이런 얘기입니다. 정당 활동을 할 적에 선전부에서 제일

중요시 하는 것은 대통령 선거입니다. 국회의원 선거는 그렇게 중요하지 않아요. 국회의원 선거는 아시겠지만, 지구당에서 전부 나온 사람들이 싸우니까 그 지구당에 선전부가 있습니다. 그러니까 거기서(지구당 선전부에서) 지역의 문제를 갖다 들고서, 후보자에게 이것을 주장해라 이렇게 하는 것인데, 중앙당의 선전부는 전국을 대상으로 하다보니까, 말하자면 전국적인, 시국적인, 국제적인 문제 이런 것이지 국부적인 문제는 안 다뤄요. 그래서 집약적으로 말씀드리면 이런 얘기가 됩니다. 대통령 선거 때 신문 전면에 광고를 내요. 이 광고가 굉장히 중요합니다. 하단 광고 제 1단에, 그 광고 하나에 돈이 얼마냐? 엄청난 돈입니다. 그것을 5대(일간)지, 6대지에 다 내야 돼요. 그런데 돈이 문제가 아니고 그 광고의 내용을 어떻게 하냐 하는 것이 선전부 소관이죠. 그러니까 거기는 제가 선전부장하면서도 그랬고, 차장 당시에도 부장하고 주로 얘기해서, 거기에 또 국장이 있는데 국장하고도 합해 가지고 어떻게 하면 좋겠느냐, 지금 사회가 이러니까 이렇게 하자, 이렇게 해 가지고 사진을 까는, 배경사진 가치의 중요성을 (결정) 하고. 그 다음에 거기 들어가는, 말하자면 중요한 하나의 글자 몇 자, 여러분은 아마 전혀 기억에 없겠지만 이런 말이 있었어요. '혼란이냐, 안정이냐' 아, 그 말은 무서웠습니다. 세상에 혼란 원하는 국민이 어디 있겠습니까? 그러니까 여당이 무슨 말을 하게 되면 안 듣는 것이 사회거든요. 야당이 뭐라고 해도 야당이 하는 말은 우선 시원하단 말이에요. 이런 기분이 있지 않습니까? 여당이 하게 되면 뭐 저것은 자기들끼리 하는 얘기가 되고. 사실은 그렇지 않거든요. 여당이 하는 말이야말로 정말 진짜 자료 아니겠습니까? 그래서 우리는 '안정이냐, 혼란이냐' 이렇게 했단 말이에요. 그 사진을 혼란 상태(를 보여주는 사진을 활용했죠). 그러니까 국민이 아침에 일어나서 갑자기 조간을 보니까 (정치선전광고가) 시커멓게 아래 하단에 크게 자리 잡았는데, 대통령 선거가 눈앞에 있고 '안정이냐 혼란이냐', 안정이라고 해야지 혼란이라 할 사람이 누가 있어요? 그러니까 이런 것이 말하자면, 선전부에서 하는 일이죠. 김유탁(金裕琸)13)이라는 사람이 있는데, 그 사람의 화법이 대단합니다. 구수하게 대중적으로 얘기를 해요. 무슨 말인가 하면 그 시골에 수백 명 이렇게 모인 데서 컵을 들고 물을 부어요. 그 물을 부으면서 물이 좌악 넘쳐 흐르는 것이에요. "우린 지금, 컵에 물이 차면 자기가 홀딱 마시면 됩니까? 이렇게 넘쳐 흘러 내려가야 됩니다. 그렇게 흘러 내려가야 여러분들한테 다 갑니다." 이런 식으로 말을 하거든요? 그러니 그 말이 시골 사람들이라 먹히고, 시골 사람 아니더라도 사실은 그런 것 아닙니까? 그래서 그런 식으로 얘기를 해요, 우리가. 이런 것이 선전술이에요. 근데 그것은 속임수도 아니고 사실 아니겠습니까? 그러니까 우리는 속임수보다는 사실 그대로를 얘기하자. 그래서 저는 선전부에 있으면서 팜플렛을 만드는데, 무엇이냐 하면, '탑을 물로 세울 수는 없다.' 이제 그런 얘기를. 그래서 '우리가 탑을 쌓아 올리는데 이런 일 하나 때문에 고꾸라질 수는 없지 않느냐' 이것을 책자에다가 간단히 써가지고, 앞에 책자 뚜껑에다가 그림을 멋있게 그려가지고 전국에 뿌리는 것, 이것이 이제 선전입니다. 사실 선전은 하기가 참 어려워요.

조영재 : 주로 대통령 선거 때 선전부의 역할이 극대화되고 또 빛을 발한다는 말씀이신데, 그럼 평상시에 선전부 활동은 어떠했습니까?

김영도 : 평상시에 선전부는 일반 국민한테야 뭐(특별한 것이 없고), 그러니까 이제 당원들 상대로 하는 교육이죠. 그 교육도 그렇습니다. 제가 철학과 출신이고 학교 선생을 했다고 해서 저보고 당원 교육을 좀 시켰어요. 초창기 얘기인데. (그 후에) 자리가 위로 올라가면서는

---

13) 김유탁(1925~1910)은 재건동지회를 거쳐 공화당 선전부장, 총무부장, 기획조사부장을 역임하였다. 이후 제7대 국회의원을 시작으로 하여 내리 4선의 국회의원을 지냈다.

뭐 중앙당의 당원들, 그러니까 중앙위원들 모아가지고 얘기를 합니다. 근데 중앙위원들이라는 것이 다 그래도 사회적 경험이 있고 앞으로 좋게 하고 싶어 들어온 사람들이니까, 그 사람들의 학벌은 잘 모르지만 어쨌든 사회적 경험 있고 연륜도 그만큼 쌓이고 이런 사람들 아니겠어요? 이 사람들 앞에서 여간 조심하지 않고서는 이야기가 먹혀들지 않아요. 그래서 그런 것을 할 적에 사실 참 힘이 들죠. 어려운 얘기도 하고. 그리고 또 한 가지는 대외적으로 공화당에서 제가 애먹은 것은 이런 것이 있어요. 대학생들 상대로 해서 무슨 강연회가 있는데, 이것이 시국토론 문제입니다. 그때 야당이 나오게 되면 거물이 나옵니다. 그런데 공화당에서는, 야당이 거물이 나오면, 안 나갈라고 그래요. 나가봐야 별 재미도 없고, 잘못해서 자기 약점이나 드러나게 되면 윗사람한테 찍히거나 하고, 그러니까 안 나갈라 그래요. 그래서 결국에서는 그 문제를 어떻게 하느냐면, 저희 같은 무명(에게 시켰어요). 무명이면서 사무국에서 그만한 자리에 앉아 있으면 (안 나갈)도리가 없지 않습니까? 저 못 나가겠다고 그러면, 저는 그만 둬야죠. 그러니까 할 수 없이 그런 것을 맡아서 나가죠. 그러니까 그런 것을 나갈 적에는 참 서글픈 마음도 있지만 이것이 정치 현실이다(라고 생각해요). 뭐 저는 그러면서 공화당에 있었던 바람에 용케 연명해 가지고, 정치적인 생명 그나마 좀 딴사람에 비해서 길지 않았겠느냐 (생각해요).

조영재 : 예. 그런데 이제 당시에 공화당의 기관지가 '민주공화보'(民主共和報)14) 아닙니까? 선전부장은 민주공화보 주간을 겸임하게 되어 있던 걸로 알고 있는데요?

---

14) 민주공화당은 창당 6개월 후에 기관지 '민주공화보'를 창간했다. 창간이후 줄곧 주간으로 발행했으나, 1975년 10월 사무국 축소 이후 격주간으로 발간하였다. 매회 10만 부를 찍어서 약 7만 6천 부를 전국 73개 지구당에 발송하고, 나머지를 정부각기관과 지방관서 그리고 중앙위원에게 배포하였다.(『동아일보』1977.4.9)

김영도 : 민주공화보라는 것은 당의 신문 아닙니까? 그래서 그것을 해 가지고 박정희 대통령이 그때 총재니까 총재한테도 보내고, 그리고 전 지방에다가 뿌리고, 이제 이런 것이죠. 그것도 주간에 한 번씩 나가니까 바빠요. 그런데 제일 문제는 뭐냐 하면, 거기에 사설을 써야 된다는 것이에요. 그래도 신문이니까 사설이 있어야 될 것 아닙니까? 사설 써야죠. 그래서 사설 누가 쓰냐고요. 그래서 할 수 없으니까 그것을 국장15)보고 맡아서 쓰자(고 했는데,) 국장이 맡아서는 안 되겠거든. 그래서 할 수 없이 내가 썼죠. 사설을 1주일에 한 번씩 쓰는 것, 저는 그 시간만 오게 되면 끔찍했어요. 그게 왜 그러냐면, 정당에서, 더군다나 공화당이 그렇습니다. 말이란 것은 야당의 입장에서 하는 것이 좋아요. 편하고, 하고 싶은 말 할 수 있고, 또 웬만큼 해도 상관이 없고. 그런데 집권당에서 한다는 것은요, 여간 조심해야 되는 것이 아니에요. 그것은 뭐 글자 하나라도 잘못되는 날에는 따지고 들어오고요. 그래서 이런 일이 있지 않았습니까? 지방당원 교육하라고 해서 할 수 없이 지방에 나갔어요. 정당이라는 것은요, 대중정당 아닙니까? 대중정당이라는 것은 무엇이냐? 대중정당은 대중하고 호흡을 같이 하는 것이 대중정당이란 말이죠. 뭐 대중적인 것은 고사하고, 우선 대중하고 호흡을 맞춰야 된다고요. 이것을 지방에 나가서 해야 되는데, 지방에 시골 사람들 수 백 명 모아놓고 무슨 얘기를 합니까? 저도 철이 없었죠. 모택동 얘기했어요. 왜 그랬냐면 모택동은 그 당시에 어떻게 이름이 나있었는지 (간에), 그 나름대로 하여간 세계적으로 이름난 정치가 아닙니까? 그런데 '모택동이 대중 속에 들어가서 같이 호흡을 했다', '양자강에서 (대중들과) 같이 수영을 했다'. 그 당시에는 중국이 (인구가) 6억입니다. 그 엄청난 6억이라는 대중을 상대로 해서 그것을 끌고 가려니, '모택동은 사실 자

---

15) 선전부에는 홍보국, 유세국, 섭외국, 당보국 등이 있었다. 여기서는 당보국장을 말한다.

기가 직접 그 속에 뛰어들었다. 사실 당이라는 것은 제대로 대중 활동 하려면 (대중 속으로)뛰어 들어가는 것이다, 그러니까 당원들은 그런 데에 들어가서 대중하고 같이 호흡을 하면서, 희노애락을 같이 하면서 살아야 된다' 이런 얘기를 했더니 이것이 문제가 됐어요. 그래서 한 바퀴 돌고 왔더니 CIA(중앙정보부)에서 조사가 나왔어요. 그래 가지고 문제가 커진 것입니다. 근데 그것은 제가 조사받은 것이 아니고 한 바퀴 돌고 오니까 위에서 부르더니, 아니 무슨 얘기를 하고 다니길래 그러냐. 저는 무슨 얘기인지 모르겠거든요? 전 뭐 그런 생각 없으니까 "무슨 얘기입니까?" 그랬죠. 그랬더니 당신이 어디 가서 모택동 얘기했냐고 해서, 얘기 했다고 했죠. 대중정당의 그런 얘기 이해를 위해서 아주 구체적인 얘기니까 한번 했을 뿐이지, 그것을 내가 대단히 찬양한 것도 아니고 그 사람이 그런 식으로 활동을 했다, 우리는 그런 식으로 활동해야 한다, 내가 그래서 한 것인데. 그래서 어떻게 됐냐고 하니까, 조사가 나왔는데, 당에서 '이 사람은 손대지 말라, 이 사람은 어떤 사람이냐면 38선 넘어서 혼자 왔다, 이북에 공산주의가 세워져서 이 남한으로 온 사람이고 혼자 와서 고학하다가, 6·25가 나서 자기가 총 들고 들어가서 친구들하고 동창들까지 죽은 사람인데 이 사람이 무슨 공산주의하고 관계가 있냐' 해서 끝났다는 얘기에요. 그러니까 그런 얘기 들으면 참 서글픈 일이죠.

조영재 : 아까도 잠시 말씀해주셨습니다만, 당시 야당인 신민당에서도 '민주전선'(民主前線)16)이라는 기관지를 발행했지 않습니까? 상당히

---

16) 1968년 창간되어, 격주 간으로 발행되었다. 이는 1964년 2월 민중당의 '민중의 소리'로부터 시작되어, '민족의 횃불'(1966년), '신민보'(1968년 1월)로 이어졌다가, 1968년 8월 15일 '민주전선'으로 야당기관지의 계보를 이은 것이다. 전국 73개 지구당에, 원내는 5백 부, 원외는 1천 부씩 무료로 배포하였으며, 가판(街販)을 하거나 각국 대사관에 배포하였다. 1970년 6월 김지하의 '오적' 시를 게재하여 관계자가 구속되고 신문이 압수되는 필화를 겪은 바 있으며, 1979년 7월 김영

정치적 파장도 있었던 것으로 알고 있는데요.

김영도 : 그쪽에, 야당 기관지가 나왔다는 얘기는 제가 모르겠는데요?

조영재 : 60년대 후반부터 나왔었습니다.

김영도 : 그 사람들이 그것을 할 수가 없을 텐데, 돈이 있어야지요. 잘 모르겠는데요? 우선 야당은요, 이 사무국 조직이 없지 않습니까? 그러니까 그것은 모르긴 해도 그렇게 하기는 어려웠을 거예요.

조영재 : 그럼『민주공화보』는 한 번에 몇 부 정도 발행을 했습니까?

김영도 : 몇 부 발행했는지 제가 기억은 잘 안 나는데, 하여간 전국에 뿌렸어요. 그랬는데 사실은 지방에서 그것을 볼 리가 있습니까? 중앙에서 나오니까, 그것을(받는 것이죠). 한번 조사를 내려가 봤더니, 그것 때문에 조사하는 것이 아니고 중앙이니까 지방이 어떻게 움직이나 해서 가끔 내려가 봅니다. 지방에 가게 되면 시·도에 사무국이 있지 않습니까? 거기서 또 지구당이 있습니다. 성동구면 성동구, 성북구면 성북구 해서 지구당이 있거든요? 근데 거기까지 내려가지 않고, 우선 중앙부에, 시·도의 사무국에 내려가서 보죠. 사무국에 가면 쌓여 있어요. 그럼 '이것을 내려 보낸 지가 언제인데 쌓여있냐' 하면, '그 동안에 배포할 시간이 없어 그랬다'고 하는데 다 거짓말이죠. 그런데 그것을 쓸 때가 있어요. 언제 쓰냐면, 선거 때에 사람들이 나가서 전 부치고 이러면 깔고 앉고, 얼굴 가리고 이럴 때에 써요. 참 어떻게 보면 낭비라고도 볼 수 있는데, 사실 정치활동에 낭비가 한두 가지겠어요? 그런데 할 수 없어요. 그것 다 필요악이라고 저는 생각하고 있고, 그런 과정을 통해서 그만큼 뿌리니까 얻어지는 것이 아니냐(생각합니다).

조영재 : 아까 말씀하신 것 중에서 조사국의 역할과 기능에 대한 것

삼 총재의 국회본회의 연설문을 전문게재하여긴급조치 9호위반혐의로 민주전선 주간 문부식 씨가 구속되어 휴간되기도 했다.

이 있지 않았습니까? 조사부가 공천 자료를 생산하거나, 다음 선거 때 필요한 인물자료들을 생산하고, 이런 것을 조사하고 기획했던 부서 아니겠습니까? 그런데 조직국이 있지 않습니까? 통상 그런 것에 대한 정보나 인적인 네트워크나 이런 것들은 조직국에서 많이 알고 있을 것 같은데요. 그럼 조직국과 조사부 간에 역할 분담이라든가 기능의 차이가 있었습니까?

김영도 : 조직부는 조직부대로 사람을 알고 접촉하다 보니까. 어떤 의미에서는 조직부가 좀 더 자세히, 인적사항 같은 것은 더 자세할 수도 있어요. 그런데 조사부 역시 구체적으로 조사해서, 이것을 문서화하고, 보고자료로 쓰고 그러는데, 조직부는 그것보다도 역시 인적사항, 인적 유대관계, 이렇게 해서 어떤 사람을 더 흡수하고 그런 차이가 있지 않나, 기능적으로 저는 그렇게 봅니다.

조영재 : 공화당 사무국에 대해서 몇 가지만 더 여쭤보고 넘어가도록 하겠습니다. 1965년도에 공채제도를 도입해서 새로운 신규 인력들을 충원하지 않습니까? 일단 어떤 분들이 주로 오셨습니까?

김영도 : (공채제도로) 들어와서 그 후에 국회의원까지 한 사람들이 여럿 있어요. 그걸 보게 되면 역시 능력이 있던 사람들이 들어왔고, 그런대로 그 사람들은 자기들끼리 잘 했을 거라고 생각이 되는데요, 참 재밌는 제도입니다. 그래서 저희 때(재건동지회 때)는 요원들을 비밀리에 해서 내막적으로 뽑아서, 조사를 해서 뽑아왔지만, 이것은 말씀하신 대로 공채 아닙니까? 그래 가지고 공개채용을 했어요. 그러니까 많이 왔습니다. 물론 그 당시 65년쯤 되니까 아직 우리나라는 뭐 형편없고, 여러분 70년대를 아시는지 모르겠지만 70년대는 한심할 때입니다. 그러니까 65년도 한심할 때죠. 그래도 어디 취직할 때가 많지 않으니까, 경쟁이 심했어요. 정치적인 성향이 있는 사람들은 왔던 것 같아요. 심지어 3년 동안을 계속해서 온 사람이 있어요. 그 사람은 서울대 문리대

출신으로 아주 우수한 사람이었는데, 조금 이상한 사람이었어요. 결국은 자기 자신의 정치적인 문제로 인해서 일찍 갔지만요. 이것은 공채제도에 관한 하나의 구체적인 예가 되죠. 시험은 저희들이 냈어요. 부장이니까. 부장들이 시험문제를 냈습니다. 그리고 채점도 부장들이 하고, 면접을 부장들이 했어요. 그러니까 저희들은 신규요원들을 앉혀놓고 (면접을 하고), 말하자면 대학의 선배들 아니겠어요? 그런데 3번이나 떨어진 사람은 첫 번째 아주 성적이 우수했는데, 인터뷰해보니까 사람이 아주 이상해요. 그래서 잘랐거든요? 이듬해 또 왔어요. 역시 마찬가지예요. 필기시험에서는 통과했는데 면접에서 또 떨어졌어요. 세 번째에도 왔어요. 역시 필기시험은 우수하거든요? 그래서 심사전형위원회에서 어떻게 했느냐. '사람은 좀 이상하지만, 사람이라는 것이 특이한 사람도 있는 법이고, 그 사람의 장점이 있을지도 모르니 채용하자' 해서 그 사람을 채용했습니다. 채용했는데 하고 나서 보니까 이 사람이 술을 좋아해요. 술을 좋아해 가지고 결국 친구들하고 유대가 (문제였어요), 그래 가지고 다 때려 부수고. 그래서 제가 (같은) 문리대 출신이고 해서 그 요원 때문에 사무총장한테 가서 빌었어요. 그 당시 사무총장은 대단한 자리입니다. 저는 참 성격이 사무적으로 처리만 하죠. 그래서 높은 사람한테 가서 부탁하거나 이런 적이 없는데, 할 수 없이 그날은 가서 빌었어요. 비는 것도 그래요. "총장님 정치하지 않습니까? 정치하시는 분이면 이 사람 좀 봐주시고 쓰십시오." 이랬단 말이에요. 그러니까 제가 와서 얘기하니까, 평소에 얘기도 안하는 사람이 와서 그러니까 받아줬어요. 그렇지 않으면 바로 잘라 버립니다. 이런 신규요원은 참 우수한 사람들이 들어왔어요. 여자들도 들어왔고요. 그래서 국회의원으로 간 사람도 있고, 도중에 구청장으로 나간 사람도 있고, 뭐 여러 가지 아까운 인재들이 들고나고 했죠.

조영재 : 의원님처럼 사전조직부터 들어왔던 우수한 인력들도 있었

었고, 또 그 이외에 충원한 분도 계셨을 텐데, 이렇게 신규 공채제도로 들어오신 분들하고 갈등이나 마찰이나 이런 것은 없었습니까?

김영도 : 그런 것은 없었어요. 정치뿐만 아니고 사회적으로도 선·후배니까 그랬고, 또 선배가 특별히 뭐 이상한 사람도 아니고, 후배가 또 그런 것도 아니고 그러다 보니까(갈등이 없었어요). 다만 그렇게 해서, 같은 정치하면서 유난히 가까워지거나 그런 것도 없고요. 그저 각자 자기 길을 간 것 같아요.

조영재 : 혹시 그런 분들(공채요원)에 대한 체계적인 내부의 재교육 체계라던가 시스템, 프로그램들은 없었습니까?

김영도 : 뭐 저는 별로 거기에 대해서 (말씀드릴 것은 없습니다).

조영재 : 지금 현재도 당시 공화당처럼 중앙에서 지방에 이르기까지 체계적인 사무국 조직과 인력들을 확보하고 있는 정당이 많지 않습니다. 공화당 사무국 조직의 교육체계와 시스템은 저희들의 주요 관심사항 중 하나라서요.

김영도 : 이런 생각은 들지요. 이제 해봤자 소용도 없지만, 지금 정당이라는 것이 이름만 정당이고, 국회의원 하는 사람들끼리 저희끼리 모여서 정치적인 문제를 가지고서 떠들지. 제가 보기에는 그래요. 그것이 정당이라는 사무국 조직이 있어서, 거기서 여론이 취합 되어가지고 분석이 돼서, 평가가 되어가지고 이렇게 해서 나오는 것은 아니지 않겠느냐, 저는 그런 생각이 들어요. 정치하는 사람들 각자의 의견이 있고, 자기의 정변(政辯)이 있고, 말하자면 정치인으로서의 자기 역량 이런 것 가지고 (있죠). 그런데 사무국 조직이 있음으로 해서 그런 데(정치인이 활동하는데)에 큰 뒷바라지가 되죠. 왜냐하면 이해관계 없이 문제를 다루는 데가 사무국이라고요. 근데 정치인들에게는 아무래도 자기의 직접 정치 생명하고 관계있는 문제가 두드러지지 않겠느냐, 말들은 대외적인 문제를 신경 쓴다고 하지만, 결국에 가서는 (자신의 문제에

신경을 씁니다). 그러니까 가령 정당 사무국에서 일할 적에는 개인적인 이해관계를 내비칠 수가 없어요. 비치려고 하지도 않고요. 나는 그런 점에서도 '그것(공적인 업무처리방식)이 하나의 (사무국의) 장점이 아니겠느냐' 생각을 하고요. 집약적으로 말씀드리면, 결국 '정당 조직(사무국)은 하나 있는 것이 좋지 않겠느냐.' 그런데 문제가 경비예요. 다른 것 없습니다. 저희 같이 젊은이들 취직도 시켜야 되고, 유능한 사람 뽑아서 교육시킨다고 할 것 같으면 정당에 그런 조직은 필요하다고 보는데요, 문제는 무엇이냐면, 그것을 유지·관리하는 비용이 (너무 커요). 그것은 좋지 않아요. 왜냐하면, 그렇지 않습니까? 중앙 사무국만 하는데 인원이 100여 명이거든요. 그 100여 명이 되는 인건비며 활동비, 그런 것도 적지 않거든요? 그러니까 인건비는 생활비고, 활동비는 그야말로 활동비고, 그러다보니까 사실 간단한 문제가 아니지요. 그래서 지난날 공화당에서 선거자금 때문에 문제가 커진 적이 있어요. 왜냐하면 사무국에 들어가는 돈이 엄청 나거든요. 지방조직 11개 시·도의 지구당까지 활동비가 나가거든요. 지구당에도 인원이 4~5명 있거든요. 거기에다가 시·도에 인원만 하면 벌써 10여 명이 된단 말이에요. 그 활동비는 얼마나 많겠습니까? 그렇지 않습니까? 그래서 박정희 대통령한테 우리가 결제할 적에 제일 고심한 것이 그래요. '이번에 또 얼마나, 몇 억이나 올려야 되나.' 그래도 사무국에서 일할 적에 제일 마음 놓고 일할 수 있는 것이 선거를 앞두고 있을 때, 선거를 앞두고 있으면 얘기(하기)가 좋거든요? 그렇다고 해서 무리하게 할 수는 없지만. 그런데 선거도 그래요, 저는 선전부에 있으면서 선전부장으로서 정말 남들이 이해 못 할 식으로 활동을 해 가지고, 제가 제일 싫어하는 것이 이것입니다. 선거 때마다 무슨 소리가 나오느냐면, '공화당은 돈을 마음대로 가져 가지고서, 없는 당원을 갖다가 그냥 돈 뿌려가지고 동원해 가지고, 뭐 어떻게 한다.' 전 이 말이 제일 싫었다고요. 근데 사실 활동하다

보니까 그럴 수밖에 없는 것이 사람들 어떻게 긁어모읍니까? 그러니까 도시락 준다, 버스 태운다, 뭐다 해서 긁어모으게 될 수밖에 없어요. 저는 그것이 싫었어요. 전략회의를 하게 되면요, 공화당의 선전부장, 치안국장, 중앙정보부에서 부장은 안 나오지만 그 다음 사람(정보부 차장), 청와대에서 누가 나오고, 요직에서 나옵니다. 그래서 비밀회의가 일어나요. 그것이 전략회의죠.

조영재 : 그럼 그 모임은 어디서 주도를 합니까?

김영도 : 제가 기억나는 것은 박정희 대통령 마지막 선거17) 때인데, 그때 박정희 대통령이 울었습니다. 대중 앞에서 호소했어요. 나 마지막 한번만 더 해달라, 그것이 장충단 공원이에요. 엄청나게 모였습니다. 그것 동원할 때 얘기입니다. 그 전략회의를 어디서 했냐면, 남산에 타워호텔이 있어요. 거기서 했는데, 그때 제가 선전부장이라서 나갔는데, 저는 뭐 나가도 많은 사람들(이 나오니까). 치안국장 나오죠, 누구 나오죠, 다 무서운 사람들이 나왔는데, 이 사람들 얘기하는 것 가만히 들어보니까, 전부가 다 말을 안 하려고 해요. 사람들이 전부 말조심 합니다. 저도 의견을 말을 해야 되는데 말을 안 해요. 그러니까 이제 자연히, '그래도 모아야 되지 않냐, 동원하는 수밖에 없다'(로 의견이 모였어요). 마지막에 제가 동원하지 말라고 했어요. 공화당의 선전부장은 거기서 사회적으로 봐서는 시원치 않은데, 치안국장이 높지, 그렇지 않겠습니까? 그런데 공화당 선전부장은 책임감이 있어요. 또 자기의 사명이 있고요. "여러분 말씀 옳지만, 여러분 손 떼십시오." 이렇게 말하니까 사람들이 깜짝 놀랄 것 아니겠어요? 무슨 자신이 있다고 저러느냐라고 말이죠. 난 채울 수 있다고 생각합니다. 사실 저는 몰라요, 왜냐하면 조직부가 할 일이지, 제가 할 일이 아니거든요? 그러나 정당에서

---

17) 1971년 제7대 대통령선거.

나온 사람이 무슨 말을 하겠습니까? 그렇게 해서 '우리는 당력으로 동원하지, 행정력 가지고 동원 안 하겠다, 그러니까 마찰이 자꾸 생긴다'고 그랬거든요? 그렇게 하고 (회의를) 나왔어요. 그러니까 회의가 그것으로 끝난 것이죠. 나왔는데 치안국장이, 아 채원식[18]이라는 사람입니다. 그 사람이 절 보고 나오면서 그러더라고요. "김 부장 말씀 옳습니다." 왜 그때 당시 얘기 안하냔 말이죠. 그래서 저는 지금도 그래요. 이렇게 모여서 얘기할 적에, 우리는 솔직하게 얘기할 것은 얘기하고, 못하겠으면 못하겠다고 얘기하고 그래야지, 이것도 아니고 저것도 아니고 그러면 안돼요. 어차피 얘기하자고 모인 것이니까 얘기하자고요. 그때 채원식 씨가 그래서, 저는 '참 높은 사람들이 이렇게 해서 연명하고 사는구나.' 제가 공화당에서 대외적으로 이름난 것은 없지만, 내막적으로는 많은 사람들 얘기 들어봤어요. 개인적으로 이렇게 와서 보게 되면요, 참 상대를 할 수가 없어요. 그냥 공개적으로는 다 그런데, 개인적으로 또는 인간적으로 보면 말이죠. 참 어려운 얘기에요.

조영재 : 그 모임을 소집하고 또 회의를 주재하는 곳은 청와대였습니까? 중앙정보부였습니까?

김영도 : 중앙정보부는 아니죠. 그것은 정당에서 하는 것이니까.

조영재 : 그럼 당에서 주도적으로 했습니까?

김영도 : 그것은 우리가 주체니까, 정당에서 하지만은, 다른 의미는 없어요. 말하자면 비밀회의라기보다 대외비로서 기관에서 모여서 얘기하는 것은 수시로 있어요. 청와대에서도 여러 번 했죠. 청와대 정무수석비서관, 이런 사람이 주관을 해 가지고, 내무부에서 차관이 온다던가, 중앙정보부에 3국장이 나오고, 대개 그래요. 일정한 사람이 나와

---

[18] 구술자의 착오로 보인다. 채원식 치안국장 재임기는 1967년 10월부터 1968년 2월까지이다. 그는 1968년 북한의 게릴라들이 청와대를 습격했던 '1・21사태'에 대한 지휘책임을 지고 사퇴했다.

요. 내무부는 뭐 장관이 올 수 없으니까 차관이 대개 와요. 정보부도 직접 정치담당이니까 3국장이 오고, 공화당에는 부장이 가고, 이제 이런 식으로 했는데, 중요한 회의죠. 근데 그 중요한 회의도요, 내가 거기서도 참 많이 느꼈습니다. 아무것도 아닌 얘기 같으면서도, 나는 굉장히 중요하다고 보는데, 별것 아닌 것으로 생각하는 사고방식들이. 가령 구체적인 예를 들면, 이런 겁니다. 아파트에 난간을 설렁설렁 해 가지고 어린 아이들이 거기서 빠져 죽었다는 사건이 사회(신문사회면)에서 몇 번 났거든요? 사실 이것은 정치적인 문제라고 할 것도 없는데, 사회는 불안하다는 말이죠? 그래서 공화당에서 생각하는 것은, 더군다나 집권당의 선전부에 있는 사람은, 신문을 보게 되면 사회는 지금 무슨 사건이 없는지 보거든요? 국제적인 문제보다도 사회적인 문제 같은 것을 많이 봐요. 그런 사건이 일어났다니, 그것은 왜 그러느냐? 아파트 난간을 갖다가 좁히면 되지 않느냐? 간단한 얘기 아닙니까? 건설업자한테 아주 의무적으로 해 가지고 이것을 건축법에 집어넣던가, 철제물 구조는 모르지만, 그래서 좁게 하면 되는 것 아닙니까? 뭘 그래 가지고 이러쿵저러쿵 말이 많으냐고요. 한번 그런 문제가 사회(면)에 크게 났어요. 그래서 제가 얘기했더니 내무부 차관이 아주 얍삽한 사람인데, 그 사람이 벌써 다 조치했다고 넘어가는 것이에요. 왜 그런 말이 나오느냐, 청와대 정무수석이 있단 말이에요. 그 사람 앞에서 "조치했습니다" (하고), 이렇게 해결되는 것 아닙니까? 그것을 대통령이 보시고 '오늘 무슨 얘기했냐? 하면 '이렇게, 이렇게 했습니다' 그러면 대통령은 '알았다'고 그럴 수밖에 없지 않습니까? 나는 그렇게 봅니다. 그럼 그것이 조치 한 것입니까? 우리는 그런 것이 싫어요. 하려면 철저히 하자는 것이에요. 그것이 다 말하자면 각자 자기의 이해관계를 생각해 가지고 일들을 안 하거나, 피일차일 여러 평계 대고. 여러분 아시다시피 세월호 사건도 그렇지 않습니까? 그래서 저는 요새도 그렇게 생각해요. '국회의원들이 우리 때하고는 많이 질적으로도 달라졌지 않겠느냐' 생각하지만, 저는 그렇게 보지 않습니다. 국회라는 것이, 국회에 들어가게 되면 분과위원회(상임위원회)가 있지 않습니까? 분과위원회는 전문분야입니다. 국방은 군대니까 그렇다 하고, 경제·법사·재정·문교 이렇게 전문 분과라고요. 그런데 국회의원으로 들어가게 되면 와 가지고 전부 다 나누어져야 된다고요. 그렇지 않습니까? 그런데 전문적인 사람이 안 가잖아요. 국회의원에 전문가가 가는 것이 아니잖아요? 그러니까 가령 예를 들면, 이런 것이죠. 제가 들어갔더니 원내 총무가 저보고 재무위원회라고 가라고 해서 깜짝 놀랐어요. "총무님, 제가 대학에서 철학을 한 사람입니다. 공화당에서 선전부로 큰 사람입니다. 재무부는 재자도 모릅니다. 저는 문교계통으로 보내주십시오." 그랬더니 그것은 다 차서 안 된다는 겁니다. 그러면서 하는 얘기가 재밌어요. '당신은 다른 사람하고 달라서 학구파니까 책 보고 공부 좀 하면 된다'는 것이에요. 아니 국회가 공부하러 들어오는 곳입니까? 그러면서도 제가 할 수 없이 갈 데가 없으니까 재무위원회로 들어갔어요. 들어갔는데, 무섭습니다. 역시 센 사람들이 많아요. 말 한마디로 이튿날 당장 한국전력 사장 목이 날아갔어요. 야당이 그렇게 주장하니까, 여당에서도 어떻게 도리가 없어요. 이런 사건, 이런 일이 무서워요. 그러니 저희 같은 사람이 무슨 얘기를 하겠어요? 근데 저는, 아주 극히 사적인 얘기지만, 또 사적이면서도 공적인 얘기인데, 제가 재무부(위원회)에 갔기 때문에 에베레스트를 갈 수 있었어요. 재무위원회 갔더니, 재무부 장관이 그 당시 남덕우에요. 남덕우 장관이 재무부 장관으로 있다가 그 후에 그만두고 경제기획원장관으로 갔어요. 국회의원이라는 것이 그래서 좋아요. 국회의원 하게 되면요, 장관들이 국회의원 앞에 와 가지고, 잘 부탁하고 간다고요. 속이야 어떻든 간에 도리가 없잖아요. 그래서 이제 잘 알아요. 그렇다고 해서 우리가 '누구 좀 부탁한다'고 안 하거든요. 하지도 않고, 되지도 않고요. 그런데 에베레스트를 가게 됐는데 예산이 1억 3천만 원 입니다.19) 그것을 취재할 사람이 없어요. 그래서 제가 혼자 취재를 했는데, 70년대 얘기지만 그때 장기영 씨라고 한국일보에 있었죠. 정말 대단한 분입니다. 그 사람이 여러분 아시다시피 선린 출신 아닙니까? 선린상업고등학교. 그 사람 그 당시에 뭐 서울대학이니 이런 것이 아니고. 그런데 정말 일꾼이에요. 그 사람이 그때 국회의원이었는데, 같은 국회의원이지만 저는 아주 형편없는 밑에 (있는) 국회의원이고 이 사람은 높은 국회의원이었어요. 그런데 이 사람이 날 보고 얘기해요. "에베레스트 문제, 나는 아무것도 모르니 김 의원한테 다 맡깁니다. 내가 김 의원 부하요." 무슨 말씀을 그렇게 하냐고 하니까 "아는 것이 없잖아요." 그래서 내가 속으로 '따지고 보면 당신 모르는 것은 사실이지.' 했어요. 그런데 이 얘기가 뭐냐면, 예산은 어떻게 하냐는 거예요. 당신이 국회에서, 정부에서 6천만 원 가져오면, 나머지 6천만 원 내가 신문사에서 내겠다는 것이에요. 그럼 나머지 천만 원은 어떻게 하느냐, 천만 원은 당신이 알아서 하라는 것이에요. 제가 그 소리를 듣고요, 할 수 있어야 말이죠. 혼자 남덕우 장관을 만났어요. 참 국회의원이 그래서 좋아요. 혼자 차 몰고 들어가니까. 그냥 남덕우 장관 어떻게 하겠어요? 국회의원이 왔다는데. 그래서 만났어요. 이래서 왔다고 하니까 "수고하십니다. 그렇게 해드리죠." 커피 한 잔 마실 시간 없이 OK 됐어요.

조영재 : 모르시는 분들 위해서 잠깐 말씀드리면, 의원님께서는 73년도부터 시작된 9대 국회 때 유정회 의원으로서 1기 2기를 지내셨던, 또 그때 재무위원회 계시면서 에베레스트 등반 대장을 하셨던, 그 경험을 지금 말씀해주시고 계시는 겁니다. 참고를 하시기 바랍니다. 의원님

---

19) 1977년 9월 김영도 의원이 대장으로서 '에베레스트 원정대'를 이끌었으며, 이때 고상돈 대원이 한국인 최초로 에베레스트 등정에 성공했다.

께서는 공화당의 원외 사무차장을 하셨지 않습니까? 아까도 말씀하셨던 것처럼 사무국 조직에서 핵심은 사무총장이고 사무총장과 함께 원내, 원외 사무차장이 실제로 당의 살림을 운영하는 핵심이라고 할 수 있는데, 계속 선전부에서 계시던 분이 어떻게 사무차장을 하셨는지요?

김영도 : 그것은 굉장히 중요한 얘기인데요, 이런 얘기입니다. 사무총장은 절대적인 권한이 있지만 사무차장은 권한이 없어요. 차라리 부장이 권한이 있죠. 이렇게 되어 있는데, 제가 사무차장이 된 것은, 그것은 계통적으로 하이어라키(hierarchy)로 봐서 그렇게 올라갈 수밖에 없으니까 올라갔는데, 이런 점은 있습니다. 제가 아까 말씀드린 대로 맨 밑바닥으로 들어 와 가지고 그대로 끝까지 올라간 사람은 공화당에서 저밖에 없어요. 전무후무합니다. 그래서 선전부 차장, 선전부장, 사무차장, 국회의원 이렇게 그대로 올라간 사람은 저밖에 없어요. 그런데 왜 그렇게 됐느냐, 이것은 제 능력이 아닙니다. 말하자면 능력이라기보다 정치적인 바람이에요. 저는 그렇게 봐요. 여러분 기억하세요? 4인 체제라는 것. 박정희 정권 때에 가장 큰 문제는 말하자면 김종필 씨의 문제도, 2인자 구실을 못 한 것도, (모두) 4인 체제가 생겨가지고서 김종필을 몰아냈기 때문에 결국은 못 한 것이죠. 그렇다고 해서 김종필을 몰아내고 박정희 대통령이 행복했냐 하면, 행복하지도 않았고요. 그래 가지고 결국 이상하게 말로가 그렇게 되고 말았지만, 그 사이에 역할을 한 것이 4인 체제 아닙니까? 이 4인 체제 사건들 때문에 결국에 와서, 저는 그런 의미에서 말하자면 전화위복이랄까, 득을 본 사람이 하나가 되어버리고 말았는데, 저는 그때 이랬죠. 제가 정치색이 없어요. 정치색이 없으니까 그렇게 된 것이에요. 정치색이 있었으면 일찍 잘 됐다가 일찍 쫓겨났거나 했겠는데, 정치색이 없으니까, 순수하다고 해서 그대로 올라갔어요. 그 사건이 이런 사건입니다. 선전부장 할 적에 정책위원장이 아니고 사무총장이 오치성이라는 분, 기억하세요? 내무장관 한

분이신데 그 사람하고 길재호라는 사람이 있어요. 대단한 사람들입니다. 이 사람들이 아주 사이가 나빴어요. 같은 군 출신이고 다 박정희 대통령 모신 사람들인데 왜 사이가 나빠졌는지는 몰라요. 좌우간 그것이 정치적인 (이유겠죠.) 이제 그렇게 해서 4인 체제가 그때 문제가 됐었죠.

조영재 : 근데 당시에 일간지 자료를 보니까 의원님께서 원외 사무차장이 되시는 데는 길전식 씨하고 길재호 씨가, 양쪽에서 천거를 해서 된 것으로 알려져 있던데요.

김영도 : 천거야 그 사람들이 하지 누가 하겠습니까? 박정희 대통령 제 개인의 이름을 알 리도 없고요. 그렇습니다. 박정희 대통령은 개인의 이름을 몰라요. 근데 그 사람들은 누군가를 자리에 앉히려면 도리가 있어요? 그러면 결국에 가서는 '지금 선전부장, 이 사람 올 수밖에 없지 않느냐' 근데 그것도 사실은 제가 차장으로 올라가는 것도 아니에요. 국회로 들어가기로 되어 있던 자리예요. 그게 8대입니다. 왜냐하면 사무국에서 기획조사부장, 조직부장, 선전부장, 훈련부장 이 사람들은요, 자동케이스입니다. 큰 문제가 없는 한은 국회로 다 들어가게 되어 있어요.

조영재 : 전국구로 배정받는 거죠.

김영도 : 예. 그렇게 (8대 때) 들어갔는데, 들어갈 때에 다른 사람들은 다 들어가고 저만 빠졌어요. 그때가 길재호 때입니다. 왜 빠졌느냐, 길재호가 저를 김종필 씨 사람으로 봤어요. 4인 체제 쪽에서 이 사람은 김종필 씨 계통 사람이라고 이렇게 본 모양이에요. 그렇게 본 이유가 있어요. 김종필 씨가 그때 4인 체제에서 밀려가지고 박정희 대통령한테 '이 사람 가지고는 안 됩니다', 그러니까 박정희 대통령이 할 수 없어서 선거 눈앞에 두고 김종필 씨를 잘랐어요. 그래서 야인이 됐어요. 김종필 씨가 느닷없이 야인이 됐습니다. 나는 선전부장에 있었고. 유세

가 벌어졌어요. 그런데 아까 말씀드린 대로 김종필 이란 사람이 대외적으로 아주 구술이 구수해요. 이 사람이 나왔다하면 사람들이 모여들어요. 대도시의 유세라는 것은 이렇게 시작됩니다. 서울은 맨 마지막에 하고요, 꼭대기에서부터, 강원도 춘천에서부터 내려갑니다. 춘천, 대전, 충주, 대구, 부산 이런 식으로 내려가요. 대선거(대통령선거) 때입니다. 대선거를 하게 되면 중앙당이 총 출동을 합니다. 그러면 중앙당에 남아 있는 사람이 선전부장밖에 없어요. 그래서 저 혼자 중앙당에 남아 있는데, 김종필 씨가 없는 유세가 벌어졌다고요. 그런데 들어오는 소리가 뭐냐 하면, 야단났다는 것이죠. 사람이 안 모인다는 것이에요. 김종필이 안 나오니까 사람이 안 모인대요. 이것이 청와대로 들어갔어요. 그래서 청와대에서 제게 연락이 왔어요. 김종필을 당장 내려 보내라고. 안 그러겠어요? 그래 가지고 저는 청와대에서 연락 왔으니까. 그래 가지고 김종필한테 연락해 가지고 빨리 대구로 내려가라고 했습니다. 그래서 대구로 내려갔는데 거기에 현장의 총 지휘가 누구냐면 길재호라고요. 사무총장이니까요. 이 사람이 기자단들 데리고, 아주 대부대입니다. 그렇게 내려갔는데, 그러니까 사람들이 모일 것 아니에요. 그래서 붐이 일어났죠. 그 다음이 부산입니다. 옛날 부산 해운대에 호텔이라고 하나밖에 없었어요. 극동호텔이라고 하나밖에 없습니다. 그런 때 얘기입니다. 극동호텔에 이 사람들이 자리를 잡고 있는데 그날 밤에 총장이 집에 있는 저한테 전화를 했어요. "김 부장, 서울에서 뭐하는 거요? 왜 김종필 씨 내려 보냈어요?" 이러는 것이에요. 나는 무슨 소리인지 알 수가 없어서 "아니오. 제가 내려 보낸 것 아니에요. 청와대에서 내려 보내라고 해서 내려 보낸 것입니다." 이랬어요. 그게 사실이고요. 그래서 알겠대요. 그러니까 길재호는 '김영도라는 사람이 김종필 부하다, 그래서 내려 보냈다' 이렇게 생각한 것 같아요. 그날 밤에 잠이 안 왔어요. 그 이튿날 아침에 사무국에 나갔더니 총장이 부산에서 올라왔어요.

그리고 부장회의를 소집했어요. 그래서 제가 들어가자마자, 제 성격이 그렇거든요? 부장들은 다 동료 아닙니까? 나가라고 했어요. 제가 사무총장 앞에 놓고 부장단 다 내쫓았어요. 내쫓고 문을 잠갔어요. 그러니까 단 둘이 앉았죠. 내가 "선전부장이 그렇게 대단한 자리입니까? 내가 어떻게 김종필을 이러고 저러고 할 수 있습니까?" 그랬더니, 이 사람이 눈치 빠르거든요. "됐어, 수고 많다." 이렇게 해서 끝났어요. 아주 간단합니다. 그렇게 끝났는데, 국회의원 선거에 비례대표에 제가 빠졌어요. 전국구에. 그것을 누가 넣었느냐, 사무총장이 넣었거든요. 사무총장이 날 빼버렸다고요. 밉게 본 것이죠. 저는 원래 국회의원 할 자격도 없고 그랬는데, 별로 욕심도 없고, 그랬는데 조금 있더니 밖에서 전화가 왔어요. 서운하게 생각하지 말라고요. 그래서 조금도 서운하지 않다고 말했어요. 그리고 끝났죠. 그 후에 어떻게 됐는지 아십니까? 그때가 8대거든요. 8대가 큰 사건이 벌어지잖아요. 오치성 내무장관 불신임안 결의안이 국회에서 그 때에, 오치성 씨도 성격이 황해도 사람인데 좀 그래요, 박정희 대통령을 위해서 충성을 다한다고는 했겠지만. 4인 체제가 김성곤, 길재호, 김진만, 백남억 이렇게 있는데, 김성곤 이라는 사람이 그 당시에 기업인이면서 돈이 좀 있는 사람 아닙니까? 그러니까 청와대에 있는 박정희 대통령 밑에 있는 비서들한테 돈을 뿌렸대요. 촌지를 준 모양이에요. 오치성 씨가 전국의 정보기관에 있는, 요직에 있는 거물들을 다 잘라 버렸어요. 내무부 장관이니까요. 그러니까 김성곤이 화가 안 나겠어요? 그러니까 길재호랑 4인 체제에서 '내무부 장관 목 자르자', 그래서 오치성 내무부 장관 불신임안 결의안을 냈어요. 그래서 대통령이 청와대에서 '부결시키라' 그랬어요. 여당이라는 것이 그런 것 아닙니까? 지시 내리면 (지시대로 돼죠), 절대적인 의석을 갖고 있으니까. 그런데 이것이 가결이 되지 않았습니까? 그래서 오치성이 잘렸죠. 그것이 왜 가결이 되었느냐? 국회의원들한테 돈을 다 뿌렸대요.

그랬대요. 그런데 그 자리에 제가 없었거든요? 전 빠졌으니까. 그 8대로 들어간 사람이 몇 달 안 해 가지고 다 잘렸어요. 그래서 저는 안 들어갔기 때문에 거기서 피했죠. 그래서 제가 사무차장으로 올라간 것입니다.

조영재 : 예. 당시 원내·원외 사무차장이 두 분이 계셨는데 역할분담은 어떠했습니까?

김영도 : 사무차장이란 것은, 원내 사무차장은 원내 국회의원들 상대로 했고, 원외 사무차장은 사무국 조직, 그러니까 4개 부서를 총괄하는, 그것뿐이죠.

조영재 : 그럼 거기서 재정도 좀 관여를 하셨습니까?

김영도 : 없습니다. 그것은 할 수도 없고. 그런데 외부에서는 사무차장이라는 직함이 대단한 줄 알고, 상당한 자리에 있던 사람들이 저한테 찾아 와 가지고 부탁하는 사람도 있었어요. 그런데 그것은 제 권한에 전혀 관계없는 일인데, 그것이 무슨 얘기냐 하면, 그만큼 사실 사무차장은 그냥 거쳐 가는 자리지, 유명무실한 자리입니다. 저는 솔직히 말하자면 제가 사무총장한테 결재 서류 외에는 가져간 적이 없어요. 아침에 가서 차도 한 잔 마시고 얘기하는데, 저는 일체 사무총장 방에 들어간 적이 없어요. 부장이 와서 결제 받고, 이 결제를 제가 해줘야 위로 올라가니까. 그 결재 서류를 내가 가져가는 것은 아니고, 각 부에서는 제 사인 들어가게 되면 총장한테 가는 것이에요. 그러니까 저는 그냥 거쳐 가는 자리죠.

조영재 : 예. 그러면 공화당 경험을 오랫동안 하셨어도 조직과 예산에 대한 것들을 직접 만지신 적은 없으셨겠네요? 그렇다하더라도 선전부의 역할이 아까 말씀하셨던 것처럼 선거 때라든가 또 유세 때라든가, 재정이 많이 들어가는 작업들인데, 재정의 흐름은 좀 아셨을 것 같아요. 공화당의 전체적인 정치자금이랄까 재정은 어떤 방식으로 어떻게

충당이 됐던 것 같습니까?

김영도 : 그것은 소위 말하면, 어떻게 소리가 들릴지는 모르겠지만, 정치 공작들 같은 것은 없어요. 순전히, 공작이라는 말이 좀 이상하지만, 활동비는 있을 수 있고. 활동비라는 것이 그것이죠, 지방출장 갈 적에 출장비 가져가는 것이고, 또 정치활동 할 적에는 이런 것이 들어가죠. 지방선거에 비용이 들어가는데, 그것을 전달해야 돼요. 그럼 그것은 우리가 가지고 내려갑니다. 우송하거나 하지 않고 직접 가지고 가요. 가지고 가서 현재 어떻게 하는지도 보면서 전달했어요. 그런데 그렇게 해서 돈이 들어가는 것이고, 그 다음에 활동비 외에는 저는 특별히 쓴 돈이 없는 것 같아요. 그러니까 말하자면 '정치 활동을 하니까 돈이 생기지 않겠냐' 하는 그런 경험이 별로 없어요.

조영재 : 직접 조달하시지 않는다 하더라도 선전부장으로서 파트를 맡고 계셨고…

김영도 : 아니, 선전부장이라고 해서 특별활동비 나온 것도 없습니다. 신문사 출입기자들 있지 않습니까? 출입기자들한테 소위 촌지를 준다 하는 것은요, 제가 주지 않았어요. 그것은 누가 줬냐하면 대변인이 줬어요. 저는 그때 대변인 역할을 안 했어요. 그랬기 때문에 제가 아마 그 자리를 유지하지 않았나, 그렇게 생각해요. 대변인은 밑에서 올라오기가 어려워요. 그것은 정치적인 거거든요? 그러니까 정치적이라는 말은 당의장이 특별히 자기가 원하는 사람, 그러니까 대변인을 외부에서 (충원해요), 대변인은 언론계에 주필을 했다던가, 정치부장을 했다던가 하는 사람들을 끌어다 앉히죠.

조영재 : 그런데 당시 언론자료들을 보니까 71년 대선과 총선, 즉 7대 대선과 8대 총선입니다만, 그 시기 때도 임시 대변인 역할을 하시고 언론에도 제법 많이 오르내리시던데요?

김영도 : 저는 대변인 역할을 한 적이 없어요. 그런데 선전부에 차장

이 2명 있습니다. 각 부에 차장이 2명씩 있어요. 그런데 선전부가 4개 부서거든요.[20] 4대부서의 앞에 부서 둘, 뒤 부서 둘. 그러니까 부장이, 차장이 앞 2개와 또 한 차장이 뒤 2개 이렇게 맡는데, 저는 앞의 것을 맡기 싫어서 뒤의 것을 맡았어요. 이 앞에 부서는요, 대외적으로 해야 돼요. 홍보나 유세. 뒤 부서는 무엇이냐면 당보, 그 다음에 대외적인 간행물. 그래서 저는요, 그런 것이 재미가 없어서 안 맡았어요. 그래서 선전부 차장이 2명 생겼을 때, 하나가 들어온 것이 제 대학의 동기가, 대학 때는 몰랐어요. 그런데 후에 알고 보니까 대학에서 같이 공부한 친구예요. 그 친구가 들어왔어요. 그 친구는 좋아해서 그것을 맡아 가지고 임시 대변인이라고 했죠.

조영재 : 의원님이 임시 대변인을 맡으신 것이 아니고요?

김영도 : 저는 임시 대변인을 한 적이 한 번도 없습니다.

조영재 : 예. 유세나 대외 활동이라던가, 언론사를 상대하거나 이런 것을 맡지는 않으셨다는 말씀을 하셨는데.

김영도 : 그것은 사실 제가 활동을 많이는 했죠. 그런데 그것은 무엇이냐면, 기자들 데리고 (하는 일이죠). 당의장이 유세 활동에 나가고 총장이 나가니까요, 기자들 데리고 나가는데, 전 부장 때는 안 했습니다. 차장 때 했어요. 차장 때는 기자들 데리고 버스에 태워가지고 한꺼번에 끌고 다니고, 그것 못 할 짓이에요. 왜냐하면, 기자들, 아시겠지만 한창 때 아닙니까? 따져보면 대학, 저보다 후배지만, 학교 때는 모르는 사람이고, 사회에 나와서 선·후배가 어디 있습니까? 그런데 정치 일선에서, 언론계에서 친구들이 들어 와 가지고, 더군다나 정치 활동을 하다 보니까 말이 많거든요. 재밌는 사건들도 있습니다. 그것은 좀 공개하기 어려운데, 다 지난 얘기인데도 조금 그런 문제가 있어요. 왜냐하

---

[20] 구술자가 선전부장으로 있었던 1970~1971년 당시, 선전부에는 홍보국, 유세국, 섭외국, 당보국이 있었다. 직제는 부장, 차장, 국장의 순이었다.

면 기자들 대하기 참 어렵습니다. 그것은 순수하게 대해도, 그것이 순수하게 일이 안돼요. 그것이 이상하게 되어 가지고 보도가 되고 그런 것인데요. 제가 선전부에서 몇 가지 애먹은 것이 있습니다. 이런 얘기죠. 청와대에서 아주 극비회의가, 대통령을 주로 해 가지고 (사무)총장하고 아마 중앙정보부장이나 내무부장관이나 그렇겠죠. 최고급 회의, 전략회의를 하고 내려왔어요. 제가 부장 때 얘기인데, 부장 회의 소집에 들어갔더니 '이것은 아주 선거 전략의 극비인데 돈이 안 드는 선거를 하겠다.'(그래요). (그런데) 그것이 극비입니까? 돈이 안 드는 선거 한다는 것이 극비에 속한다고 저는 안 보거든요? 왜냐하면 국민들은 공화당이, 여당이 돈을 마구 뿌려가지고서 그것이 문제가 됐는데, 돈을 안 드는 선거 한다니까, 나는 그것을 극비라고 안 봐요. 그런데 그것을 극비라고 그러더라고요. 나는 지금도 왜 그랬는지 모르겠어요. 그런데 그것이 문제가 됐어요. 내가 선전부장이니까, 나는 '이것은 국민들한테 알려야 된다'(고 생각했어요), 그런데 그것이 새 나갔어요. 그러자 청와대에서 난리가 났어요. 그래 가지고 결국에 가서는 문제가 됐는데, 이상하게 나한테는 전혀 조사도 안 오고, 다른 사람들 전부 문제가 됐죠. (그 자리에)부장들 있었으니까, 각 부장들 다 불러서 야단맞고, 조사하고, 그런데 난 왜 그런지 모르겠어요.

조영재 : 의원님이 기자들한테 알렸습니까?

김영도 : 그 중에 기자 하나가 대학 후배였는데, 아주 착실한 기자가 있어요. 와 가지고 무슨 얘기를 했는데, 이 얘기 했던 것이 (기사에) 나갔던 것 같아요. 그래 가지고 문제가 돼서 일이 커졌죠. 그런 일이 있었어요. 그런데 기자라는 것은 원래 묵비권을 행사하니까 기자도 조용했고. 그런 일이 있고 또 한 번은 제가 지난번에 말씀드렸는지 모르겠지만, 국방위원회에서 극비회의가 열렸는데 서울 근교를 방어막을 친다는 것이에요. 그때 김신조가 들어오고 그랬지 않습니까? 그래서

복잡해서 안 되겠다. 그런데 그것이 왜 극비냐 이것이에요. 나는 국민한테 알려야 하고, 국민한테 알려서 국민들 안심하고 사업하십시오, 정부가 책임지고 지키니까 국민들 안심 하십시오 이래야 되지 않겠냐 아니냐, 나는 그렇게 봤거든요. 그래서 그 얘기를 듣고 당장 조그만 팜플렛을 만들어 갖고 전국에다가 뿌렸죠. 그랬더니 이것이 문제가 됐어요. 그것 어떻게 알았는지. 그러니까 검찰에서 조사가 와서 불려갔죠. 난 평생 한 번 불려갔어요. 어느 호텔로 나오라고 그래요. 나갔더니 부장검사인가 누군가 나와 가지고, 젊은 사람이 나와서 "이런 일 있습니까?" 해서 있다고 했죠. 그러자 "그것 이적행위 아닙니까?" 해서 "아니오, '해적행위(害敵行爲) 입니다."라고 했습니다. 간단했어요. 해적행위라는 말이 없지 않습니까? 이적행위라는 말은 있어도. 난 그렇게 만들었어요. 왜 그것을 국민한테 알려야지, 국민이 안심하고 사업을 하던가 하지, 왜 그것이 문제가 됩니까, 이랬거든요? 그러자 (그쪽에서)알았다고 하고 끝났어요. 그 사람도 이해해야 돼요. 그런데 그게 그렇게 간단한 게 아니에요. 국방위원장이 목이 잘렸어요. 그게 누구냐면 육군대장 한민기식, 그 사람이 잘렸어요. 그냥 날라 간 것이 아니라 그 사람이 해외에 나갔다가 들어오니까 김포에서 잡혀갔어요. 김포 들어오자마자 잡혀갔어요.

조영재 : 의원님께 정보를 제공했다는 이유로요?

김영도 : 아니, 그 사람은 나한테 제공한 것도 아니죠. 그 사람이 내 이름을 압니까? 공화당의 선전부장이라는 것은요, 남이 보게 되면 대단한 자리라고 하는데, (실제로는) 아무것도 아닙니다. 그래서 선전부장이라고, 막말로 생기는 것도 없고요, (아무것도) 없어요. 기자도 와서 선전부장은 상대를 안 해요, 대변인을 상대로 하지. '선전부장은 사무국 요원이다' 이겁니다. 그래서 난 내가 할 일이나 하고 그랬죠. 그런데 사무차장 할 적에 큰 일 하나했죠. 그러니까 남들은 안 알아주지만, 나

혼자는 '내가 그 직책에 있음으로 해서 남이 못할 일을 했다' 이런 것은 몇 가지 있어요. 그게 무엇이냐면, 공화당사가 아주 좁아 가지고, 소강당에, 옛날에 서울시립도서관이 있던 자리인데, 조선호텔 바로 건너편에, 지금도 공터로 남아 있어요. 거기가 '좁아 가지고 안 되겠다' 해서, '남산에, 용산 어디에 건물을 사가지고 리모델링 해 가지고 이것을 우리가 쓴다'(고 했어요). 건물도 컸어요. 그래서 사무차장이니까 실무적으로 이것을 다뤄라. 그래서 마침 고등학교 제자가 한양공과대학에 건축과로 나간 놈이 있어서 불러 가지고, "내가 이런 것 하는데 네가 좀 도와라. 내가 건축 뭐 아는 것이 있겠느냐?" 하니까 (제자가) 알겠다고 했어요. 그래서 차트를 만들어 가지고 총재한테, 박정희 대통령한테 결제를 맡아야 되잖아요? 왜냐하면 예산이 들어가는 일이니까, 큰 사업이죠. 그때 길전식 총장이 둘이서 청와대 가자고 하더라고요. 그러니까 그 사람은 총장, 나는 차장. 남들이 보기에는 굉장히 높은 자리지만 완전히 심부름꾼이라고요. 그래서 나는 차트 말아 가지고 따라갔어요. 청와대에 둘이 갔습니다. 들어갔더니 넓은 방에 대통령 혼자 계세요. 박정희 대통령이 "무엇하려고 왔어?" 얼어가지고 아무 말도 못해요. "무엇하려고 왔어?" "각하, 공화당사 건립 때문에 왔습니다." "안 돼. 나가." 참 무서워요. 그러니 얘기가 됩니까? 그때 내가 뒤에서 차트 들고 뒤에 있다가 앞으로 나갔어요. 저는 왜 그랬냐면 무서울 것이 없어요. 내가 뭐 바라는 것이 있습니까? 박정희 대통령이 김영도라는 사람 이름 석자를 압니까? 자기가 사무처 (인사)서류에 사인을 했겠지만, 그건 그냥 하는 거 아닙니까? 그래서 제가 "각하, 간단한 겁니다." 그러니까 가만히 있어요. 왜 가만히 있었겠느냐? 보지도 못한 놈이 와 가지고 감히 내(대통령) 앞에서, 뒤에 있다 쑥 나와 가지고 말을 저렇게 하니 그랬을 것이라고, 난 생각해요. 틀림없을 겁니다. 차트 갖다가 보여주며, 이렇다고 하니까, 각하가 앉아 있다가 일어나더니 "아, 여긴 말이야. 이렇게 하는 것이 낫지 않을까?" 그렇게 끝났어요. 그것이 왜냐하면, 내가 브리핑을 잘 해서가 아니고. 각하는 외롭다고요. 누구 하나 그 사람 보고 크게 정말 도움이 되게 얘기할 사람이 없다고. 전부 와서 "어떻게 하면 좋겠습니까? 그저 각하 지시만 바랍니다." 그러니 그거 해먹겠어요? 박정희 대통령이 굉장히 외로운 사람이에요. 공화당의 간부들이 한번 청와대에 들어가서 칼국수 먹고 차 한 잔 마시자고 해서 풀밭에 나왔는데, 전부 당의 간부들이죠. 저 같은 사람은 맨 밑바닥에 말석인데, 선전부장은 말석 아닙니까? 그때는 선전부장 때인데, 아무 말도 안 하고 전부 가만히 있어요. 아니, 생각 한번 해보십시오. 자기들도 칼국수 먹고, 차라도 한 잔씩 마시면서 무슨 얘기 좀 하면 좋은데 무슨 얘기를 하겠습니까? 가만히 있어요. 이렇게 답답하니 그때 제가 얘기를 했어요. "그때 산장을 지어주셔서 감사합니다. 산악인들이 그렇게 좋아합니다."21) 그 산장을 각하한테 얘기해서 (건설했어요.) "산장을 지어주셔야 될 것 같습니다. 전국에 35개 7천만 원입니다." 35개에 7천만 원이 그게 돈입니까? 그렇게 해서, 결제하고 계획서하고 해서 올렸어요. 그랬더니 그 자리에서 사인해 가지고 돈이 내려왔어요. 돈 내려오면서 대통령이 '이것은 당신한테 안 가. 당신은 바쁜 사람이니까 이것은 지방에 내려 보내겠다.' 그리고 지방으로 시·도 내무국장 앞으로 직송이 됐어요. 그래서 제가 시·도에다가 연락을 해서 내무국장 회의를 소집했어요. 그런 때에 공화당 선전부장이 한번 힘을 봅니다. '이렇게, 이렇게 된 것이니까, 알아서 하십시오. 돈들은 현지로 내려갔소.' 그런 일이 있어요. 그것이 오늘까지 알려져 있는데, 그날도 만나 가지고 박정희 대통령 보고 "그때 해주셔서 감사합니다." 그랬는데 "서울에

---

21) 공화당 산악회인 '공화산악회' 회장이었던 구술자는 1970년 박정희 대통령에게 건의하여 1971년 말까지 전국에 35개 산장을 차례로 준공하였다. 현재 남아있는 대부분의 산장들은 이 시기에 건설된 것으로 알려져 있다.

서 아이스링크가 있는데 남쪽에는 없어요. 남쪽에 그것 하나씩 만들어 주면 좋겠습니다." 또 이랬거든요. 그랬더니 대통령 얘기가 "지방에는 바다가 가까워." 그랬어요. 그래서 얘기가 끝났어요. 그리고 (청와대에서) 나오는데 나한테 오더니, 절 보고 그래요. "김 부장, 오늘 재밌는 얘기 많이 했어. 앞으로 놀러 와요." (그런데) 제가 어떻게 놀러 들어갑니까?

조영재 : 예. 듣고 싶은 얘기는 많은데 시간이 많이 지나서요, 한 가지만 마지막 질문을 드리고 플로어에 계신 분들께 간단한 질문 몇 개 받고 오늘 시간 마감하도록 하겠습니다. 어쨌든 오랜 동안 당료 맨 아래 하급 당직자부터 시작을 해 가지고 사무총장 바로 밑에 사무차장까지 지내셨는데, 그러고 나서 유신 선포 이후에 유정회 국회의원으로 들어가시게 되지 않습니까? 당시 그 유정회는 최초의 제도인 데다가 박정희 대통령이 굉장히 세심하게 명단을 관리했던 것으로 알려져 있습니다. 유정회 국회의원으로 지명이 되시는 과정이나 계기가 있었습니까?

김영도 : 박정희 대통령이 유신정우회라는 것을 만들어 가지고, 말하자면 그 표를 이용을 해 가지고 그렇게 대통령이 되지 않겠습니까? 그러니까 정치적인 의도가 있다고 보겠지만, 나는 그것 보다 느끼는 것은, 이것 하나만큼은 분명합니다. 유신정우회에 들어간 그때 국회의원들은요, 아시겠지만 각 분야에서 일하던 사람들입니다. 이 사람들의 공과가 이미 전부 조사가 되어 가지고, 이 사람은 거기서 자기 맡은 일을 제대로 했는지가 전부 평가된 사람들이라고, 저는 그렇게 봐요. 그러니까 예를 들면 양정고등학교 교장,22) 지금 돌아가셨지만 그런 양반. 그런데 문제는 그런 나이든 사람, 연로한 사람들 뽑아서 무엇을 하겠느냐

---

22) 엄경섭(嚴敬燮, 1906~1979). 양정고등학교 교장을 역임하였으며, 제9대 국회에서 유정회 국회의원을 지냈다.

하는 것은 있어요. 그 사람들 들어와서 일을 해야 하는데. 어쨌든 간에 사회의 각 분야의 요직에서, 어떤 의미에서는 전문적인 분야에서 일하던 사람들을 뽑았다, 이것이에요. 그러니까 그 사람들은 들어와서 아까 말씀드린 분과위원회(국회 상임위원회)에 분산하기가 쉬워요. 그러니까 그런 의미에서 국회의원은 민주제도로 선거를 하기 때문에 투표만 많으면 들어가는데, 그 사람의 능력이 복잡한 사회 활동의 어느 분야에서 전문적으로 일을 할 수가 있겠느냐. 나는 그것을 미지수라고 봐요. 그런 문제가 있다고 봅니다. 그런데 유신정우회에 들어갔던 사람은 그런 의미에서 전문적인 활동을 했다고 볼 수 있고, 아마 그런 효과가 있지 않았겠느냐 하고 보는데, 그 외에는 제가 잘 모르겠습니다.

조영재 : 예. 시간이 많이 지체가 됐습니다만, 혹시 질문이 계신 분들이 있으시면 1~2개 질문을 좀 받고 오늘 시간을 마감하도록 하겠습니다.

청중 : 제가 하나 질문을 하겠습니다. 그 당시 공화당 창당과정에 참여하셨는데, 다른 국가에서 벤치마킹이랄까요? 그런 것이 있었는지 여쭤보겠습니다.

김영도 : 제 자신은 그런 방면에 책을 읽은 것도 없고, 취미도 없고 그래서 모르겠어요. 다만 간부들의 얘기를 들어보니까 영국 노동당의 조직 활동이나 이런 것을 주로 모델로 했던 것 같아요. 그렇다고 하지만 내가 영국의 노동당이 어떤 역할을 했는지 잘 모르겠고요. 다만 외국 것을 어떻게 했든 간에, 우리나라에 그런 세크리타리어트(secretariat) 같은 조직을 해 가지고, 돈이 많이 들어 가지고 문제가 있었지만, 그래도 그런 조직을 가지고 있다는 것은, 정당으로서는 필요조건이 아니겠느냐, 난 그렇게 생각합니다. 그것은 지금도 소신입니다.

조영재 : 그 말씀 들으니까 저도 추가로 질문 드리고 싶은 것이 있습니다. 60년대 후반 70년대 초반에 민주공화당이 대만 국민당하고 교류

가 있었더라고요.

김영도 : 그랬죠.

조영재 : 혹시 그런 교류하는 과정에 참여하시지는 않았습니까?

김영도 : 그때는 모택동 정권하고 손잡을 수는 없으니까, 대만 국민당하고 교류가 아주 빈번했죠. 그래서 저는 그 덕분에 처음으로 외국 구경을 했습니다. 대만을 갔다 왔죠. 갔다 왔는데 그때 느낌은, 나는 정치적인 것보다도 인간적인 면에서 느낀 것은 있어요. 거기 갔더니, 장개석 계통 사람들 아닙니까? 그런데 나이들이 많아요. 저를 붙들고 김규식 박사, 그 옛날에 중국을 왔다 갔다 하던 이런 사람들 얘기를 하면서 울어요. 절 보고 울더라고요. 그러니까 '지금 다 어떻게 됐냐'는 것이죠. 그 나이에 그 사람이 말이죠. 제 앞에서 울어요. 그래서 정치적인 것은 그렇고, '인간적인 면에서 상당히 접근들을 했었구나' 해서 서로가 남긴 것이 있는 것 같아요. 그렇게 하고 명동에 중국대사관 있지 않습니까? 거기에 우리가 당의 간부라고 해서 몇 번 초청을 받아가지고 갔었어요. 그 사람들이 참 성실합니다. 아주 영어도 잘 하고, 우리보다 영어가 월등히 나아요. 좌우간 그때는 가까이 지낸 대사관 직원들도 있고 그랬는데, 참 인간적으로 괜찮았어요. 그리고 우리가 초청을 해서 그 사람들이 오고, 나는 그 사람들 데리고 판문점에 가서 요새 신문, 뉴스에 가끔 나오는 남·북 측이 앉는 거기에 앉아 보기도 하고 그랬는데. 그래서 지방에 가서 소개도 하고, 또 대만에 국민당 초청으로 가고. 그런 의미에서 상당히 치밀하게 깊이 왕래를 했죠. 아마 한국하고 중국하고의 접촉이, 그때 그럴 수밖에 없지 않았겠느냐, 그래요.

조영재 : 예. 일본 쪽하고는 교류가 없었나요?

김영도 : 일본은 없었습니다. 없었는데 한 번은 일본의 유명한 평론가가 왔었어요. 나는 그 사람을 책을 통해서 아는데, 선전부에 있을 때 제가 그 사람하고 만났어요. 저도 일제시대 때 공부하고 일본 책을 많

이 보고 해서 일본말은 그런대로 하니까. 앉아 가지고 얘기를 하면서 대외정책에 대해 한번 얘기를 했더니, 세계관, 역사관에 대한 것을 느낀 것을 얘기를 했더니, 이 사람이 자기는 '여러 사람 만나봤는데 오늘 아주 좋았다'고 하면서 일본에 한번 초청을 할 테니까 와서 자기네 세미나라든가 이런 데 와달라고 해요. 그런 기회 있으면 고맙겠다고 그랬는데, 그 후에 소식이 없어요. 그런데 그 사람은 일본에서 상당히 이름난 정치평론가이고 학자이고 그랬어요.

조영재 : 예. 시간이 많이 흘러서요, 별다른 질문이 더 없으면 오늘 여기서 85회 정기학술포럼을 모두 마치도록 하겠습니다. 대단히 감사합니다.

예춘호

□ 사회자 : 조영재 (명지대 국제한국학연구소 연구교수)

❋ 구술자 소개

　예춘호는 1927년 부산 영도에서 출생하였으며, 청년시절 가업을 이어받아 사업을 하였다. 1953년 동아대 경제학과를 졸업하였으며, 1956년 서울대 경제학과에서 석사학위를 받았다. 1950년대 좌익으로 몰려 고초를 겪기도 하였으나, 지역의 사회사업가로 이름을 널리 알렸다. 그것이 계기가 되어 자유당 내부 개혁운동의 경남책임자, 1961년 5·16세력이 추진한 국민재건운동본부 경남지부 운영부장, 1962년 공화당사전조직(재건동지회)의 경남지부장을 차례로 맡았다. 그는 사전조직 당시의 활약을 인정받아 제6대 국회의원선거에 공천을 받아 당선되었다. 창당 이듬해인 1964년 김종필 계의 핵심인물로서 공화당 사무총장의 지위에 까지 올랐으나, 3선개헌 반대로 1969년 공화당에서 제명되기도 하였다. 유신체제 등장 이후 1974년 정구영 씨와 함께 공화당을 탈당하여 재야와 야당을 오가면서 민주화 투쟁에 나섰다. 1980년 김대중 내란음모사건으로 고문에 이어 옥고를 치렀고, 1984년 민추협부의장직을 맡았다. 제13대 대선을 앞두고 양김 단일화에 실패하자 한겨레민주당을 창당하였다. 하지만 자신이 3선을 했던 부산영도에서 출마하여 낙선하자, 정계를 은퇴하였다.

　　<주요 이력>
　　1927년 부산 영도 출생
　　1953년 동아대학교 경제학과 학사
　　1956년 서울대학교 경제학과 석사
　　1961년 재건국민운동 경남지부 운영부장, 부산시 촉진회 회장
　　1962년 재건동지회 부산경남지역 책임자
　　1963년 제6대 국회의원
　　1964년 공화당 사무총장

> 1967년 제7대 국회의원
> 1969년 공화당 제명
> 1971년 공화당 복당
> 1974년 공화당 탈당
> 1980년 김대중내란음모사건으로 구속
> 1985년 민주화추진협의회부의장
> 1987년 한겨레민주당 상임대표
> 1991년 재단법인 영도육영회 이사장

조영재: 의원님께서는 여러 차례 회고록과 경험담에 대한 글을 남기셨는데요. 그럼에도 불구하고 의원님의 성장과정에 대한 이야기는 별로 없으셨던 거 같습니다.

예춘호: 일본 치하(治下)에서 태어났습니다. 우리글이라는 것은 당시에 보통학교 그 뒤에 소학교, 지금은 초등학교가 됐습니다만, 2학년 때까지 조선어를 배웠죠. 2학년 때부터는 없어졌어요. 말하자면 우리 역사를 전혀 모르다시피 한 거죠.

조영재: 의원님께서는 1927년 부산 영도에서 출생한 것으로 알고 있습니다. 당시 가족 배경과 성장과정에 대해서 말씀을 부탁드리겠습니다.

예춘호: 아버지는 원래 고향이 그 경북 대구 밑에 가면 청도라는 데가 있습니다. 거기가 본입니다. 거기에 살았을 때가 한말(韓末)이에요. 지금으로부터 한 100여 년 전이죠. 아주 큰 기근이 왔어. 시골에서 초근목피(草根木皮)가지고 견디다 못해 가지고. 4형제가 있었는데, 둘째 형하고 (청도에서) 나왔어요. 이때가 한말이니까 나와도 할 일이 없거든. 의병 따라다녔어, 그때. (중략) 이제 아버지가 부산에 내려와서

자리를 좀 잡았어요. 내려와서 뭐 여러가지 고생을 많이 했어요. 하고 때로는 도선(渡船) 같은 것도 하고. 나 태어난 데가 영도, 원래는 섬이에요. 그러다 조그마한 건어물상 같은 걸해서 조금 생활이 나아진 편이었지. 근데 우리 때는 부산에 초등학교가 4개가 있었는데, 인구가 한 십만 때 쯤 됐겠죠. 그 4개 초등학교에서 중학교 가는 사람들을 합쳐가지고, 한 학교에서 10명도 잘 안됩니다. (중략)우리들이 그 초등학교 다닐 때 지나사변(중일전쟁)사건이 났거든. 일주일에 봉사대로 한두 번 정도 나가고. 중학교 때 일주일에 두 번은 전투 교과 훈련을 하는 거예요. 말하자면 공부할 틈이 없지. 이제 봉사 나가는 거는 뭘 하느냐 하면 부대에 나와 가지고 일본 사람들이 배에 싣고 온 그 포탄. 우리는 깡그리 조그만 놈들이 25Kg 되는 거를 하루 종일 메야 된다고요. 그날.

조영재 : 예.

예춘호 : 내가 해방될 때 이제 20세인데. 내 호적 나이 말고 실제나이로. 음, 희망이라는 게 없었어요. 해방되어가지고도 참 먹을 게 없어요. 먹을 게. 지금은 젊은 사람들이 어떻게 해서 보릿고개라는 게 있었나 없었나, 전혀 관심이 없지.

조영재 : 해방 이후에 구체적으로 어떤 활동을 하셨습니까?

예춘호 : 가업을 하면서 49년에 동아대학에 들어간 거예요. 그때 학교를 가는 거는 점수만 따면 되니까 출석이 문제가 안 될 때예요, 그게. 반은 학교 안 나가고.

조영재 : 경제학을 전공으로 하셨는데요, 계기가 있었습니까?

예춘호 : 그때에는 경제라고 하는 게 제일 중요한 거죠. 또 정치학이란 게, 지금도 정치학이라 하는 거는 뼈대가 없어요. 결국 이것저것 해야 되지. 제일 문제가 경제문제거든 어떻게 살아야 되느냐. 어떻게 하면 편하게 먹고 사느냐. 여기에다 우리 생각은 톨스토이나, 도스토예프스키나 이런 사람들 글을 통해서 보면 결국 '인민'이란 말이 나오잖아

요. '인민', '민중'이라 하는 말이지. 민중을 중심으로 하는, 말하자면 어떻게 하면 다 잘살 수 있느냐. 굶는 놈은 누구고, 많이 먹는 놈은 누구고 이런데 대한 불만이 다 있어. 그래서 학교 다닐 때는 써클이 많아가지고 독서회를 많이 했어요. 그 독서회에는 진보적인 책을 많이 읽었거든요. 내가 학교는 자주 안 나가면서도 불구하고 경제학회, 끝내는 회장직도 맡고 늘 토론하는데 중심 역할을 많이 하고 있었기 때문에 사람들이 이제 많이 알려져 있고. 그러면서 또 학교 많이 안 나가니까, 남들에겐 저게 정체가 뭐고 뭐 이런 것도 있고.

조영재 : 그럼 그렇게 대학에서 경제학을 하시고 또 서울대학교에 진학을 하신 걸로 알고 있습니다.

예춘호 : 그거는 그 뒤죠.

조영재 : 대학원에서도 역시 경제학을 하셨습니까?

예춘호 : 예. 나같은 경우는 대학교, 대학원 때 좋은 분들을 많이 만난 편이지. 신태환 씨, 고승재 씨, 최호진 씨, 이상무 씨라고 상대 학장한 분이 있습니다. 신태환 씨를 통해서 법대 학장을 했던 고병국 씨. 그런 분들 좀 접촉이 있었고 많은 영향을 받았습니다. 사실 처음에는 맑스 경제학 중심으로만 공부를 했거든, 그런데 신태환 씨를 통해서 케인즈 경제학이라고 하는 거 처음으로 (접했어요). 그때 이제 친구들이 좋았습니다. 우리 때에는 남덕우 씨라고, 그 사람이 우리보다 1기 먼저 들어갔는데 그때 같이 공부를 하고. 서울대 오만식이라는 사람, 동국대 이정재라 하는 사람, 한양대 우기도라고 하는 사람, 연대 유봉로. 이런 사람들하고 그때 같이 공부를 했거든.

조영재 : 의원님께서는 학업을 마치기 전에 기업체를 운영하셨습니다. 사업체를 운영하시게 된 경위와 경험에 대해서 좀 간략하게 말씀을…

구술장 : 원래 부친이 조그만 하게 하던 거를 형님이 맡아서 주로

키워 나갔는데, 형님이 나보다는 나이도 좀 많고 하니까 내가 주력이 되어서 일을 좀 더 하고 이랬습니다. 그 뒤에 내가 정계 나오고 난 이후로는 활발하게 운영도 안 되고 문을 닫게 되어버렸지.

조영재 : 의원님께서는 정치에 입문하기 전부터 지역개발사업에 커다란 족적을 남기신 걸로 알려져 있습니다. 당시 유솜(USOM) 지원으로 부산 영도구 동산동 개발위원회 위원장을 맡으셨는데요, 위원장을 맡게 된 배경과 함께, 개발사업 과정, 의의에 대해서 설명을 부탁드리겠습니다.

예춘호 : 내가 젊을 때 고향에서는 촉망되는 그런 입장이었습니다. 한 25세 전후로 해 가지고 동네 체육회를 만들어 가지고 체육진흥회라 할까, 그런 역할도 좀 하고 이랬는데. 그러다가 보니까 지금은 다 알려지지 않고 있습니다만 자유당이 말기에 자체 내부에서 정당이 수혈을 해야 되겠다 하는 운동이 일어났어요. 특히 자유당 안에 강경파와 온건파 이렇게 분열이 돼 있었는데, 온건파들이 자유당이 이래선 안 되겠다 하고, 이재학 씨가 중심이 돼 가지고 전국의 학생회 회장 하던 분들, 또 학생회 간부를 지낸 분들 그리고 기성 정당에 관여를 안 했지만은 정치에 목적을 두었거나 이런 사람을 대거 규합을 해 가지고. 당시에 '청년문제연구회'라고 하는 걸 중앙에서 발족을 한 일 있었습니다. 그때 '청년문제연구회'라는 데서 조직진단을 한 결과, 나를 경남 책임요원으로 지명해 왔습니다. 그래서 학교 친구들도 서울에 많고 이래 가지고 거기에 관계를 하고 그랬었는데. 그게 아마 혁명정부 때 인물을 분석을 했는데 조사에 좀 유리하게 비춰졌던 거 같아요. 어느 날 집에 있는데, 황 대령[1]인데 그분이 혁명 주체로서 하극상 16명 중에 1인이에요. 그분이 재건국민운동에 경남 책임을 맡고 내려 와 가지고 내 친구인 동아

---

[1] 황영일(黃英一)로 당시 중령이었으며, 1961년 6월 재건국민운동본부 경남지역책임자로 임명되었다.

대학교수를 민간인 대표로 지명했어요. 그 사람은 '도저히 자기 능력으로는 안 되고, 할 사람이 하나 있는데 추천을 하겠다' 이래서 나를 지명을 했던 거 같아요. 그 황대령이 내게 와서 재건국민운동 도 관계 민간인 대표를 맡아 달라고 얘기를 하는데, 나는 그때 혁명정부에 대해서 별로 신뢰를 하지 않을 때니까, 거절을 했습니다. 그런데 그분이 아주 군인 치고는 인내심도 있고 끝까지, 2~3주간 매일 찾아와 가지고 이래 간청을 하더라고요. 그래서 마지못해서 관계를 하게 됐습니다. 그래 가지고.

조영재 : 의원님 잠시만요, 자연스럽게 재건운동 쪽으로 넘어가셨는데요. 좀 있다 다시 한번 여쭙도록 하겠습니다. 그 전에 지역 개발 사업 이외에도, 의원님께서는 사재(私財)를 털어가면서 지역 공립학교도 세웠고, 지역 해녀들의 인권과 권익을 위해서도 일했다고 들었습니다. 간략하게 좀 말씀을.

예춘호 : 내 집안이 먹을 만하니까 경제적으로도 조금 자발적으로 부담을 하면서, 체육회 같은 것도 만들고, 빈민운동 같은 거를 좀 했어요. 어려운 사람들 돕기도 하고. 그러다가 사라호 태풍 때 고향에 피해가 아주 컸습니다. 그랬는데 그때 당시 우리 고향 출신 국회의원이 이 경남 자유당 도당 위원장을 하고 있었습니다. 그분의 요청으로 사라호 태풍 때 경남 일원을 쭉 시찰하고 다니면서 피해 관계 사항을 조사를 하고 구호 대책이라고 할까 이런 거에 대해서 레포트(Report)를 하나 만들어 가지고 드리고 이랬는데. 그게 아마 부산 시장하고도 협의가 되가지고. 그때만 하더라도 피난민들이 시내에서 마분지 조각을 위에 덮고 밑에 깔고 노숙을 하고 이럴 때입니다. 그분들에게 유솜(USOM)이란 기관이 재료를 대고, 건물을 지을 동안에 식량을 한 1년 내 지급을 해줬습니다. 그래 가지고 대지는 부산시가, 그리고 사소한 비용은 추진하던 국회의원이 부담하기로 하고, 나는 인력만 무보수로 노력을 하기로

하고. 상당히 그 어려운 일이고 건축의 관계(건축에 관한 경험이나)나 조예가 전혀 없기 때문에 자신이 없는데도 인품에 대해서 믿는다고 하기에 나는 뒷받침 해준다고 하는 것을 담보로 해 가지고 맡았어요. 한 3년 내지 4년 걸렸습니다.

조영재 : 꽤 장기사업이었습니다.

예춘호 : 600동이라는 게 예사 일이 아닙니다. 그리고 일부는 또 자재 같은 것도 미국 사람들이 나무하고 이런 것만 주니까, 나무를 일부 바꿔가지고 시멘트라든지 이런 것들 보충을 해야 하고, 이렇게 했는데. 그간에 정권이 두 번 바뀌었거든요. 민주당 정권, 5·16 쿠데타. 이래 가지고 상당히 어려운 고비를 넘기고 완성을 하고. 127동은 완전히 무상으로 어려운 사람에게 주고, 7,500원씩 받아 가지고 나눠줬어요.

조영재 : 그럼 그런 경험이, 이후에 정치 활동하는데 어떤 도움이 되셨습니까?

예춘호 : 상당히 큰 역할을 한 겁니다. 왜 그러냐면 그런 사업을 통해 가지고 얼굴이 많이 알려지고, 공직을 하는 사람들 보다는. 예춘호라고 하면, 뭐 젊은 사람이나 나이 많은 사람이나 부녀자들이나 모르는 사람이 없을 정도로 알려지고 이랬는데, 사실은 내가 출마했을 때 큰 도움이 됐습니다.

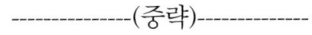
--------------(중략)--------------

조영재 : (재건국민운동본부에서 일을 하면서) 공화당 사전 조직작업을 같이 병행했다는 것인가요?

예춘호 : 재건국민운동을 시작되어 가지고, 나 같은 경우에는 상당히 안 한다, 한다, 밀고 땅기고 하다가 다른 도(道)보다 늦게 시작이 됐지요. 내가 (재건국민운동을 한 지) 한 7~8개월 됐는데. 어느 날 어떤 사

람이 와 가지고 그 비슷한 얘기를 해. 정치를 한단 말이 아니고, 그 비슷한 얘기를 하고. '이 얘기를 다른 데 옮기게 되면, 이거 다(안된다)' 이런 식으로 표현을 하고 만났단 말이지.

조영재 : 중앙정보부에서 나왔습니까?

예춘호 : 모르죠. (그런데) 중앙당(중앙사무조직)에는 학생운동하던 사람들이 좀 들어갔어요. 중앙요원으로. 도당요원을 만들 때, 그 사람들(중앙요원)이 댕겼던(다녔던) 것 같아요.… (그 사람들이) 부산에 와 가지고 동아대학에 있는 박규상이라는 내 친한 친구에게 좀 맡아달라고 한 거예요. 근데 그 사람이 빠져 나가려고 했어요. 그러려면 누굴 대야 되는데, 빠져 나가면서 나를 추천 한 거라고요. 그래 내가 안 하겠다고 한 달 쯤 버틸 동안에 교육이 진전 되었단 말이지. 내가 5기에 갔으니까, 딱 한 달 내가 안한다고 버텼는데.

조영재 : 그럼 제안을 수락하자마지 교육 받으러 서울로 올라오신 겁니까?

예춘호 : 낙원동이이야 그게. 세간에서는 '밀봉교육'이다 이래 얘기하는데, 그게 아니고. 그 강사는 내가 이름을 알고 있는 사람이 '강주진'이라고 이름을 한 번 바꿨어. 서울대학 교수로 있었어. 사회학 하던 사람인데 그 사람하고 윤천주, 김성희, 또 박동섭, 이런 사람들이에요. 우리들하고 비슷한 또래들인데, 그 사람들이 주로 발제를 하고. (한 기수가) 한 40~50명이래. 내가 5기였으니까, 아마 5기 뒤에도 7, 8기가 계속되었을 거야. 도(道)요원들만 하고 이랬는데. 그 사람들이 한 열 명씩 팀을 만들어 가지고 워크샵을 하는 거예요. 아침에 자고 일어나면 발제를 하고 같이 얘기를 (하고). 또 '우리가 당면하고 있는 어려운 경제문제가 뭐다', 정치문제는 '정치를 개혁 하자면 어떻게 해야 되겠다' 발제를 하게 되면, 이제 기본 과제를 가지고 토론을 하는 거야. 열 명씩 정도가. 머리에 쏙쏙 들어오지. 발언 할 기회도 많고. 이렇게 일주

일찍 했는데. 낙원동에 집이 두 채가 있었어요. 하나는 일본 집인데 집이 좀 좋고 정원도 있고, 또 하나는 건너편에 있고. 밥을 먹을 때 그 오십 명이 그 근처에 나와서 먹어야 된단 말이지. 그래 사람들이 '저기 이상한 사람들이 모여 있다' 이런 식으로 의심을 가졌지만, 결코 밀봉교육이 아니고, 토론을 해 가지고 공화당의 뼈대를 좀 만들은 거죠. 국회의원들의 문제점은 뭐다, 폐습이 뭐다 또 정당의 문제점은 뭐다. 또 정당이 무능해질 수밖에 없는 돈이 드는, 정치에 돈이 드는 것은 뭐 때문이다. 이런 거를 아주 뭐 격의 없이 토론해 가지고 들춰내고 정리를 하고 이래 했다고 이게.

조영재: 그때 교육은 결코 공산당식 밀봉교육은 아니었고, 당시 현황과 그 문제들 중심으로 해서 발제와 토론이 이루어지는 워크샵의 형식이었다는 말씀이시죠?

예춘호: 네. 결국 정당을 만드는데 그 정당이 작용해야 될 사회, 전체의 병폐적인 문제들에 대해 근본적으로 토론을 통해서 정리를 하고, 거기서 어떻게 하면 되는지 방법론을 도출을 하는 과정이었는데. 그거를 무엇 때문에 비밀리에 했냐면, 이 사람들이 혁명공약에도 명시했지만 군정(軍政)에서 민정(民政)으로 옮아가야 되는데, 그냥 넘겨주면 기성정치인들에 의해 그간의 노력이 위축되지 않겠는가라는 염려한 거죠. 말하자면 정치활동을 재개했을 때 그 사람들(기성정치인)은 일사천리로 (정당을 조직)하지만, 혁명정부를 이을 사람들은 (정치를 안했던 사람들이므로) 혼란이 있을 수도 있고 도저히 하루아침에 (정당이 조직)될 가능성이 없지요. (그래서 미리 비밀리에 사전조직을 한 것이죠). 근데 맥켄지라고 영국 정치학을 하던 사람이 '정당'이라고 하는 책[2]을 낸 게 있는데, 그걸 내가 그때 우연히 일본 번역본을 사다 봤단

---

[2] McKenzie, R. T (1955), *British political parties: the distribution of power within the Conservative and Labour Parties*,의 일역본으로 추정됨.

말이에요. 보니까 (교육받을 때) 발표하는 사람들이 그러한 정신이에요. 당시에 내가 보기에 노동당 보다는 보수당이 훨씬 진보적입니다. 상당히 살아남기 위해서는 4년 동안에 선거를 하게 되고, 또 4년 동안에 선거를 하게 될 때마다 떨어지지 않기 위해서는 상대당의 정책 중에서 국민들이 요망하는 정책을 수용 한다고 하니까. 그걸 수용하면서 동시에 정당의 성격도, 기본 골격도 정당 활동 요령들도 거기에 맞춰 가지고 옮겨 나가는데, (이런 게) 보수당에 가까운 이론이에요. 공화당이 이중 조직을 하는 게. 사무국하고 국회(의원)하고 이중으로 한다고 그랬는데. 다만 시간을 한 일 년 정도로 보고 했단 말이지. 그때 사전 조직을 한 거는 대중 조직이나 일반 조직이 아니고 사무국을 맡을 사람들, 지구당까지의 요원들.

조영재 : 핵심요원들인 셈인가요?

예춘호 : 핵심이지, 말하자면 도 요원들 한 열 댓 명. 지구당 요원들 셋 내지 넷.

조영재 : 그럼 그 당시에 의원님 본인이나 주변 분들의 경험에 비춰볼 때, 교육의 효과는 있었습니까? 그 교육을 받고 나서는 좀 새로운 생각을 갖게 되거나, 서로 공감대가 형성되고 이런 효과가 있었습니까?

예춘호 : 효과가 있었지. 처음에는 있었지. 또 지방 조직을 할 때 지역구의 요원하고, 사무국을 맡을 사람들 중에 지역구의 요원은 국회(의원) 출마는 안 됩니다. 못하게 하는 겁니다. 그 사람들에 의해서 관내 여론 조사를 통해 가지고 프라이어러티(Priority, 우선순위)를 정해서 다섯 명을 공천해서 올리면, 도당에 흘러가 두 명을 떼고 중앙당에서 세 명 중 하나를 (선택)한다 이래 됐다고요. 옆에서 뭐 청탁이나 이런 건 안 되는 거고. (중앙당에서) 인물 분석 요구한 게 있어 가지고 거기에 기준을 맞춰 가지고 쭉 이래 조직을 했는데, 그 중간에 해체를 해야 하는 사정이 돼버렸다고요. 그때 내가 직접 느꼈는데, 서울에 올라와서

해체하는데도 다른 도의 사람들은 별로 책임감이 없어요. 나 같은 경우는, 부산에 내려가면 맞아 죽을 거 같아. 왜 그러냐면 도하고 시에 국장급을 세 명 뽑아내고. 당시 시도의 국장급이라고 하는 거는 그때 오십 대여섯 살 이상 사람으로서, 공무원으로서는 우의 좋고 그래도 인품이 좀 괜찮은 사람들이 남는 거지, 도둑놈들이 남는 거는 아닙니다. 거기다가 학교 교수들, 제일 못한 게 고등학교 교장 정도로 (조직을) 했단 말이지. 가보니까 우리 경상남도가 제일 그 기준이 높더라고. 보통 요강대로 했단 말이지 정직하게. (그래서) 내가 제일 말빨(발언권)이 섰다니까요.

조영재 : 그런 성과 때문에요?

예춘호 : 결과적으로 경남 조직이 순조롭게 그때그때 (중앙당의) 요청대로 다 됐고, 사람들도 보니까 제일 낫고. (그래서) 나는 고향 못 내려가니까 죽기 살기로 여기 매달렸단 말이지. 최고회의에서 요원들을 분산을 해 가지고 지방조직을 점검을 했다구요.3) 우리 경남은 인자 김희덕(金熙德)4)이라고 그 박정희하고 동기인데 육군중장으로서 군 검열단장(군특명검열단장)을 했던 좋은 사람이에요. 그거하고 나중에 2대 정보부장을 했던 그 김용순이. 최고회의에 운영위원장도 하고 국회 들어와서 또 운영위원장도 하고 그랬는데 그 둘이가 경남을 맡았어요. 처음부터 그 사람들이 정해졌다는 걸 알고 따라 붙어 가지고 경상도 내려가면 같이 따라 다니면서 심부름하고 이렇게 했다고. 다니면서 또 설명을 하고, '공화당이 이런 것이다' 하는 것을, 그 사람들도 (이해했

---

3) 1963년 5월 말 박정희 최고회의 의장으로부터 주류로 인정을 받고, 박의장을 대통령후보로 지명함으로써 공화당의 지위는 견고해졌다. 그전까지 공화당은 육사 5기 출신의 최고위원들로 구성된 반김종필 세력에 의해 해체위기에까지 내 몰렸다. 공화당 지방조직에 대한 최고위원들의 검열이 진행된 것도 이 시기의 일이다.

4) 김희덕(1922~)은 최고회의 외무국방 및 재경위원장, 그리고 제20대 육군사관학교 교장과 국방부 군특명검열단 단장을 지냈다.

죠). 그러나 처음에는 뭐 김종필이 하는 거니까 이거는 뭐, 이거 다 이렇게 (반발하게) 됐는데.

조영재 : 최고회의에서 감사가 내려왔다는 말씀입니까.

예춘호 : 그렇죠. 감사가, 검열을 하러 내려갔지. 내 아까 얘기했지만은 김희덕이랑 쭉 같이 다니면서 주거니 받거니 얘기도 많이 하고 그랬는데, 어느 날 부산에서 관광호텔에서 저녁을 먹을 때 '예 동지, 내가 오늘 좋은 친구를 하나 소개시켜주겠다'고 하길래 '무슨 친구냐' 하니까, '만나보면 안다'고 불러내더라고. 그 이전에 밀양의 (재건운동)촉진회 회장을 지망하는 사람이 있어서 만나보니까 영 이건 안 되겠어. (그래서) 내가 제외 시켜버렸거든. (그런데) 어떻게 최고회의 재정경제 위원회 고문이나 되어 가지고, 김희덕이가 날보고 하는 말이 '머리가 너무 좋고 천재적으로 돌아가는 사람, 기계적으로 돌아가는 사람인데 정말 한번 만나 보라'고. 만나 보니까 그 사람이에요. "야, 임마 네가 왜 여기 나왔어?" 그렇게 했는데. 김희덕이란 사람이 데리고 온 사람이 그런 사람들이야. 사람들이 딱 짜 가지고 공화당에 낄려고, 하여튼. 아까 말한 민병권(閔丙權)이라고 중장인데, 최고위원은 아니지만 군에서 군사영어학교 때부터 발언권이 서는 사람이에요. 그 사람들이 돕고 이래 가지고. 공화당이 크게 깨졌다고요. 깨져 가지고 당 의장하던 김정렬이 가버리고, 정책 의장하던 김용우(金用雨)[5]가 그만두고 가버리고. 그래 가지고 당 의장에 윤치영(尹致暎)[6]이 이런 사람들이 들어왔다고요. 그래서 처음에 공천을 했던 사무국 요원 중에 당선 불가능한 사람

---

[5] 김용우(1912~1985)는 제2대 민의원과 이승만 정부의 국방부장관(1955년)을 역임했으며, 공화당 창당 당시 초대 정책위원회의장(1963년)을 맡았다.

[6] 윤치영(1898~1996)은 독립운동과 친일을 오갔으며, 이승만 정부의 초대 내무부장관(1948)을 역임하였다. 윤보선 대통령의 숙부이며, 공화당 당의장(1963년, 1968년)과 4선의 국회의원을 지냈다.

들이 한 이십 명 있었는데, 그 떨거지 중에서 자유당 사람들 이런 사람들이 들어왔다고요.

조영재 : 그럼 공화당 사전조직에 대해 좀 더 여쭙겠습니다. 당시 김종필 중앙정보부장과 김형욱 최고회의 위원이 (경남지역을) 방문한 걸로 알고 있습니다. 어떤 경위로, 어떻게 방문을 하셨고, 무슨 말씀이 오고가셨습니까?

예춘호 : 근데 우리가 당 조직을 맡았을 때, 물론 교육은 서울에서 하고, 지시는 중앙당에서 직접 내려와서 이리 했는데. 그 사이 중간에, 우리가 당이 창당해서 나갈 때까지 사람들도 조직하지만, '당의 지구에서 민생(民生)에 필요로 하는 일들이 있으면, 그거는 정보부 지부하고 연락하게 되면, 반드시 이루어지게 되도록 연락이 돼있으니까 도움을 받아라'(라는 지시를 받았어요). 가끔 내가 이름을 대고 정보부 지부장에게 전화를 걸면, 내가 얘기하는 것은 경남지사나 부산시장에게 그대로 (실행되었어요). 딴 거 다 못하더라도 그거는 다 되었어. 내가 국회의원 돼 가지고 경남도 일원에 한 일보다는, 그때(사전조직 때) 한 게 더 많은 일을 했어요. 방파제라든지.

조영재 : 한 일 년 사이에요?

예춘호 : 예. 일 년 조금 못 되는데, 많은 일을 했는데. 그때 정보부 지부라고 하는 게 행정기관에 그대로 막(했었어요). 이쪽(행정기관장)은 소장이고 중장이고 이러는데, 그쪽(정보부 지부)은 대령이거든. 근데도 그 사람들에게 행정관계가 벌벌 떨 정도로 기강이 서있었어요. 그래 가지고 일을 많이 했어요.

조영재 : 그럼 다른 도의 경우에 (당조직의) 구성이나 활동 상황은 어땠습니까.

예춘호 : 결국 당을 해체한다고 할 때, '우리(경남지부)가 제일 인물 기준을 높게 책정해서 그대로 밀고 갔다' 이런 생각을 했는데. (그래서)

그 뒤에도 내가 시도 사무국장 회의를 하게 되면 제일 발언권이 있었어요. 그 이유는 우수하게 일을 했다는 평가가 쌍방 간에 그렇게 돼 가지고, 그래 되었고. 나중에 창당 때만 하더라도 사무국 출신으로서는 중앙상임위원회 재정위원회에 내 하나가 딱 들어갔어요. 네 명이 했는데, (제가) 대접을 받은 거지요. 내가 뒷날 사무총장이 된 것도 처음에 김종필이하고 김형욱이 왔을 때 만났다는 게 큰 역할을 했는데, 그 사람들이 처음 내려오게 되었고 지방 정보부의 편의를 많이 받은 입장이었지만 중앙정보부의 조직 관계는 전혀 못 들었어요. 거기에는 재건동지회 회장이라는 이름으로 중앙정보부의 부장이 있고 차장이 둘이 있는데 하나는 서정순이란 사람이 행정을 맡고 있고 이영근이라고 하는 사람이 이거를 맡아 있어.[7] 또 다른 업무도 중앙정보부에서 좀 하면서 이걸 맡았는데, 나중에 우리(재건동지회)가 최고회의에서 문제가 생겨 가지고, 정보부장을 그만 둔 김종필이가 처음으로 서울 지하에 있는 중앙 사무국 사무실에 와 가지고 사정을 하는 걸 들었어. 뭐냐면 최고회의가 공화당을 인정 안 하니까 '우선 이번에 개편되는 사무국 조직 중에 역할을 최고회의 쪽하고 나누자. 사무총장은 공화당 쪽이 맡아라. 차창은 최고회의 측에서 추천한 사람이 하자. 부장[8]이 중앙에 네 명인데 두 명은 공화당 쪽에서 맡고 두 명은 최고회의 쪽으로 주자' 이렇게 제안을 했어, 김종필이가. 그런데 공화당 사무국 쪽에 있는 사람들이 이걸 안 듣는 거에요. 그때 지방 사무국장이 아홉 명인데, 그 중에 내

---

[7] 서정순과 이영근은 육사 8기생들로서 육본정보국에서 김종필과 함께 근무했다. 중앙정보부 창설 당시 김종필은 정보부장, 서정순은 기획운영차장, 이영근은 행정관리차장을 맡았다. 중앙정보부에서 재건동지회를 관할 한 것은 이영근이었던 것으로 알려져 있다.

[8] 창당 당시 중앙사무국은 사무총장과 사무차장 밑에 기획부, 조직부, 선전부, 조사부의 4개 부로 이루어 졌다. 이 외에 훈련원, 총무국이 있었다.(민주공화당, 『민주공화당사』, 1973, p.873)

가 이장 역할을 하듯이 했단 말이에요. '이럴게 아니라. 오죽하면은 김종필 씨가 조직을 전혀 모르고 있다가 이번에 중앙 사무국에 나타나 가지고 이런 부탁을 하는데, 이분(김종필)이 우리가 앞으로 모실 사람이 아니겠느냐, 그러면 그 사람이 피치 못해 가지고 공화당에 요구하는 거는 우리가 들어주는 게 어떻겠느냐' 이렇게 해서 투표를 했어요. 했는데 사무국 부장이 네 명이고 지방국 부장이 아홉 명인데, 결속을 하면 우리(지방국)가 많다고요. 그런데 나중에 보니까 열세 명이 투표를 했는데 7 : 6 으로, 서울시 사무국장이 저쪽으로 표를 던졌어. 그 사람만 이쪽을 던졌으면 통과됐는데. 그래서 또 깽판이 났어요. 그래 가지고 이제 처음으로 박정희가 나타났어, 사무실에. 박정희는 전혀 관계가 없지. 정보부에서 여러 가지 뭐 부정부패 사업체들 정리 문제, 경제 문제, 사회문제, 여러 가지 정당 문제 등을 중앙정보부가 손을 대서 했던 모양인데, 최고회의 쪽에서 의견을 안 들어 가지고 발족이 안 되니까 양보를 좀 하고 절충을 해 가지고 출범을 하는 게 좋겠다, 이래 됐는데, 이게 안 되는 거예요. 그러니까 박정희가 막 그 얘기를 듣고 왔던 거 같아. '김종필 당의장, 그 후보자가 얘기하는 거를 여러분이 좀 참고를 하는 게 좋겠다.' 이걸 또 사무국 사람들이 안 들어 주는 거야. 그렇게 뼈대 있게 사람들이 모였는데 나중에 그만 둘 때는 이게 길재호에 의해서 완전 무너져 버렸어. 사무국이 먼저 무너졌다고.

조영재 : 공화당은 창당 이후에도 여권의 주류가 되기까지 험난한 과정을 거쳤는데요, 예컨대 범 국민당, 나중에 자유민주당으로 이렇게 개칭이 됩니다만, 이런 정당들과 경쟁을 해야 했습니다. 당시 의원님께서 공화당의 존재를 부각시키고 또 의미를 부여하기 위해서 많은 활동을 했다고 알려져 있습니다. 어떻게 활동하셨습니까?

예춘호 : 제 경우는 경남 사전조직 책임자를 맡았습니다. 사전조직이라고 말을 하지만 정당이라는 것은 대중이 있어야 되거든, 대중정당,

뭐 이런 식으로. 재래 정당에는 정당에서 선발된 분들이 국회의원이 되기 위해서 지역에서 입후보를 하고, 또 주민들하고 접촉을 하면서, 당선이 됐을 때는 물론 중앙 정치무대에서 활동도 하게 되겠지만, 지방에 대한 많은 부담이 있었습니다. 뭐 취직을 알선을 해야 된다던지, 무슨 이해관계가 되는 일들 같은 것을 추진을 해줘야 한다든지 이런 것도 있고, 또 때로는 자기 조직을 관리하기 위해서 많은 돈이 든다든지 여러 가지 그 폐해들이 있어 가지고. …(당시) 경제사정이 아주 어려울 때입니다. 그런데 국회의원들의 지역구 관리를 위해서 경제적으로 부담을 느낀다던지, 부담을 덜기 위해서 어쩌다가 보면 부정한 행위를 피치 못하는 그런 사정도 되고 이랬는데. 그런 걸 없애기 위해서, (공화당에서는) 일단 정당의 지역구 관리는 사무제도라 해 가지고 사무국이 맡고, 국회의원은 국회에서 활동을 위주로 하고, 지역 관리관계라든지 여러 가지 부담관계는 일체 신경을 안 쓰게 한다, 이래서 출발하는데. 우선 상위 부분의 책임자들, 그러니까 시도 당에 한 이십여 명의 요원, 그리고 지구에는 한 지구당 세 명 정도의 요원, 그 사람들을 조직한 겁니다. 그걸 하는데(사전조직을 하는데) 약 일 년 걸렸습니다. 그리고 막상 정치규제를 풀고 정치활동을 재개하는 것을 앞두고 창당을 준비하는 과정9)에서, 일부 군정 내부에 이견들이 있어 가지고. '정보부 계통에 (있는) 김종필 씨 중심의 사람들이 당 조직을 사전에 했다', 이런

---

9) 1962년 12월 31일 박정희 최고회의 의장은 '63.1.1을 기하여 정치활동 허용결정' 담화를 발표하였다. 7차에 걸친 회의 끝에, 1963년 1월 18일 발기인 78명은 '발기인총회'를 개최하고 임시의장에 김종필을 선출하였다. 이후 지방사무국 조직의 폐지와 원내중심의 정당운영을 요구하는 최고회의와 김종필계의 대립이 지속되었다. 이후 박정희 최고회의 의장의 수습노력에도 불구하고 갈등과 반목은 지속되어 2월 25일 김종필은 '외유'를 떠났다. 다음날 2월 26일 서울시민회관에서 1,399명의 대의원이 참석한 가운데 창당대회가 개최되었으며, 당총재 정구영을 선출하고 당의장 김정렬을 승인하였다.

입장에 대해서 최고회의 쪽의 많은 군 장성들이 반발하기 시작했어요. 그리고 특히 사무국 제도, 이런 문제에 이르러서는 '이게 공산당식 조직이 아니냐', 이런 문제들이 세간에 돌게 되고, 내부에 불평에 있으니까 바깥으로도 문제가 생기게 되고. 막상 정치재개가 돼 가지고 창당준비를 해 나가는데, 창당발기 위원들을 한 백여 명 전제로 하고 1차 한 오십여 명, 2차 한 이십여 명, 이런 식으로 나가는데, 말썽이 돼 가지고 준비위원장을 맡았던 김종필 씨가 자의반 타의반 이런 식으로 외국에 나가버리게 됐습니다. 중심이 없어진 셈이죠. 그 뒤에 부위원장을 하고 있던 정구영10) 선생님이 위원장을 맡아 가지고 준비가 돼 가지고. (그런데) 막상 창당을 할 무렵에 반발하는 세력들에 의해 가지고 불만이 폭발이 된 셈이죠. 그래 가지고 군정을 맡았던 박 의장이 자기 일신상 문제를 놓고 상당히 고민을 했습니다. 때로는 정치 공약11)을 했는데, 그 공약에 따라 가지고 민정으로 옮겨 가려는 과정에 '군인들은 일단 원대복귀를 한다' 이런 약속이 됐었는데. 그 문제를 놓고 일부는 '새로운 정치 무대에 나서야한다', 또 '군정을 했지만은 우선 모든 문제들이 결론이 난 게 아니고, 또 막 결론이 난 것을 새로 들어서는 민간정부에다가 넘길 수 있는 사정도 안 되고 이러니까, ('혁명주체세력'이) 맡아 가지고 일정 기간 더 하는 게 좋겠다' 이런 상당히 우여곡절이 최고회의 내부에서 주고받고 있었던 거 같아 보입니다. 그러는 사이에 공화당

---

10) 정구영(1894~1978)은 이승만정부에서 정부에 비판적인 재야법조인으로 활동하였으며 대한변호사협회회장을 지냈다. 1963년 1월 18일 공화당 발기인대회의 발기부위원장(발기위원장은 김종필)을 맡으며 정계에 들어왔다. 창당 당시 김종필의 외유로 공화당 초대 총재, 4대 당의장 등을 맡았으나 1969년 3선개헌반대에 나섰으며 1975년 공화당을 탈당하였다.
11) 2·18 민정불참선언. 1963년 초 박정희 의장은 공화당 창당을 둘러싼 내분과 갈등, 민간정치인들의 저항, 미국의 압력 등에 직면하였다. 이에 박정희 의장은 '혁명주체'와 '각 정당대표 및 일반국민'들에게 '9개항의 시국수습안'을 제시하고, 이것이 수용된다는 전제하에 민정에 불참하겠다고 선언하였다.

사전조직에 대해서는 '해체를 해야 된다' 이런 의견이 상당이 많았던 것 같아요. 내부에서 민정으로 옮아갔을 때에 군인들이 어떻게 할 것인가 하는 문제를 놓고 여러 가지 의견이 나와 가지고 '새로운 정당에 관여를 하는 게 좋겠다' 이래서. 첫째, 박정희 최고회의 의장도 자기 신상 문제를 놓고 한 서너, 너 댓 번 이렇고 저렇고 뜻을 번복을 했지마는, 최고회의 내부에서도 그 문제를 놓고 상당히 몸부림을 (쳐서), 그때 때로는 국민의 정당, 혹은 자유당, 뭐 이런 식으로 두 서너 갈래 의견들이 있습니다.[12] 하지만 끝내는 공화당 사전조직을 근간으로 하고 거기서 이미 창당준비위원을 발표한 것에 따라서 공화당으로 정당을 내세우고 거기에 따라서 박 의장이 대통령 출마, 입후보에 나서기로 결정이 됐습니다. 그런데 그 사이에 굉장히 어려움이 있었습니다. 막상 저희들이 사전에 조직했던 그 사무요원들, 그 사람들은 조직 방침에 따라 가지고, 기왕에 정당이나 정치활동을 안 했던 사람들 중에 해당 지구에서 양심적이고 상당히 신망이 있으면서, 지식에 있어서도 국가 장래를 이끌어 가는데 있어서 여러 가지 역할이 가능한 사람들을 인물분석을 통해 가지고 (재건동지회를 조직)했는데. 그러다보니까 아주 양심적인 공무원 중에서 지역에서 이사장 정도, 그리고 대학교수들 또 고등학교 교장 정도의 그 지식인들, 이래 가지고 조직을 했는데. (당조직이) 해체가 됐을 때 이분들의 처우문제들(이 심각했어요).[13] 어디 돌려 보낼 수도 없고, 돌아 갈 수도 없고 이런데. 저의 경우는 '당을 해체를 한다' 이럴 때에 서울에 와 가지고, 부산에 돌아가질 못하고 한 삼사 개월 동

---

[12] 1963년 2월에 김재춘 당시 중앙정보부장을 중심으로 한 반김종필세력은 공화당에 대한 대안으로 '범국민정당'을 추진하였다. 이들 중 일부는 '자유민주당'을 창당하였다(김용호, pp.141~144).

[13] 김재춘을 중심으로 한 범국민정당운동이 한창이었던 1963년 4월 한달 동안, 공화당은 마비상태였다. 당 사무국 요원 1,300여 명은 400여 명으로 축소되고, 4명의 중앙당 부장이 사임하였다.(김용호, p.143)

안 몸부림치고 뛰어 다녔습니다. 그 사이에 최고회의 쪽에서는 '관계 지역을 맡은 분들이 공화당의 사전 조직원에게서 실정을 파악을 해보자' 해 가지고 또 현지답사를 했어요. 우리 경상남도에는 당시에 최고회의 재정경제위원장을 맞았던 김희덕 장군하고 또 (국회)운영위원장을 맞았던 김용순(金容珣)14) 장군, 이 두 분이 맡아 가지고 내려왔는데…

조영재 : 최고회의에서요?

예춘호 : 에, 최고회의 위원장급, 둘이지. 이 위원장 둘이라도 경상남도는 굉장히 핵심 분들이 (왔어요), 육군 준장들로서. 그 두 분이 경상남도 일원을 여러 번 돌면서 '어떤 사람들이 포섭이 됐나' 하는 것을 따지고 또 '어떤 식으로 정당은 출범을 하려고 하고 있느냐'. 또 공화당 사전조직에 관계됐던 조직 요강이나 정당의 골격 같은 것도 검토를 하고, 이렇게 해서 한 3~4개월이니까, 상당히 신중한 검토들이 있었던 셈입니다. 그 사이에 저희들은 그 사람들하고 만나 가지고 충분한 설명도 하고, 또 사람 하나 하나에 대해서도 인물 분석된 내용을 밝혀 드리면서 의견을 진술하고, 이래 가지고 상당히 효과를 보고, 공화당으로 낙점이 되고 공화당이 출범을 하게 됐습니다.

조영재 : 그게 언제쯤입니까? 그 최고회의에서 감사 비슷하게 나온 게.

예춘호 : 그게 군정 2년을 끝낼 무렵에, 한 일 년 당겨서 사전조직을 하고. 저희들이 활동을 실질적으론 한 10여 개월 정도 사전준비를 하고 뭐 이랬는데. 하다가 문제가 돼 가지고, 아마 63년 초일 거예요. 예, 그래 가지고 그때 창당이 되면서 공화당으로 낙점이 되고. 공화당 내부에 관계하고 있던 분들 중에는 공화당의 문제점에 대해서 책임을 질

---

14) 김용순(1926~1975)은 5·16군사정변에 참여하였고, 최고회의 문사위원장을 맡았다. 이후 1963년 2대 중앙정보부장과 재선(6대, 7대)국회의원을 지냈다.

겸 또 본인들은 또 거기에 대해서 불만도 있고 이래 가지고 예를 들어서 당의장으로 있던 김정렬 씨. 그리고 정책위 의장을 맡았던 김용우 씨, 이분들은 사퇴를 하고 나가버렸어요. 그래 가지고 재편성을 해 가지고 대통령 선거에 임하게 됐지.

조영재 : 네. 창당하고 나서 그렇게 최고회의에서 나왔던 겁니까?

예춘호 : 아니 창당을 하기 위해서 창당발기위원을 한 오십 명 발표할 그 무렵에, 묵시적으로 알게 모르게 불만이 들끓고 있었는데, 막상 창당 발기인을 발표하니까 '이게 정보부 김종필이 중심으로 이상한 정당을 만드는 게 아니냐?' 이런 것이 공화당, 말하자면 군 군정내부 최고회의에서 문제가 돼 나오고. 또 그간 규제가 돼 있던 기성 정치인들도 막상 규제가 풀려서 정당을 만들 때는, '어떤 사람들은 사전에 조직을 하고 우리는 후발로 조직을 하느냐'는 불만이 나고, (창당발기인대회를 전후로 해서) 사회 일반에 여론이 들끓은 셈이죠, 말하자면.

조영재 : 그럼 그게 경남뿐만 아니라 다른 지역도 다 이렇게 순회를 하면서, 최고회의에서 감사 비슷하게 조사를 다 했었습니까?

예춘호 : 다 했죠. 네, 다 했었습니다. 이제 문제는, 대통령 선거로는 일단 아주 고전을 하면서 당선이 됐지요. (대통령이) 당선이 되고 그 후에 국회의원 선거가 있었거든요, 6월 달에 있었는데.[15] 그때 공화당 후보들이 지명되기까지 굉장히 문제가 있는 겁니다. 그런데 제가 강조하고 싶은 것은, 우리 정당사의 제일 문제점이 뭔가 하면, '공천이 금전에 의해서 주고받고 팔린다'는 거지. 그리고 정당의, 특히 야당의 경우는 보스(boss)들이 쥐고, 당론에 의해서 결정이 되는 게 아니고, 거의 그것은 형식이고, 당의 책임자가 공천을 (돈으로) 파는 경우들이 많아졌습니다. 그런데 그런 게 문제가 되기 때문에 공화당의 경우는 지역구

---

[15] 구술자 착오임. 1963년 10월 15일에 제5대 대통령선거가 있었고, 약 한달 후인 11월 16일에 제6대 국회의원선거가 실시되었다.

에서 5명의 후보에 대한 인물 분석을 해 가지고 채택을 해서 도당에 올리면, 도당에서 두 사람을 걸러내고, 또 중앙당 당무회의에 올라갔는데, 그때 당시 공화당 당무위원들 한 7~8명 됩니다마는, 이 사람들에 의해 가지고 세 명 중에서 한 사람을 뽑았어요. 그러니까 정당의 보스가 될 분이라고 하면, 그때 당시는 최고회의 중에서 입후보 예정이 됐던 박정희 최고회의 의장이 해야 되는데, 일찍 하지를 않았습니다.16) 공화당에서 당무위원들이 세 사람 중에서 한 사람씩 (공천하고) 그랬는데, 막상 당선 확률이 있는 희망적인 사람들을 뽑다가 보니까 전국에서, 그때 지역구가 130개 될 거야, 그 나머지는 비례대표를 처음(으로) 채택을 하기로 했단 말이지. 그랬는데 비례대표 이외의 지역구 출마를 이렇게 정하다가 보니까, 공화당의 경우는 당선된 사람 중에 한 백 명은 사무국에서 결정된 사람들이 나갔는데, 일부 못 채운 지역에 구정치인들이 나왔어요. 그것도 물론 당에서 추천이 돼 가지고 선발 됐지만은 한 20여 명이 당선 됐는데, 그분들이 기성 정치인들이었습니다. 근데 이분들이 전부다 불만이 있었어요. '지역구 관리는 사무국이 한다', '국회의원은 국회에서 당의 방침에 따라 가지고 국회의원활동만 한다' 이렇게 되니까, (기성정치인들이) '나는 뭐냐?', '지역구에 있어서 나는 뭐냐?' 그러니까 그간의 정당이라는 게, 지구당 위원장이 바로 지역구의 위원장이고, 또 국회의원이 되는 분이 있고 떨어지는 분은 국회의원이 아니지만 지역구 관리를 하는 위원장이고 이렇게 됐는데, 이게 십여 년 사이에 관행이 됐단 말이지. 이게 바뀌어 지니까 진통이 안 될 수 없지. 이게 뭐냐, 이게. 사실은 오늘 우리 정치 현실을 볼 때, 그 제도는 다 중요한 겁니다. 국회의원(들이) 지금도 지역에 굉장히 부담을 갖거든

---

16) 박정희 최고회의 의장은 1963년 8월 31일 제3차 전당대회에서 공화당총재로 추대되고 제5대 대통령후보로 지명되었다. 하지만 국회의원 후보자 공천 작업은 대선이 끝난 10월 18일되서야 시작되었다.

요. 그래서 지금은 또 많이 달라진 게, 본인의 역량보다는 정당의 지명도가 더 중요하게 됐단 말이지. 한때는 보스의 지명도에 따라서 거의 결정이 된 거 같아요. 아마 1980년에 정치적인 여러 가지 격변을 겪고 난 뒤에 11대, 12대, 13대 이후로는 보스 중심으로 되다가, 요즘은 정당의 지명도 혹은 그 선호도에 따라 가지고 결정되고 이러는데. 옛날에 우리가 10대 때를 겪을 때만 하더라도 개인의 지명도 문제가 결정적으로 역할을 했단 말이죠. 그런데 그런 게 다 굉장히 문제가 있는 거 같아요.

조영재 : 그러면 65년에 당헌 개정하기 이전까지 사무총장의 관할권과 권한은 어땠습니까?

예춘호 : 사실은 당의장보다 권한이 더 셉니다. 사무국이란 사람들이 악바리들만 모여서 있었는데, 당헌을 만들 때 그렇게 만들어 버렸어. 그래서 사실은 당 인사문제도 당의장보다 사무총장이 결정권이 있었어요. 그래서…

조영재 : 당무 집행권·인사권·재정권 모두 사무총장에게 있는 거로 돼 있는데, 실제로 그랬습니까?

예춘호 : 네, 실제 그렇습니다. 당 재정의 집행은 내가 하고. 돈이 내 힘으로는 다 안 만들어집니다. 나중에 부득이 해서 당의장[17]이 총재께 어떤 얘길 했냐면 "총재는 어떤 일이 있더라도 떳떳한 입장이어야 합니다. 당 자금은 당이 만들어야 되겠습니다." 당이 한다고 했는데 당에서 자금이 안 만들어집니다. 나중에는 내가 그만 둘 무렵에 한 7~8개월은 거기서(청와대) 한 달에 얼마씩 받아 나와 가지고 집행만 했어요, 그런 게 있고. 그리고 제일 중요한 게 뭐냐면, 선거 때는 당이 하거든요, 선거 때 정부가 하는 건 아니지 않습니까. 정부 요원들이 당의 선

---

17) 예춘호가 공화당 사무총장에 재임했던 시기는 1964년 5월 16일~1965년 12월 30일이다. 이 시기의 당의장은 정구영이었다.

거운동 해줄 일도 없고, (따라서 선거운동은) 당에서 하거든. 그런데 제일 결정적인 문제가 뭐냐면, (역대) 대통령들이 당의 입장에서 정치를 하는 게 아니고, 정부 돈을 가지고 정치를 한다고요. 지금까지 그 폐단이 이어져 오고 있는 데, 문제점이 굉장히 큽니다, 그게. 결국 당이라 하는 것은 선거 때 민심을 접하는 최전선이거든. '국민들이 뭘 바란다' 하는 것은 전국 몇십 개 지역구를 통해 가지고 수렴이 돼야 된다고. 어느 쪽에서 국민들이 무엇을 바라고 있다든지. (이런 것에 대한 파악은) 지역구에 의해서 되는 거예요. 그리고 또 그걸 내 세우고 선거 때 표를 모으고 이러는데, 당선이 되면 국회의원들이나 당은 뒷전입니다. 공화당이 제일 중요한 게 뭐였냐 하면, 재래 정당에서는 정책이 안 걸러집니다. (재래 정당에는) 정책기구는 없고, 당의 파워 시스템(권력체계)으로 조직위원장, 선전위원장, 총무위원장, 재무위원장, 여성위원장, 청년위원장 이런 게 있거든. 근데 이게 전부 다, 분립된 하나의 권한이에요. 조직적으로 연결시킬 힘이 없다고요. 그래 가지고 영국식으로 사무국 총장이 있고, 사무총장 밑에 조직 관리 체계가 있고, 체계적으로 운용을 한다, 이래 됐었는데. 우선 전국에서 지적되는 여러 가지 문제들이 당에 의해서 걸러지기 위해서 당에 정책위원을 2가지로 뒀어요. 국회의원이나 전문적인 지식을 가진 사람들로 해서 정책위원회도 구성하지만, 정책연구실을 둬 가지고 적어도 장차관급 사람들을 처음에 한 30명 정도. 아주 전문적인 지식을 가진 사람들로 해 가지고 정책연구실 만들어서 정책위원회와 별도로 실무를 정리해 가지고, 많은 여론을 걸러서 정책화 해 가지고, 정책위원회 넘겨서 결의를 한 것을 정부에다가 갖다 보내고. 이렇게 했는데 전혀 헛돌고 교수들 월급을 줄 재정이 안 되고 이랬는데, 어느 날 당 쪽에서 정식으로 이의를 달았습니다. 정당이 무슨 역할 하느냐 말이지. 그래 가지고 무임소 장관을 둬가지고, 당에서 무임소 장관을 하나 보내 가지고 국무회의 할 때 국무회의 결과를 당에 가져 오고, 또 당에 여러 가지 사정을 이사람 통해 가지고 국무회의에 반영을 하고. 그리고 공화당 당원들이 행정부에 전연 없었기 때문에 싸워 가지고 7명의 차관을 보냈어요. 근데 거기 가서 1년 지낸 사람도 없고, 거기 가는 사람들이 당에 충실하게 일하는 사람들도 없고, 무임소 장관이나 차관들이 가더라도 아무 역할이 안 되는 거야, 그게. 지금도 그게 안 되는 거야.

조영재: 사무총장님이실 때 그 일을 추진하셨던 겁니까?

예춘호: 예, 당정협의회라 하는 게 그래서 만들어진 거야, 지금 (정부여당에는) 다 있는데. 형식은 좀 다르지만 우리 때는 당의 문제를 싸고도는 국회위원장들이나 주로는 당의장, 총장, 정책위 의장, 원내총무, 그리고 필요로 하는 국회 상임위원장 데리고 들어가서, 저쪽에서는 국무총리, 부총리, 그 다음에 재무장관, 외무장관, 내무장관 이런 사람들하고 회의를 아주 주기적으로 1달에, 1주일에 1번씩 정도로 했어요. 이것도 아무 소용이 없어요. 저쪽도 딱 필요한 걸 움켜쥐고 있고, 이쪽에서 아무리 얘기해도 뭐 반영이 안 되고, 지금도 이것은 계속되고 있는 거야. 이런 문제들이 해결이 안 되는 이상 원활한 의회 민주주의, 이런 거 없는 거예요. 지금 이상한 게, 이명박 씨의 경우도 그런 거예요. 그간에 대통령이라 하는 게, 당선된 정당을 해체했잖아 쭉. 김대중이 그랬고, 김영삼이 그랬고, 노무현이 그래했고, 쭉 그래오고 있는데, 그건 안 됩니다. 국민에게 약속한 것을 짓밟는 거예요, 그게. 당에서 걸러진 정책, 이게 선거 때 공약이 돼 나가야 되는 거고, 또 그걸 이행해 줘야 되는 거고. 국회의원은 정무위원(국무위원)하고 다르잖아요… 그건(국무위원은) 대통령이 자기 권한을 가지고 임명하는 거고, 국회의원들은 국민의 대표니다… 6대 때 국회의원 봉급이 작지 않은 급여입니다, 월급이. 그리고 차 넘버(number) 같은 것도 같이 나오는 거죠. 10대 때 국회에 들어가 보니까, 내가 재경위에 배치돼 가지고, 재무장관

과 술 한 잔 먹는데 장관이 상전(상석)에 앉아 있더라고요, 우리 때(6대 국회)는 장관들이 저 밑에서 술 붓고(따르고) 다녔는데. (국회의원) 월급은 차관급이 되 버리고. 잘 못되고, 그거도. 지금 아마 (국회의원들이) 국무위원들하고 월급이 같은가 모르겠어도.

조영재 : (이전과 달리) 유신체제 하에서 완전히 행정부 우위가 관철이 된 건가요?

예춘호 : 그렇게 됐어요. 예. 완전히 그렇게 됐어요. 이런 것은 의회민주주의에 상치되는 일들이죠. 예, 지금은 정치학자들도 이런 것을 모르는 거 같아. 확실히 국회 문제라든지, 정당 문제라든지, 지금 문제가 되고 있는 문제점이 여기에 관계가 있는 거예요. 결국 세종시 문제를 국회에서 걸러서 낙찰을 봐야 되는데, 국회가 정리를 전혀 안 하거든. 지금 안 하고 시위를 하고 있잖아요?… 우리가 볼 때는 제일 중요한 게 뭐냐면, 꼭 그거를 통과시켜줄 의지가 있다면 당을 정리를 해야 된다고요. 여당 내부를 걸러야 된다라는 거야. 박정희가 상당히 권한을 가지고 이렇게 했지만은 20명(정도가) 늘 반란표를 냈단 말이죠. 우리도 반란표를 내 가지고, 뭐 문교부장관(권오병) 해임결의안을 통과시켜, 쫓겨나갔거든. 물론 삼선개헌이 깔려 있는 때에 일을 들었지만, 그랬는데 그래도 그런 거는 필요한 거예요. 그리고 또 미국에게서 우리가 본받을 것은 미국의 경우는 의석수가 여당이 적어도 괜찮아요. 지역사정이 다 다르니까, 주 사정이 다 다르니까, 그리고 야당도 때로는 여당에 표를 던져 주기도 하고 그래. 우린 그런 사정이 아니거든. 여당으로 결속해야 되는데 이게 안 되거든. 이런 것은 '의회민주주의를 모르거나 아니면 무시하거나 활용을 안 하고 있는 그런 입장이다' 이래 봐야 되요.

조영재 : 네. 이어서 여쭙겠습니다. 사무총장으로 계실 때, 당정치자금을 집행하고 관할은 하셨지만, 조달하는 데는 관여하시지 않으셨다

고 말씀을 하셨는데요. 그럼 조달은 어떤 방식으로 하셨습니까?

예춘호 : 처음에 저희들이 사무국에 요원들만 한 2,000여 명 됐습니다. 그 월급이 이…

조영재: 지방 단위까지, 지방 사무처까지…?

예춘호: 지방까지 한 삼, 사천만 원 이렇게 됐는데, 박 대통령이 지시를 해서 '한 삼백 몇 명만 남기고 다 원대복귀를 하도록 해보라' 이렇게 됐는데. 사실은 제가 감원을 해 나가는데, 욕을 많이 들어야 되거든요.

조영재 : 그게 진해 회담18) 이후에…

예춘호 : 네, 이후에. 그리고 자금이 첫째 잘 안됩니다. 제가 당 자금을 직접 관장할 때의 어느 달을 예를 들어보면, 돈 나올 데라 하는 게, 정부예산을 집행할 때 어떻게 조금씩 차출 받는 게 제일 편리하거든. 예를 들면 1963년에 정부예산이 2백억인데, 그 중에 일반재정투융자분이 한 8십억 된다고요. 그중에 계속사업이 3분에 1 정도 되고 당년도 사업이라는 게 한 2십억 밖에 안 되는데, 거기서 한 3부(3%) 정도를 어떻게 차출 받는다 하더라도, 6천만이 된다 하는 거야. 그게 2달분. 우리가 감원해 가지고 무리해서 내가 7백 명을 남기고 내가 감원했거든. 욕을 참 많이 들어야 돼요.

조영재 : 3분의 1을 정리하신 셈이네요.

예춘호 : 예. 근데 그 사람들을 최종 원대복귀를 시켜줘야 되는데, 그게 안 되잖아요. 또 (다른 직장으로) 연결을 시켜줘야 되는데, 그건 더 안 되고. 얼마간의 사람들에게 뭐 국영기업체 이사 같은 거, 아까

---

18) 1964년 4월 15일 박정희 대통령과 김종필 공화당 당의장이 진해에서 회담을 갖고, 이른 바 '진해구상'이라는 국정쇄신 방안을 발표하였다. 그 배경에는 한일회담 반대 시위가 격해지고, 이에 대처하는 공화당 의원 간에 불신과 반목이 있었다. '진해구상' 중에는 공화당을 원내 중심으로 개편하고, 사무국이 주도하는 이원조직을 완화시킨다는 것을 포함하고 있었다.(『동아일보』, 1964년 4월 15일)

얘기한 차관급에 한 여섯, 일곱, 뭐 이렇게 해도 1년도 못 붙어있는 다는 거야. 결국은 그곳에서 나가면 욕하거든, 그 임명권자에 대해서. 우리가 정리할 때 상당히 욕을 들으면서 했는데도, 참 양심상 어떻게 할 수 없어서 7백 명을 남기고 거짓말 보고를 하고 이렇게 해서, 1달에 한 2천3백만 원 정도의 돈을 청와대에서 받았어요. 근데, 내가 직접 받을 때에 한 6천만 이렇게 바터(barter)에 응해 가지고 받아 보니까, 자질구레한 수표가 들어오더라고요, 연수표도 들어오고. 돈이 거의 안 되는 겁니다. 그리고 그것 말고도 내가 조직관계를 좀 하는데, 돈이라 하는 것은 권력의 원동맥, (즉) 목을 쪼고 있는 입장이 아니면 돈이 안 들어옵니다, 거의. 예를 들어서 대통령 측근이라고 뭐 비서관이고 뭐 어쩌고 이렇게 있지만, 그 사람들한테 안 줍니다. 될 수 있으면 직접 갖다 주려고하고, 또 직계 가족들에게 갖다 주려고하고 이렇지. 돈이 된다 하는 것은, 상당히 못된 짓을 해 가지고 덜미를 잡아가 네고(negotiation) 하는 사람들이 돈을 좀 만든다고요. 지금은 물론 액수가 커져 가지고 한 기업체가 1년에 예산고가 뭐 몇 백조가 되고 이래(이렇게) 됐으니까, 돈 거두기 좀 좋죠. 지금은. …내가 관계한 것이 63년에서 65년, 이렇게 한 2년 그랬는데, 그땐 참 어려웠어요. 그래서 우리가 직접 할 때 돈이 안 돼서, 청와대에 넘겨 가지고 매달 얼마씩 받아썼거든. 근데 정구영 선생의 지론은 '대통령이라든지 권력의 중심부에 있는 사람이 문제가 되면 해결책이 없다' 이거지. '그 밑에 있는 사람들이 책임을 지고, 핵심은 살아남아야 된다' 이런 주장으로. (대통령에게) '정치자금은 절대로 손대지 마십시오' 이런 얘기를 했었다고요. 근데 다행인지 불행인지 박 대통령의 경우는 돌아가고 난 뒤에 돈 문제로 해서 시끄럽진 않았거든. 금고에 있던 거 얼마를 박근혜가 얼마 갖고, 전두환이가 얼마 갖고, 이런 말은 나도는 것은 있지만 큰돈도 아니고 말이지.

조영재 : 당내에 여러 파벌·분파들이 있었던 걸로 알고 있습니다. 사무총장님으로 재임하실 때도 그렇고, 그 전후로 해서 60년대 공화당 내에서 파벌이나 분파는 좀 어땠습니까?

예춘호 : 분파는 근본적으로 없었습니다. 사무국을 중심으로 하는 주류파라는 것 하고, 거기에 관계되어 있지 않던 기성 정치인 중에서 공화당에 들어온 분들의 집단, 2개가 있었습니다. 그 안에서 누구 파 누구 파 이런 거는 전혀 없었습니다.19)

조영재 : 예컨대 의원님은 정구영 선생님을 중심으로 하는 당료파로 불리기도 하고, 자유당계가 있었고. 또 오월동지회, 기타 등등 여러 출신들이 섞여 있었는데 전혀 그 분파적인 잡음이나…

예춘호 : 없습니다. 없고, 아까 얘기한 공화당이 창당될 무렵에 최고회의 측에서 이견이 있었는데, 그 중심이 오월동지회였습니다. 근데 최고회의 측에도 참모총장급이나 군단장 급이나 이런 사람들은 관계를 맺거나 관계를 나타내거나 한 일이 별로 없고. 다만 이북 출신들이 (육사)5기생이 많았는데, 그게 다 축출됐거든, 전부. 그 다음은 (육사)8기생들 중에 의견이 엇갈려져 가지고, 김형욱이, 홍종철이, 오치성이 등이 (있었는데). 그 오치성이는 오월동지회에 관계했는데 오월동지회 측 사람으로서도 김종필이하고 가까워졌고, 조시형이라든지 이런 사람들도 오월동지회 관계인데 나중에 이쪽에 가까워졌고, 오월동지회 관계 중에 예를 들어서 김재춘이 같은 사람들은 끝까지 별도로 있었어요. 그 사람 임관도 안 하고 아무것도 안 했기 때문에 그랬는데, 그런 것은 별

---

19) 1960년대 초중반에는 정구영, 김용태, 예춘호, 윤천주, 이영근 등과 같이 김종필을 중심으로 창당에 참여했던 인사들이 주류를 형성하였다. 다른 한편 김재호, 백남억, 김성곤, 김진만 등 4인체제는 3선개헌을 주도하면서 새롭게 주류를 형성하였다. 언론에서는 전자를 구주류, 후자를 신주류라고 칭했다. 하지만 신주류 또한 1971년 오치성내무장관해임결의안을 둘러싸고, 이른바 '10·2항명파동'을 거치면서 몰락하였다.

로 파벌로 없었고. 다만 김성곤 씨 중심의 일부들, 민관식, 백남억, 김진만, 구태회, 현오봉, 이런 사람들이 비주류파 이래 가지고 하나 있었던 것은 사실이고. 근데 결국 그 사람들이 주류가 돼버렸거든, 나중에. 사무국계통은 나중에 길재호에 의해서 풍비박산이 돼버리고, 몇 사람 국회에 내보내면서 사무국의 성격이 없어져버렸어요. 그랬고. 음, 다른 파들은 없었습니다. 그리고 김종필 씨를 중심으로 한 것을 파벌로 본다면, 공화당이 부정이 돼버리거든. 그 사람 중심으로 당을 만들었으니까. 그래서 우리들이 '김종필 씨의 뜻을 이어나가는 사람들이다' 이랬을 때 주류라 이르고, 또 더러 언론계에서는 주류 강경, 주류 강경 김용태, 예춘호 뭐 이런데, 내 성격이 강경이나 이런 건 또 결코 아니었고 양보할 것도 다 양보하고 이래도 결국 (그렇게 분류되요). 내가 요즘 이런 말을 많이 합니다. 권력이라 하는 게 결코 어떤 사람이나 간에 오래가는 것은 아니다. 반짝 하는 거란 말이지. 근데 그걸 모르고 덤비다가 보면 나중에 적이 많이 생기지. 나 같은 경우, 내가 성격상 전혀 나타내거나 표현하거나 하지 않는데도, 그저 당 실무적인 입장에서 주장할 거 주장하고 이러다가 보니까 나중에 전부가 적이고, 전부다 나를 향해서 욕을 하고… 그래서 '누구라도 좋을 때에 인심도 많이 쓰고, 잘난 척 하지 말고, 또 이것을 언제까지 한다고 생각하지 말고, 참 나름대로 부드럽게 있는 둥 마는 둥 이렇게 하는 게 좋다' 이런 말 내가 많이 합니다마는. 입장을 강조하게 되면 적이 많이 생긴다고, 정치사회에선.

조영재 : 사무총장님으로서 당 운영에 관한 그 원칙이라든가, 이런 나름대로 지향하는 점은 무엇이었습니까?

예춘호 : 그런 거는 없었습니다. 그리고 사무국 때는 초기에 내가 사무할 때만 하더라도, 사무국의 성격이 하나의 사명감으로 똘똘 굳혀져 있었어요. 뭐냐 하면, 결국 우리는 자유당식·민주당식의 그런 정치인이 아니고 막스 베버(Max Weber)같은 사람들이 강조하고 있는 새로운

타입의 정치인, 새로운 타입의 인간형이라 하는 것, 새로운 사명감에 따른 정치인, 이렇게 기본원칙 그대로 소박하게 신봉하고 신념을 밀고 나가는 입장이었어요. 그런데 내가 사무총장을 그만 둘 때만 하더라도 사무국을 대표해서 내가 밀려 나가는 사람이고, 따라서 사무국에 대해서 불충한 일이 전혀 없는 사람이라고 생각을 했는데, 내가 나가보니까 나는 고립이 돼 있어. 예를 들어서 부산·경남의 사무국 요인들 모임들이 그 뒤에도 꾸준히 이어지고 있는데, 날더러 가끔 나오라고 해서 나가보면, '이질적인 느낌을 갖는다' 이거야. 나 나가지도 않고 말아버렸는데. 그만큼 성격 변화를 했어요. 내가 만들은 사람들 중에서도 그렇더라고. 서울의 경우도 사무국 사람들이 사무국의 근본적인 원칙에 대해서 말하자면 '신념에 대해서는 요지요동하고 끝내 변화가 없는 사람들의 모임이다' 이런 생각을 했는데, 그게 아니더라는 거야. '현실에 대해서 결국 영합이 되 나가고 변화를 한다' 이런 거. 근데 '당시에 필요로 하는 모델이나 형(形)들이 불변으로 지속되는 것은 절대로 아니다' 이런 하나의 일깨움을 가지게 된 거지. '항상 시류에 따라서 변화하기 때문에 적응돼 나가는 게 오히려 순탄한 삶의 방법이다' 이런 식으로.

조영재 : 당시 당이 활동하는 데 있어서, 중앙정보부의 입김이나 영향은 어떠했습니까?

예춘호 : 우리 때는 개인적으로 가깝다고요. (초대 부장이) 김종필이, 2대부장이 김용순 이거든. 친하다니까요. 그 사람 그렇게 정치 사찰 안 할 때고. 그 다음에 (3대 부장인)김재춘이가 공화당 발족에 대해서 반대파예요. 그것도 어느 날 (공화당 창당 당시) 마지막 때 부산에서 박 대통령하고 모임이 있었는데, 나하고 김종필이가 불려 들어갔는데, 김재춘이가 나오더라고요. 관광호텔 어느 방에서 박 대통령이 얘길 좀 (했어요). 나오면서 김재춘이가 하는 말이 얼굴이 빨개 가지고, "여러분 잘해보십쇼!" 자기 의사가 안 통했다(는 거지요). 우리 의견들이

받아들여졌을 때에 분위기가 그런 정도로 해서 넘어가고 이랬어. 그리고 내가 국민복지회 사건 때에 정보부에 불리 갔어요. 그 정보부에. 아침에 국회 나갈라고 나오는데, 내가 그때 약수동에 살면서 국회 나갈라고하면 퇴계로로 나오거든. 근데 국회까지 가면 한 오 분밖에 안 걸려, 그때는. 세종호텔이라는 게 중간에 있었고, (그 당시)의원총회와 상임위원장 회의를 거기서 하는데, 내가 들어가니까 젊은 놈들이 서 있다가 "좀 봅시다." 이러더라고. "뭐냐" 이러니까 "좀 갑시다. 요 앞에 호텔까지 갑시다." 그래서 호텔이, 동양호텔이라고 지금도 그게 있는가 모르겠어. 방을 빌려다가, (거기서) 국민복지회 관계 얘기를 묻더라고. 사실 나는 모르는 일들이라고, 이게. 내가 경남 책임자로 돼있는데, 김용태하고 친하지만은 얘기 들어 본 일도 없고, 뭐 얘길 건네 온 일도 없었어요. 내가 한마디로 "나는 그 전혀 모르는 일이다" 이러니까, 감찰국장인가 실장인가 하는 놈이 있는데 그거 문제가 많았던 놈이야. 나중에 김형욱이 그만 뒀을 땐지 뭔지 모르겠는데 미국으로 이민도 가고 이랬는데 그놈아가 있다가 '전혀 모르느냐'고 (물어요). '모른다'고 그러면서, 내가 그랬어요. '국회의원이 아침에 국회 나가고 있는 길목에서 사람을 잡아서 이렇게 데려왔는데, 내 오늘 본회의 가서 내 이 이야기를 하겠다. 응? 정보부장이 모르는 사람도 아니고 말이지 이 꼴이 뭐냔 말이지' 그러니까, "잘못했습니다"(그래요). 김용태는 잡아가서 막 두들겨패고 이랬는데, 나한테는 그렇게 (온건하게 대)하더라고요. 그래서 난 정보부라 하는 거에 대해서 그런 식으로만 알고 있지. 그리고 창당 때는 내가 부산 분실을 통해 가지고 많은 혜택을 일반 주민들에게 주기도 하고 이랬기 때문에 나쁜 인식이 별로 없어요. 다만 내 개인의 그간의 생애를 통해 가지고 경찰의 정보과, 혹은 치안분실 이런 데 잡혀가 가지고 뭐 주거니 받거니 한 일은 많이 있어. 그래서 그 사람들이 어떤 놈들이라 하는 것도 잘 알지. 그런데 정보부를 통해 가지고는 그런 압박을 별로 느껴본 적도(없어요), 그 뒤엔 김형욱이도 친하고 이후락이도 친했고 또 김계원이도 친했고. 그중에 김재춘이만은 나중엔 친했는데, 같이 뭐 한 달에 한 번씩 모임도 갖고 이랬어요. 그때는 원한이 돼 가지고 '서로 잘해보십시오' 뭐 이런 식으로 했지만은 싸운 일이 별로 없었고, 그래서 정보부라는 건 그렇게 '무서운 권위기관이다'라는 생각을 안했어. 그리고 김형욱이 때는, 그 사람이 처음에 김종필이 하고 단짝입니다. 내가 또 공화당 사람으로서 제일 많이 그 사람들 만나고 그랬는데. 내가 삼선 개헌 때도, 그 사람이 마지막 날 내가 집에 있는 걸 알고, '술이라도 한 잔 하자' 그러면서 얘기하기를 둘이서 나와 가지고 맥주 한 병 먹는다 하는 게 한 상자를 먹은 일이 있어. 그래도 그 사람이 날보고 이 새끼야, 저 새끼야 하지는 않고, '야 이 노무 자식 말이지 이 고집 대강부리라' 이러는데 나도 '야이, 자슥아. 뭐 대강 좀 나를 닦달해라' 뭐 이런 식으로 했지, 뭐 이를 막 갈면서 얘기해본 일 별로 없었어요. 그리고 김용태는 몇 번 잡혀가서 부인이 애를 지울 정도로 막 당하기도 하고 이랬어. 김용태보다 내가 정보부에 별로 끗발 있는 사람도 아닌데, 나는 당하질 않았어요. 사람들과 다 잘 지냈어요. 그랬어요. 내가 재야활동을 할 때에 정보부에서 당했고 또 나와 가지고 내가 활동을 하다가 한 사흘 또 갔어요. 그거 두 번 제법 당했는데. 정보부에 제일 처음에 잡혀 갔을 때에, 이름도 모르겠는데 뭐 준장급이에요. 무슨 단장이더라고. 근데 그놈이 내가 의자에 이렇게 앉아서 취조를 받으려고 있는데, 들어오더니 "이 새끼가 예춘호냐" 이러면서, "이 새끼 왜 의자에 앉혀 놨냐"고, 꿇어 앉히라고, 날보고 옷 벗기라고, 직원들에게.

조영재 : 80년 말씀하시는 건가요?

예춘호 : 예. "이 새끼야. 내가 국회의원 현역이야. 임마. 니가 뭔데, 어, 옷 벗겨라 뭐 어쩌라(고 그래.)" 뭐, 그렇게 내가 막 나가니까 이 사람이 나가버리더라고. 취조할 때 취조관으로부터 많이 당했어요. 비

서실장이 아닌데 비서실장이라 해 가지고, 내가 모든 지령을 내린 것처럼 하니까 그걸 뭐 끝까지 반대해야 될 일이거든.[20] 그거는 죽기 살기로. 뭐 안 한 거니까 그거는. 그때 '정보부라 하는 거 못된 놈들이다' 이러면서 이를 갈고 나왔는데, 나와 가지고 내 그놈들 나쁘게 표현해본 일도 없었어. 직업으로 한 것들이니까.

---

[20] 1980년 김대중내란음모사건 당시 예춘호는 김대중의 비서실장으로 기소되었다. 하지만 예춘호는 단 하루도 비서실장이었던 적은 없었다고 강하게 부인하였다.

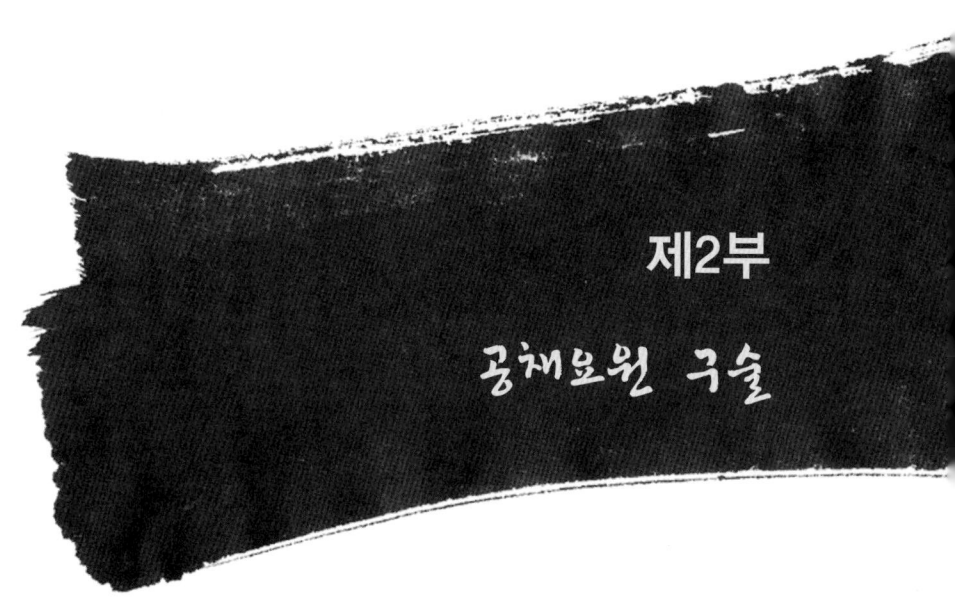

제2부
공채요원 구술

정 창 화
김 한 선
김 원 웅

정창화

□ 사회자 : 조영재 (명지대 국제한국학연구소 연구교수)

✠ 구술자 소개

정창화는 1940년 경북 의성에서 출생하였으며, 농사를 짓는 빈곤한 가정에서 성장하였다. 일찍이 기독교가 선교활동을 했던 마을에서 생활했던 부모님의 영향으로 기독교 계통의 학교를 다녔다. 1958년 연세대 정외과에 입학하였으며, 재학 중에서 4·19, 5·16의 정치적 격변을 겪었다. 해병대 장교 선발시험을 통해 입대하였으며, 제대 후에는 공화당 공개채용 시험 1기로 입당하였다. 그는 1969년 행정부로 자리를 옮겨 총리실과 정무장관실에서 근무하였으나, 1971년 당 청년국장으로 복귀하였다. 연이어 당의 외곽 청년엘리트 조직인 '새세대문제연구회'의 사무국장을 맡으며, 당시 사회 각 분야에서 두각을 나타내기 시작하던 4·19세대들의 네트워크를 만드는데 힘을 쏟았다. 하지만 오치성파동의 여파로 한직인 훈련원으로 배치되었다. 그는 여기서 연설과 교육에 관한 전문성을 기를 수 있었으며, 이후 공화당 몰락과 민정당 창당의 격변기에 자신의 정치적 생명력을 유지할 수 있는 계기가 되었다고 술회하였다. 공화당 말기 당시 훈련부장이었던 정창화는 민정당 창당준비위원, 민정당 중앙정치연수원 훈련국장, 부원장을 거쳐 1981년 전국구 국회의원이 되었다. 이후 민정당과 그 계승정당에서 5선의 국회의원과 당3역(사무총장, 원내총무, 정책위의장) 등을 두루 걸쳐 활약하였다.

<주요 이력>
1940년 경북 의성 출생
1958년 연세대 정외과 입학
1965년 공화당 공채1기로 입당
1967년 공화당 청년국장
1969년 국무총리실 재경사무관
1970년 정무장관실 비서관

1971년 공화당 청년국장
1974년 새세대문제연구회 사무국장
1977년 공화당 훈련부 차장(훈련부교수)
1979년 공화당 훈련부장(훈련부교수)
1981년 민정당 훈련국장, 훈련원 부원장
1981년 이후 제11, 12, 13, 15, 16대 국회의원

조영재 : 의원님의 성장과정에 대해서 여쭤보도록 하겠습니다. 먼저 가족사적 배경은 어떻습니까?

정창화 : 제 고향이 경상북도 의성군 다인면 삼분동이라고 하는 한 5백 호 정도가 고을을 이루어 살고 있는 아주 시골에 벽촌입니다. 그런데 그 벽촌에 기독교가 지금으로부터 약 백십 년 전, 그러니깐 1900년대에 들어왔습니다. 그래서 일제시대 때부터 기독교가 있었기 때문에, 또 선교사들이 와서 선교를 했기 때문에 상당히 일찍 개화가 된 그런 마을이었습니다. 저는 그런 마을에 가난한 농부의 아들로 태어났습니다. 우리 아버지는 가난한 할아버지의 5남 1녀의 둘째 아들로서 태어나서, 일제시대에는 젊은 나이에 일본 동경에 가서서 거기에서 운전기술을 배워서, 그때 당시로는 참 앞선 기술자였지요. 그래서 운전을 하시고 그래서 일본문화에 일찍 또 깨어있기도 하고 그랬습니다. 그랬다가 해방 후에 한국에 와서 다시 도시로 나가지를 않고 고향에 자리를 잡고 농사를 지었는데, 저는 일본에서 태어나서 여섯 살에 해방이 돼서 한국에 와서 거기서 살았는데, 저는 역시 4남 2녀의 맏이로 태어났습니다. 그런데 어려서부터 교회에서 자랐기 때문에 퍽 일찍 개화된 가정에서 태어나서 그래서 중학교를 졸업한 이후부터는 고등학교, 대학을 객

지에서 다녔습니다. 그래 고등학교를 다닌 것도, 우리 고향에서 대구까지는 약 200리 길인데, 그때 당시로는 다섯 시간 이상 버스를 타야 하는 그런 거리였습니다. 그 거리에서 제가 대구에 계성고등학교라고 기독교학교를 다닌 것입니다. 그것도 '예수를 믿는 학교가 좋은 학교다'라는 부모님의 관념 때문에 그 학교를 다녔고, 그 후에 서울에 진학할 때도 예수 믿는 학교가 좋은 학교다 그래서 연세대학교에 진학하게 돼서 공부를 한, 그런 가난한 농촌의 아들입니다.

조영재 : 가난한 농부라고 말씀을 하셨는데, 빈농수준은 아니었지요?

정창화 : 아주 빈농수준은 아니었지마는 넉넉하지도 못 했습니다. 예.

조영재 : 음. 그 당시에 그, 농촌에서 한 중간 정도.

정창화 : 중농정도도 못 됐을 것으로 지금 생각이 들어요. 그러니깐 당시에 중농이라 그러면은 집에 머슴도 있고 그래야 하는데 우리 집에는 머슴이 있거나 그런 상태는 아니고. 그저 부모님이 농사짓고 어린 우리들도 고추도 따고 일손을 거들어야 할 정도였으니깐. 밥은 굶지는 않았지마는 넉넉하지 못했던 건 확실합니다. 그리고 중고, 고등학교나 대학을 다닐 때 학비를 대느라고 아주 애를 먹었으니깐요.

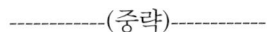

조영재 : 예. 대학시절에 4·19, 5·16과 같은 격변이 이어졌습니다. 그 당시를 어떻게 기억하고 계십니까?

정창화 : 4·19가 나던 때가 제가 대학에 3학년이었습니다. 그런데 자유당의 독재와 횡포라고 하는 것이 참 심하다 하는 것을 그때 저희들끼리 얘기도 많이 하고 또 그런 것을 피부로 느끼는 때도 있었어요. 그러나 저희들은 뭐 그것에 대해서 항거할 힘이나 능력이 있었던 것도

사실은 아니었고, 또 저 같은 경우는 시골에서 올라와 가지고 하루하루 학비 대고 또 식생활 해결하고 강의 듣고 가정교사 하고 살기가 힘드니깐, 그런 문제에 현실참여에 그렇게 관심을 못 가졌댔어요. 그런데 어느 날 4월 18일 날 드디어 고려대학교에서 학생데모가 청계천에서 일어나고, 또 4월 19일날 학교에 갔더니만 노천극장에 연세대학교 학생들을 다 모아놓고 총학생회가 나가자고 그러더만요. 그래서 뭐 욱하는 마음에 다 나갔지요. 저는 그때에 학생회 간부나 이런 것을 하지 않았기 때문에 군중 속에 일원으로 나갔는데. 그러나 대학 3학년이니깐 사실상에 제일 앞을 서게 됐었어요. 1, 2학년이 뒤로 서고 4학년은 좀 빠지고. 그냥 거의 앞에 섰는데 가다가보니깐 경무대, 청와대 그 앞에, 지금으로 말하면 옛날 진명여고 수도방위사령부 앞에 거기까지 올라갔는데, 빵빵빵 총소리가 나는 동시에 제 옆에 있는 친구들이 쓰러지더라구요. 그래 가까운 친구 몇명이 거기서 쓰러져서 죽기도 하고, 한두 명이 피를 다치기도 했는데, 아, 이것이 혁명이구나 하는 생각이 그때 들고 정말 겁도 나고 그랬어요. 그 후에는 이제 학생들끼리 몇몇이 몰려 다니면서 파고다공원에 가서 이승만 대통령의 동상을 철근으로 묶어서 잡아당겨서 무너뜨리기도 하고, 남산에 있던 이승만 동상도 무너뜨리기도 하는 그런 일을 그냥 따라다니면서 제가 같이 일원으로 참여한 적이 있었습니다. 그러나 제가 거기에서 앞장을 서거나 그런 건 아니고, 그렇게 할 제 개인적인 여유도 없었고. 그런데 그 후에 4월 26일 우리 존경하는 대학 교수님들의 교수데모도 일어나고, 이러면서 이승만 대통령이 하야하고, 그런 역사의 현장에서 그때 당시에 함께 살았습니다.

조영재 : 예. 그러면 4·19 당시에 경험을 하시고 나서, 다시 또 일상으로 돌아가셨다는 말씀이신가요?

정창화 : 그렇죠. 교수데모도 있고, 휴교도 하고, 일부는 개강도 하

고, 수업이 옳게 되지도 않고. 뭐 그런 상태에서 어영부영 한 학기가 지나갔던 것으로 그렇게 기억을 합니다.

조영재 : 이어서 5·16이 발생을 했는데요. 당시는 4학년 아니었습니까? 당시를 어떻게 기억하고 계십니까?

정창화 : 4학년이 돼서 취직도 준비를 해야 되겠고, 또 대학원에 진학을 하느냐 이런 걸로 진로문제에 고민을 하던 그런 시기였지요. 그때 서대문 연희동 쪽에 살았는데 하숙하고 자취를 하고 있었는데, 그런 어느 날 아침에 사방에서 총소리가 나데요. 그런데 이게 뭔지를 몰랐지요. 그랬더니 그것이 5·16, 훗날 군사혁명이라는 이름으로 이름이 지어지는데, 군인들이 한강을 건넜다고 그러더만요. 그러면서 뭐 혁명이 났다고 그러는데 그때 우리는 뭐 잘 몰랐지요. 그런데 어느 날 교복을 입고 종로에 나갔는데, 전부 신분증검사를 하는 거예요. 어쨌든 군대 안 간 사람은 그냥 무조건 싣고 가는 거예요. 그리고 대학생도 그냥 싣고 간다 이거예요. 그래서 그때부터는 종로고 어디고 나갈 수도 없고 해서, (그냥) 있다가 대학을 졸업하게 됐지요. 저는 그때 학보로, 인제 (군입대가) 보류된 상태였는데, 대학 졸업해도 군 제대하지 않는 사람은 취직시험 칠 자격도 없고, 이러니까 할 수 없이 군대에 가기로 결심을 했어요. 2월 말 졸업할 시기가 됐는데 해병대 장교후보생 선발시험이 있더라구요. 원서를 냈더니 얼마나 많은 사람이 지원을 했는지. 제 기억에 아마 2천명 왔던 거 같아요. 그런데 그중에 50명이 합격됐는데, 그때는 고등고시보다 그게 더 힘들었어요. 그래서 제가 거기에 뽑혀가지고 해병대에서 훈련을 받고 해병대 장교가 됐습니다.

------------(중략)------------

조영재 : 1965년 6월 공화당은 한국정당사 최초로 공채를 통해서 사

무국 요원을 선발하였습니다. 여기에 의원님께서 (군제대 후에) 높은 경쟁률을 뚫고 선발이 되셨는데요. 그 당시에 경쟁률은 얼마쯤 됐습니까?

정창화: 이제 정당사의 본격적인 얘긴 거 같은데요. 제가 1962년도에 해병대에 가서 65년 5월 31일부로 전역을 하게 돼있었습니다. 그랬는데 그때는 취직난으로 워낙 힘들고 어려우니깐 해병대에서도 초급장교 중에 전역 예정일이 확정된 사람들에게는 취직할 수 있는 기회를 마련하기 위해서, 사회에 적응기간을 주기 위해서 한 달 전부터 휴가를 줬어요. 그래서 4월 말 경에 군복을 입은 채로 서울에 올라와서 직장자리가 없을까 하고 수소문을 하는데 마침 민주공화당 사무국 공채시험을 친다고 그렇게 나왔더군요. 그러니까 민주공화당이 1963년 2월 26일날 창당이 됐는데, 그로부터 2년 후지요. 사무처에 직원을, 특채나 알음알음으로 해서 그냥 스카우트(scout) 하는 것이 아니라, 공개채용시험을 치는 그런 제도를 채택을 해 가지고 그렇게 한다는 광고가 나왔더라고요. 그래서 응시를 했는데, 군복에 계급장을 뗀 그런 상태에서 그해 5월 말쯤에 시험에 응시했습니다. 12명이 최종합격을 했어요, 저희가. 그때 수험번호가 1천 2백 몇 번까지 있었던 걸로 기억이 나요. 그래서 모두 100:1이라고 그랬지요. 합격하고 보니깐 서울대학생이 여섯 명이고, 고려대학생이 두 명이고, 연세대학이 한 명이고, 경희대학이 한 명이고, 성균관대학이 둘인가 그랬을 거예요. 그게 다예요, 그렇게 해서 열두 명이 돼서.

조영재: 공화당사에 보니까 스물네 명이 합격했다던데, 그건 잘못된 건가요?

정창화: 스물네 명은 그것은 2기, 우리가 1기고요. 1기를 해서 뽑았으니까, 응시자 수도 많고 또 자찬 같습니다마는 우수한 사람들이 응시해서 들어오고 하니까, 2기는 지원자가 더 많아지고 하니까, 스물네 명이나 뽑았어요. 그리고 3기, 4기 이렇게 계속됐지요. 그때는 이제 1기

가 1년에 한 번씩 뽑았어요.1)

조영재 : 그때부터 계속 공화당이 소멸할 때까지 공채제도는 유지가 된 겁니까?

정창화 : 그렇죠. 1965년도부터 시작해 가지고 1979년, 그러니깐 10·26 사건이 나서 공화당 기능이 사실상 정지될 때까지 매년 있었으니까, 십 몇 기까지 나갔던 것으로 기억합니다.

조영재 : 예. 최초의 공채, 어려운 선발시험을 통해서 합격을 하셨는데요. 육사도 그렇습니다만, 뭐 정규육사기수들이 그 이전 기수들과 구별하듯이, 당 내에서 공채요원들 간에 결속력과 단결력은 어떠했습니까?

정창화 : 결속력이 참 강했지요. 공채요원이 들어왔을 때, 이미 공화당을 창당한 멤버(member)들이 있었습니다. 그래서 그때 당시에 부르기를, 저희 같은 신규요원은 공채요원이라 그리고, 그전에부터 있었던 사람은 창당요원이라 그랬지요. 창당요원이라는 사람들은, 공화당을 창당하면서 각계 각 분야에서 그때 당시에 아주 유능한 사람들, 뭐 선생님이라든가, 은행원이라든가, 뭐 기자라든가, 그런 분야에서 아주 유능하다고 깨끗하다고 인정된 사람들이 모였더라고요. 지하교육이라 그래서 밀봉교육, 일종의 밀봉된 상태에서 교육을 받아 가지고. 이 사람들이 나중에 63년도에 노출이 돼 가지고 (계속)해왔더라고요. 그래서 그분들은 공채요원들보다는 나이도 많고 경력도 있고, 또 그분들 자체가 우수했어요. 우수했으니깐, (공채기수들의)경쟁의 상대거나 적대의 상대가 아니고, 존중의, 존경의 대상이 돼버리면서 스스로 흡수됐지요. 그러면서 그분들은 우리 후배들을 후배로 인정해주고 사랑해주고 아껴

---

1) 1965년부터 1979년까지 사무국요원의 공채가 진행되었다. 하지만 사무국의 감원이 있었던 1974년, 1975년은 채용이 없었고, 1977년은 대학의 추천으로 채용하였다.

주고 하니까, 그렇게 해서 컸는데. 10년 내지 15년이 지난 공화당 말기 정도, 한 15년 정도 지나서 박정희(朴正熙) 대통령이 살아계신 말기가 될 때쯤에는 거의 신규요원(공채요원)들이 공화당 사무국의 전체의 주류가 됐지요. 그래서 그때부터는 사실상 특채랄까 그러한 직원들이 공화당 사무국에는 거의 발을 못 붙였어요. 어쩌다가 그런 분들이 오면 거의 스스로 발을 못 붙이더라고요, 아주 유능한 사람 이외에는. 그래서 공화당이 그 요원으로 유지되다가 79년도에 문을 닫고 80년도에 민정당 창당 작업과 81년도 창당할 때는 공화당의 공채요원 사무처직원들이 주류가 돼서 민정당으로 넘어가지요.[2]

조영재 : 예. 그러면 당시에 창당요원들과 공채요원들 사이에 갈등의 소지라든가, 이런 건 없으셨다는 말씀이신가요?

정창화 : 거의 없었습니다. 왜냐하면 나이도 차이가 있고 경력에도 차이가 있고, 또 그분들도 아주 유능한 분들이 많았어요. 학력이나 이런 것도 거의 승복할 만한 상대들이었고 그러니깐요.

조영재 : 그럼 선발(공채)시험은 어떤 거였습니까?

정창화 : 아, 우리가 선발시험 치는 거는 영어 그리고 상식. 상식이라 그래서 뭐 지금 기억이 나는데 오엑스(OX) 선택형 같은 것, 그 다음에 논문. 논문은 제목을 정치학, 사회학, 그리고 일반상식, 이런 제목 중에서 택일했던 걸로 생각이 나요.

조영재 : 면접이라든가 구술시험은 없었습니까?

정창화 : 면접도 있었습니다. 면접은 있었는데 구술시험은 뭐 없었던

---

[2] 1980년 민주공화당을 비롯한 모든 정당은 같은 운명을 겪었다. 1980년 5월 17일 신군부가 전국에 비상계엄확대조치를 내림에 따라 정치활동이 금지되었으며, 1980년 10월 22일자로 확정된 5공화국의 헌법 부칙에 규정된 대로 헌법의 확정과 함께 모든 정당은 자동해산 되었다. 공화당의 경우에 공식적으로는 공화당청산위원회의 의결을 거쳐, 1980년 10월 27일 해산되었다.

거 같고요, 예.

조영재 : 예. 면접요원은 어떤 분들이 나오셨습니까?

정창화 : 면접은, 그때 누군지는 몰랐는데 지나고 보니깐, 그분들이 그때 당시에 사무처 간부들, 중간간부들이 더마요. 그러니까 다 그분들이 참 학력도 훌륭하시고 경력도 훌륭하신 분들이더라고요, 나중에 보니까. 그분들이 훗날 다 비례대표 국회의원들도 많이 하신 그런 분들이에요, 예.

조영재 : 그렇게 해서 합격하고 채용된 이후에는 수습과정이라든가 아니면 교육과정이 있었습니까?

정창화 : 있었지요. 그래서 합격하고 나니깐 6월 중순인가 됐어요. 그러니까 소집을 하다마요, 열두 명을. 소집을 해 가지고 어디론가 태워가지고 가더라고요. 지금 생각하니깐 거기가 수유리에 있는 어느 콘도 같은 그런 데였던 것으로 기억이 나요. 지금도 거기가 어딘지, 내가 몰라요. 그런 허술한 어떤 그런 곳인데, 그저 요즘으로 말하면 학생들 모여서 무슨 엠티(MT)하는 그런 장소 같은 그런 곳이었던 거 같은데. 거기에서 6주간인가를 교육을 받았어요. 6주간 외출도 없이 그냥 교육을 받는데, 거기서 자고 먹고 하는데, 상당히 수준 높은 교육을 받았어요. 당 이념, 조직원리, 선전원리, 뭐 정책 이런 분야에 대해서 (배웠고), 또 정치학과에서 배울 수 없었던 것을 실무적으로 많이 배웠던 거 같고. 그때 당시에 교수로 나오신 분이 윤천주 선생, 그때 윤천주 선생이 민주공화당에 사무총장이었어요. 그렇게 윤천주 선생, 김성희 교수 이런 분들도 나와서 정당에 대해서 강의를 하고. 김성희 선생은 그 후에 민주공화당의 정책실장이라는 걸 했지요. 당시에 당대의 정당론의 거두였던 윤천주·김성희 선생 같은 분이 한국 정당제도에 기틀을 마련하신 체제를 갖추었던 거 같고요. 그 후에 사무처직원의 공채제도를 채택한 것도 그분들의 생각이었던 거 같아요. 그래서 그, 정당론에 나

오는 그, 파르타이 베암테(partei beamte: 독일어로 정당관료)라 그래서 정당각료, 당료제도에서 리크루트멘트(recruitment) 제도를 이렇게 함으로서, 그것을 쇄신해보는 그런 제도였던 거 같은데. 저는 그 교육을 받고 지금 생각해도, 참 그분들이 한국정치사에 훌륭한 제도를 도입해줘서, 좋은 기틀을 마련했다(고 생각해요). 왜냐하면 이 공체제도는 지금도 새누리당에서도 유지되고 있고, 또 야당에서도 상당부분 변형된 형태지만 이걸 도입해서 지금 하고 있습니다. 그러니깐 이것은 상당히 발전된 모습을, 그러니까 50년 전에 도입해준 거지요.

조영재 : 이념과 이론교육은 방금 말씀을 하셨고요. 그 당시에 실무라든가 현장교육은 없었습니까?

정창화 : 실무라든가 현장은 그때 가본 적이 없고요. 밖에 나가는 것은 그땐 없었고. 그때가 6·3데모가 한창이었어요. 그래서 밖은 상당히 시끄러웠습니다. 그리고 우리 친구들은 그때 6·3데모를 주동하고 있었습니다. 그러니깐 가까운 친구들하고 조금 다르다는, 그런 생각 속에서 교육을 받고 있었고. 실무 나가고 그런 건 없었고, 예.

조영재 : 그 당시 공화당 사무국은 근대적인 형태의 당료체계를 구축한 걸로 알려져 있습니다. 조직이 수평적으로도 좀 분화가 많이 돼있고 또 수직적으로도 위계체계를 형성한 거로 알고 있는데요. 당시의 사무국 조직에 대해서 소개를 부탁드려도 될까요?

정창화 : 당시에 사무국 조직은 지금도 우리나라 정당들이 거의 그 제도를 그대로 따르고 있습니다, 지금. 오늘 날 새누리당이나 민주통합당같은 제 정당들이 취하고 있는 제도가 거의 (과거 공화당 것) 그대롭니다. 소위 말하는 당의 의장이나 당대표 휘하에 사무총장이라는 것이 있어서, 이것이 사무국 조직의, 세크리타리어트(secretariat)의 총 위의 자리지요. 그래서 세크리타리 제너럴(secretary general)이죠. 사무총장, 사무차장, 그리고 그 밑에 각자 업무를 총괄하는 여러 가지 부가

있지요. 그리고 그때 당시는 부보다가 국이 높을 때도 있었고, 국보다 부가 높을 때가 있었어요, 때로는. 국과 부가 아래 위로 바뀔 수가 있는데, 지금은 거의 부가 위에 있습니다. 부가 있고 그 밑에 국이 있고, 국 밑에 과가 없고 팀(team)이 그냥 있는 거죠. 예, 그렇게 있었던 걸로 돼있습니다.

조영재 : 상하위계관계들은 철저히 지켜졌던 가요?

정창화 : 정당의 상하위계관계는 물론 서로가 지켜야하는 예의지요. 그러니까 지켜지는데, 두 가지 점에서 특이합니다. 첫째는 '정당의 상하위계관계는 하나의 인간관계지 명령관계가 아니다' 하는 생각이 있어요. 그래서 정치라고 하는 것은, 마음을 얻지 못 하면은 사무처(에서)도 안 된다. 그리고 두 번째는 아주 간단한 예로 식당에 밥을 먹거나 커피를 마시면, 돈은 반드시 그 자리에 있던 최상사(最上司)가 내게 돼있어요. 그것이 독특하더라고요. 그 후에 내가 그것을 생활 속에 익숙해져 가지고 그렇게 하니까, 공무원 하는 사람들이 이상하다 그러더라고요. 자기네들은 제일 낮은 사람이 내는데, 너희는 왜 제일 높은 사람이 내느냐고. '우리는 제일 높은 사람이 돈을 낸다, 그렇기 때문에 정당의 조직은, 비록 그것이 대조직이 아니더라도 사무조직도 의리관계와 신의관계다' 하는 거죠, 예.

조영재 : 예. 근데 그런 관계가 지속이 되려면, 승진이나 이런 것들의 합리적인 기준들이 있어야지 않습니까?

정창화 : 처음에는 그게 굉장히 기준이 엄격했습니다. 인원이 많지를 않으니까요. 그저 100여 명 내지 200명 이내의 인원이 있고, 지금도 그저 한 100여 명, 150명 정도가 정규요원이니까, 평가가 유리알 같습니다. 그런데 그 후에 이것이 어느 땐가부터 갑자기 차츰 계보가 생기기 시작하고 계파가 생기기 시작을 하고 그러면서부터, 거기에 사(私)가 들어가서 발탁인사가 생기기 시작하더라고요. 그래서 지금은 조금은

좀 계파별로 발탁되는 그런 경향이 있는 것이 좀 안타깝지요. 그래서 우리가 있을 때는 사무처직원들도 '모든 조직이 (사무)총장의 휘하다, 총장으로 갑이 오면 갑파고, 을이 오면 을파, 병이 오면 병파다' 이런 개념으로 근무를 했는데. 요새는 갑이 와서 갑파가 등승(嶝昇)을 하면 을파가 밀리고, 을파가 오면은 병파가 밀리고, 이런 게 생기기 시작을 한 게 조금 안타깝고, 그런 게 있긴 하데요, 예.

조영재 : 예. 근데 공화당 창당 초기에 그렇게 엄격했던 기준들이 무너지기 시작하고 계파정치가 사무국에 들어온 게 언제쯤으로 기억되십니까?

정창화 : 공화당 말기까지는 그게 그렇게 심하지 않았던 거 같은데, 공화당 말기에 다소 시작이 됐던 것으로 생각이 들어요. 조금은 계파가 생기기 시작을 했던 거 같고, 그 후에 민정당에 들어와서 조금 더 그런 게 생기기 시작했고, 3당합당 이후에 그것이 제일 심하더라고요. 예, 3당합당을 하면서부터 사무처를 세 개 합치고 나니까, 계파가 저절로 생긴데다가 오늘날까지 그것이 그대로 잔존하고 있는데. 또 지금은 지금대로 최근에 들어온 신규공채요원들이 있으니까, 그것이 또 주류를 이루면서 갈등들이 있는 거 같더라고요.

조영재 : 예. 의원님이 공화당에 들어오시기 직전일 거 같은데요. 예춘호(芮春浩) 씨가 사무총장을 할 땐가요? 그 당시에 사무국요원들에 대한 대대적인 정리·숙청작업이 있었던 걸로 알고 있는데요. 처음에 창당했을 때 사무국 중심체제로 갔다가 그때 1,000명이 넘는 사무처요원이 있었었는데, 그걸 대거 정리를 한 걸로 알고 있습니다.

정창화 : 숙청이라기보다는 구조조정이었지요. 그러니깐 공화당의 기본조직원리가 2원조직이라는 거거든요. 첫째는 2원조직이라는 것이 대의조직, 대의조직이라는 것이 당의 정책을 총괄하는 전당대회가 있고, 그 다음에 중앙위원회가 있고 그리고 의원총회가 있고, 그리고 지

구당위원회가 있고, 시도위원회가 있고, 하는 위원회 커미티(committee) 조직으로 내려가는 대의조직, 리프리센타티브 오거니제이션(representative organization)이 있고. 그 다음에 사무총장으로 내려가는 사무처가 있어서 중앙당, 시도당, 지구당 이렇게 내려가서, 이제 기간조직으로 내려가는 사무조직이 있었는데. 공화당 초기에는 사무처 우위였어요. 창당 초기에 많은 인재들을 모으니깐, 그것이 전국에서 비밀리에 모은 조직이, 인원이 상당히 많았던 걸로 제가 생각을 합니다. 그래서 우리가 들어가기 전에 당에서 파동이 일어났던 거 같아요. 당이 '사무국이 우위냐, 대의조직이 우위냐' 하는 이 파동이 있었던 거 같아요. 그래 가지고 그때 있었던 것이, 김종필 당의장의 외유파동 같은 것이 있은 거지요. 그래 김종필 당시 당의장은 2원조직 속에서 사무처 위주로 하려고 그랬는 거고, 이것을 그냥 두면 당 조직이 노출이 되는 순간에 김종필 씨의 당 파워(power)가 한국정치의 정당을 완전히 휘어잡는 그런 상태가 되니깐 여기에 반대되는 세력들, 그때 당시에 이후락(李厚洛) 씨나 이쪽에 반대하는 세력들이 사무처를 공격하기 시작하니까, 사무처를 대(大)구조조정을 해서 많은 사람들이 그때 관뒀던 걸로 생각을 해요. 그때 예춘호 총장이, 우리 들어가기 직전에 사무총장이었을 거예요.[3] 그랬던 걸로 생각이 들어요, 예.

조영재 : 공화당사무처에 구조조정이 있었다는 말씀이신데요. 바로 직후에 공채로 들어간 거 아니겠습니까?

---

[3] 이때 사무국 요원 수는 150여명으로 크게 축소되었다. 뿐만 아니라 당헌개정 (1965년 2월)을 통해 사무총장의 권한은 크게 축소되어 당무집행권과 인사권은 당의장에게 이전되었다. 또한 사무총장의 지구당 사무국요원 임명권도 지구당위원장에게로 넘어갔다. 장훈은 이러한 과정을 통해 김종필 계의 공화당 구상은 크게 후퇴하였으며, 반김종필 계인 4인체제 중심의 간부정당 성격으로 변모하게 되었다고 주장한다. 장훈, 「민주공화당의 실패한 실험」, 한국정치사 기획학술회의 발표논문, 2000, p.10.

정창화 : 그렇죠. 구조조정이 아마 1964년경인 걸로 그렇게 (알고 있고), 우리는 65년 6월에 들어갔으니까요.

조영재 : 사무국 분위기라든가 사기는 좀 어떠했습니까?

정창화 : 우리가 들어가니깐 사기가 그렇게 왕성하거나 그렇지 않은 감을 느꼈어요, 그때는. 나중에 지나고 보니까 그때 김종필 씨가 외유 중이더라구요. 그래서 그때 당의장이 김종필 씨가 아니고, 정구영(鄭求瑛) 씨였나 그런 분이었어요. 김종필 씨가 당의장이 아니고 외유를 하고 있었던 거 같아요. 그러니깐 사무국의 큰 한 기둥의 우두머리가, 소위 말하면 밀려 가지고 외국에 외유, 자의 반 타의 반으로 외유를 나간 거죠. 그때 그래서 '자의 반 타의 반'이란 말이 막 유행을 하더라고요. 그랬는데 그다음 해 1967년도에 전당대회를 열어서 바뀐 체제 확립이라는 것이 됐지요. 그래서 박정희(朴正熙) 총재 김종필 당의장 체제가 확립이 되면서 당에 다시 사무처 중심으로 활력을 찾기 시작을 하더라고요.

조영재 : 예. 당시에 사무국이 구조조정을 하고 난 바로 직후에 또 공채를 한다는 것에 대해 내부에서 말이 없었나요?

정창화 : 글쎄 그 말을 우리들이 직접 들은 적은 없는데. 음, 모든 조직이라는 것이, 이것은 지금 내 생각입니다, 묵은 싹은 자르고 새싹을 항상 심게 마련이니까 그런 것이 아니었나, 그런 생각이 드네요.

조영재 : 예. 그러면 당시 야당인 민정당, 신민당들이 있었잖습니까? 그때 그런 야당의 당조직이나 사무조직과는 어떤 차이가 있었습니까?

정창화 : 우리가 느끼기에, 좀 이거 안 좋은 비유가 될는지 모르겠습니다마는, 우리가 컴퓨터를 가지고 일을 하는 정당이었다고 한다면, 그쪽은 마치 배추장사가 배추 팔고 돈 받아 넣고 돈 거슬러 주는 것 같은, 그런 생각이 들더라고요. 그러니까 사무처라는 것도 없고, 그저 누구 비서하던 사람이 조직국장이고, 그러니깐 당의 총재나 사무총장이나

당 원내총무나 하는 높은 당직자가 바뀌면, 그 사람 따라다니는 사람 중에서 누군가가 와서 조직국장하고 선전부장하고 그렇게 하고. 거기 밑에 몇 사람 있다가, 또 그 사람 가면 또 딴 사람 오고, 그러더라구요.

조영재 : 정치적인 측면을 제외한다면, 당 조직이라든가 이런 관점 속에서 봤을 때는 야당을 경쟁상대로 보지 않으셨겠네요?

정창화 : 그렇죠. 그러니깐 저희가 사무처의 조직에 관한 한은 그때 당시에 파트너(partner)가 없었지요, 예. 지금은 양 사무처(여야 사무처)간에 무슨 체육대회도 하고 축구시합도 하고 탁구대회도 하고 하는데, 그때 당시에는 그런 것을 할 만한 사람들도 없고. 그 사람들은 문서라는 게 없는 것 같더라구요, 예를 들면. 그래서 저희들이 보건 데는 조직관리도 읍·면·동 체계, 이·동·통·반장체계, 그리고 참 조직책을 전부 두고 이렇게 조직을 관리하고, 전국에 기간조직(基幹組織)이라 그래서, 그걸 관리를 하고 또 청년조직은 청년조직대로, 부녀조직은 부녀조직대로, 직능조직은 직능조직대로 그걸 관리를 하고, 그리고 기간조직 당원을 교육하는, 연수라 그래서 그걸 전부 불러서 1년 내내 전국에 조직원을 불러다가 몇 백 명씩 1기에 몇 백 명씩 일주일씩 혹은 5일씩 교육을 시켜서, 1년에 적어도 한 2만 명, 이렇게 교육을 시켰는데. 그 사람들(야당 사람들은) 그런 것도 없고요.

조영재 : 당시 60년대부터 공화당은 그런 체계를 갖고 계셨습니까?

정창화 : 그때, 우리가 교육을 받을 때 사무처에 훈련부라고 하는 부서가 우리를 교육을 시켰으니까요. 훈련부에 있는 직원들이 전국의 당원들을 교육을 시켰죠. 그 사람들이 새로 들어오는 사무처직원도 교육을 시켰지마는 전국의 당원들 그러니깐 기간조직과 대의조직이 있어요, 조직이라는 것이. 그 대의조직이라는 것은 중앙위원 소위 말하는 유지당원이지요. 전국에 한 2천 명 내지 3천 명되는 유지당원. 그 다음에 시도당원, 시도의 유지당원이죠. 그 것이 한 2백, 3백 명씩 되니까,

이것도 전국적으로 치면 한 2천 명. 그 다음에 지구당원, 그러니까 시 군구별 유지당원이죠. 이 사람들이 한 지구당에 50명 정도 되니까, 50명이면 2백 개 지구당에 만 명 아닙니까? 그것도. 이런 사람들을 교육을 시키는 거예요. 그 다음에 읍면동이 그때 당시에 3천 개예요. 그 읍면동 책임자가 있지요. 읍면동에 여자책임자 · 청년책임자가 있지요. 그 다음에 그게 9천 명, 만 명 아닙니까. 그 다음에 이 · 동 · 통 · 반이 있어요. 이 · 동 · 통 · 반이 약 한 3만 개 돼요. 여기의 책임자가 있으니까 여기에 남자책임자 · 여자책임자 · 청년책임자가 있으니까 그것이 십만 명 아닙니까. 이런 숫자가 기본적으로 교육의 대상이었어요. 그때부터요, 예.

조영재 : 그 당시에 중앙 사무국하고 시도 지부나 그 밑에 단위의 사무국과는 어떤 관계였습니까?

정창화 : 조금 갈등이 있었지요. 왜냐하면 중앙당의 사무국은 누구의 영향도 받지 않고 사무총장의 명을 받아 당을 조직하는 관리자들이고 그러기 때문에 공조직을 계속 강조하는 거지요. 근데 지구당의 사무국장은 사실상 지구당의 위원장이 선택을 해다 놓은 사람들이었어요. 처음에는 그 사람들도 중앙당에서 선발권을, 심사권을 가졌었는데, 그것은 결국은 국회가 구성이 되면서 국회의원들이 내 사람을 내가 못 쓰냐 해 가지고 투쟁을 해서 뺏겼어요, 그 인사권을. 그러니까 지구당사무국장은 지구당위원장이 선택을 했으니까. 그 사람은 자기 임명권을 갖고 있는 위원장에 충성을 하니까 중앙당에서 내려가는 공조직 원리, 이거에 대한 명령을 잘 안 따르는 때가 있지요. 자기 지역사정에 맞는 대로 하고, 편리한 대로 하고, 그리고 자기 조직의 비밀을 잘 보고를 안 할라 그러고 그랬지요. 그래서 시도까지는 어느 정도 중앙당의 입김이 먹혀 들었어요. 중앙당하고 인사교류도 있고 뭐. 또 시도는 주인이 사실상 공동주인이잖아요. 그러니까 지구당하고는 약간의 갈등이 있었어요.

조영재 : 예. 그러면 당시에 지구당사무국장이나 사무국요원들의 급여라든가 이런 것들은 중앙에서 책임을 지셨습니까?

정창화 : 그렇습니다. 그때는 급여는 중앙당의 사무처 직원하고, 시도에도 다 티오(TO)가 있었어요. 예를 들어서 그 동안에 변화는 있었습니다마는 시도사무국장, 사무차장. 거기도(시도에도) 사무차장이 있었어요, 큰 도는. 그 다음에 조직부장·선전부장·무슨 직능부장 이렇게 있고, 그 다음에 거기에 간사 한 두어 명, 조직간사, 선전간사 정도하고, 운전기사하고, 급사정도는 월급을 주고, 지구당도 사무국장·조직부장·선전부장·여성부장 한 넷 정도는 월급을 줬어요. 그것이 티오예요, 티오. 티오상에 있었어요. 그래서 전국적으로 인건비가 상당히 많았지요. 그러나 정당을 유지하는 전체적인 비용으로 볼 때 그것은 그렇게 큰 비용은 아니었던 거 같아요. 그때 당시는 당의 조직이라는 게 돈 먹는 하마 같은 그런 조직이었으니까요. 그 전체적인 조직의 측면에서 보면 그것은 큰 돈은 아니었는 거 같은데, 또 일면으로 보면 참 큰 돈이었어요, 그때에.

조영재 : 예. 그러면 당시에 사무국 요원들의 급여수준이 일반기업체나 공무원들하고 비교했을 때는 어느 정도였습니까?

정창화 : 아, 낮았지요. 상당히 낮았습니다. 어느 정도 수준이었나 하면은, 우리가 제일 첨에 받은 수준이 처음에 들어가서 1년 쯤 되고 나니까, 당시에 정부에서 주는 사무관급 월급인데, 그것이 아무것도 수당 같은 게 붙지 않는 월급 있지요?

조영재 : 본봉 개념으로요?

정창화 : 본봉, 그 개념으로 그 정도 주더라고요. 그러니까 조금 낮았어요, 어.

조영재 : 그러면 지구당 티오라고 말씀하셨는데요, 그분들에 대한 인사권은 지역사무국장과 동일하게 지역 지구당위원장이 인사권을 갖고

있었습니까?

정창화 : 지구당사무국 직원들요?

조영재 : 예, 예.

정창화 : 그 지구당사무국의 인사권은 지구당위원장, 국회의원이지요. 국회의원 또는 국회의원 아닌 사람, 원외위원장도 있었어요. 그 사람들이 임명권을 갖고 있었어요. 그러나 그 임명권을 완전히 자기 맘대로 하는 게 아니고 반드시 중앙당의 승인을 받았어요. 그런데 처음에는 승인을 조금 비토(veto)를 할 수가 있었어요. 예를 들어 경력이 모자란다, 나이가 모자란다, 전과가 있다, 뭐 이런 거 조건이 있으면 안 된다. 그래서 비토가 되곤 했는데 나중에는 그게 비토가 잘 안 되더라고요.

조영재 : 70년대 들어와서는요?

정창화 : 예. 말 잘 안 듣고, "그 정도 하자가 없는 사람이 어디있나?" 이러고, "우리 지역에서 이 사람이 꼭 필요하다"고 이러니까. 그것이 정치적인 영향력이 있는 거물 국회의원이었을 때는 더군다나 말 못하는 거지요, 뭐.

조영재 : 예. 그러면 2원조직 중에서, 그러니까 사무국과 원내조직을 비교해봤을 때, 실제로는 사무국조직은 중앙당의 사무국 정도고, 나머지는 사실상 원내조직에 의해서 인사권이라든가 예산권 이런 것들을 다 장악됐다고 봐도 큰 무리가 없겠습니까? 60년대 후반 무렵에는.

정창화 : 완전히 장악은, 그때도 하지는 못 했어요. 중앙당의 입김이 워낙 셌으니까요. 또 중앙당의 기능이 상당히 강하기 때문에, 그때는. 예를 들면, 지구당의 조직에 어떤 문제점이 있거나 불미스러운 얘기가 들리면 중앙당에서 비밀조사도 나가고, 또 조직진단이라 그랬어요. 조직진단 활동을 많이 했어요. 허위조직이나 허위사실이 보고되면, 바로 중앙당에서 출장 가고, 조사 가고, 그렇게 했기 때문에 견제와 감시가 상당히 심했지요. 그랬기 때문에 감시가 나오면, 이때는 당에서 위에

보고가 되면 당의장이나 당 사무총장이 거기에 제재를 가하니까, 상당히 중앙당을 두려워했지요.

조영재 : 감찰기능 같은 것도 갖고 계셨다는 말씀이시네요.

정창화 : 그렇죠, 예. 그렇다고 감찰부가 따로 있었던 건 아니고. 예를 들어 어느 쪽 A라고 하는 지구당위원장이 소문이 나쁘다, 이권에 개입한다든가, 뭐 조직이 좀 허술한데 허위보고를 한다든가 하는 정보가 들어오면, 바로 중앙당에서 열 명이면 열 명, 다섯 명이면 다섯 명, 비밀조직을 해서 조직진단을 내려가요. 그래서 자기네들이 보고한 무슨 동 무슨 면 무슨 리의 조직책인 김길동이다, 홍길동이다, 박길동이다라고 보고한 것을 가지고, 직접 그 집주소를 찾아가서 확인하는 거예요. 당신이 입당했느냐, 언제 했느냐, 그 사람이 나이가 몇 살이냐. "어, 난 안 했다." 뭐 이런 사람도 나오고 "난, 처음 듣는 소리다." 그리고 자기네들이 보고하면서, 나이는 스물여덟 청년이라고 그랬는데 가보니까 마흔 다섯 살이란 말이죠. 여자가 부녀회장이라고 보고가 됐는데 마흔 두 살이라는 아주머니라고 그러고, 무슨 중졸이라 그랬는데 가보니까 65세 할머니고, 뭐 이런 게 있으면 금방 그건 탄로가 나지요. 그럼 사무국장부터 목을 치니까. 그러니까 지구당위원장이 어느 정도는 견제가 되지요.

조영재 : 단순히 다음 공천에 반영하거나 이런 정도가 아니고.

정창화 : 다음 공천에도 반영을 하고 평소에도 그거는.

조영재 : 아, 평상시에도.

정창화 : 예. 그렇게 평상시에도 그 정도로 했습니다. 처음에는 그랬는데, 그게 점차 약화가 되더라고요. 왜냐하면, 왜 쓸데없이 간섭을 하느냐, 뭐 이러니까 자꾸 약화가 돼 가지고, 나중에 소위 말하는 '이상(理想) 6, 현실(現實) 4'이던 것이 '이상 4, 현실 6'이 되고, 뭐.[4]

조영재 : 그 당시에 여촌야도 현상으로 인해서, 도시에서는 공화당의

지지기반이 취약했던 걸로 알고 있습니다. 그러면 사무국조직이라든가 지구당조직 관련해서 농촌과 도시의 차이는 무엇이었습니까?

정창화 : 그것은 지금도 마찬가지지요. 농촌은 오랜, 뿌리 깊은 토착(세력)이 있기 때문에, 아까 말씀드린 대로 어느 마을에 조 아무개 그러면, 그 사람의 말 한마디면 그 마을에 어느 정도 영향력이 있다 하는 사람이 다 나와 있어요. 그래서 사무국장이 그 사람을 두세 번 찾아가 열심히 설득을 해서 당원으로 입당을 시키고, 평소에 편지도 보내주고, 당보도 보내주고, 또 위원장이 왔다고 회의도 하게 해서 위원장한테 뭐 정책건의도 하게 하고. 이렇게 하면 참여의식이 생겨가지고, 온 동네 다니면서 열심히 하고, 공화당 욕을 하는 사람을 이렇게 설득도 하지요. 그런데 도시는 그게 잘 안 되잖아요, 그때나 지금이나. 그래서 '도시는 바람선거고, 농촌은 조직선거다' 그랬지요.

조영재 : 예. 그러면 도시지역에는 공화당측이 아무래도 취약 했겠네요.

정창화 : 취약했지요, 그래서 도시의 지구당은 사실상 참 힘이 들고 그랬지요. 그래도 기본조직이 있으니까, 기본표는 나왔지요. 그러니까 그때 유권자의 10%를 당원화 목표로 했으니까요. 투표를 하면 최소한 10% 이상은 나오는 거지요.

조영재 : 아까 허위보고를 하거나 잘못했을 경우에는 그에 대한 조사와 함께, 응분의 대가가 따르게 하는 절차에 대해서 말씀해주셨는데.

---

4) 공화당 창당이후 처음 치러진 제6대 총선을 앞두고 상향식 공천규정과 후보자에 대한 공천기준을 마련하였다. 하지만 실제 공천과정에서 과거 자유당 인사 등이 하향식으로 공천되기도 하자, 사무국을 중심으로 거세게 반발하였다. 이에 당 총재인 박정희 대통령은 총선에서 승리하여 '국회안정세력'을 구축하기 위해서 '6할의 이상론'과 '4할의 현실론'을 조화시킬 수밖에 없었다는 해명성 담화를 발표하기에 이르렀다.(민주공화당, pp.111~113) 구술자는 여기에 빗대어, 공화당이 점차 이상론에서 후퇴하고 있음을 언급하고 있다.

혹시 잘되었을 경우에는 인센티브(incentive)라든가 부가급부를 주셨습니까?

정창화 : 뭐, 잘됐을 경우에는 그 지구당을 표창을 한다거나 결국 그런 것이 있고, 지구당위원장이 차기 공천에 유리하고, 그 다음에 그 사무국장이 중앙당으로 발탁돼온 사람도 종종 있고. 그리고 그 사람이 시도의 간부가 되고 중앙당의 간부가 되고 그렇게 해서 국회의원까지 된 사람들도 몇 사람 있어요, 예. 마치 면서기가 잘돼서 군청직원이 되고 군청직원이 도청직원이 되고 도청직원이 내무부직원이 되는 그런 경우같이 그런 사람도 있고 그래요.

조영재 : 아, 예. 그러면 지구당이라든가 이런 쪽에서 사무처에서 일했던 분들이 중앙으로 올라오기도 하고, 인사교류가 있었나요?

정창화 : 예. 인사교류가 있었지요. 그때 당시에는.

조영재 : 중앙에서도 내려가거나 이런 경우는.

정창화 : 중앙에서는 지구당까지는 잘 안 가요. 지구당 가는 것은, 위원장이 특별히 발탁을 하는 경우가 있어요. 예를 들어 내가 의성사람이다. 의성의 국회의원이 사무국장을 뽑으려고 보니 적당한 사람이 없다, 정창화, 너 (나와 함께) 가자. 이렇게 해서 둘이 얘기가 돼서 양해가 되거나 하면 가는 경우가 한두 명 있었어요. 예를 들면 제 기억인데 우리 1기생 중에서도 한 친구가 (있었어요.) 당시 장덕진(張德鎭) 씨가 재무부에 있다가 영등포 을구인가 갑구의 지구당위원장이 됐어요. 그런데 이 사람이 조직에 대해서 모르니까, 중앙당에서 사람 좀 지원해 달라 그래요. 그래서 중앙당에서 1기생 제 동기생 한 사람이 사무국장으로 가고, 2기생인가 3기생 중에서 한 사람이 조직부장으로 가고 그랬어요. 1기생 중에 간 그 친구는 그 후에 공무원 1급까지 했고, 2기생 중에 간 친구는 나중에 국회의원까지 했어요, 음.

조영재 : 그럼 중앙사무국에서는 전체 당원관리를 하셨습니까?

정창화 : 전체 당원요?

조영재 : 예. 당원명부라든가 또.

정창화 : 그렇죠. 그러니까 기간당원, 읍·면·동, 이·동·통·반, 이렇게 한 조직의 책임자, 그러니까 남녀 이렇게 해서 나오는 조직이 아마 한 2~3십만 안 되겠나 싶고, 내가 이제 정확한 숫자는, 그 다음에.

조영재 : 기간당원 만요?

정창화 : 예. 기간당원만 한 3십만 되지요.[5] 그 다음에 제일 높은 중앙위원회 전당대회 대의원, 중앙위원회 중앙위원, 시도위원, 지구당위원, 그 다음에 뭐 이런 위원들. 그때 명단을 만들면 한 5십만 명이 있었지요. 그러다 그 후에 그것이 민정당 때 쭉 모아가지고, 그게 다 컴퓨터에 들어갔었어요. 예, 민정당.

조영재 : 아, 예. 전산화해서 관리하셨다는 겁니까?

정창화 : 예. 민정당. 5·17 이후에 창당된 민정당에서는 그것을 그 후에 전부 전산화했지요. 그래서 그때는 우편물도 직접 다이렉트(direct), 디엠(DM)이라 그래서 다이렉트로 하는 그런 관리를 했지요. 그렇게 관리를 해보면 죽은 사람 등 반송돼 오는 것이 수없이 많지요. 그러면 사망한 사람, 이사 간 사람이 일 년에 수백 명, 수천·수만 명씩 나오지요. 그렇게 추려나가면서 관리를 하고 그랬어요, 민정당 때는.

조영재 : 그럼 당시 일반당원들에 대한 관리방식은 어떠했습니까?

정창화 : 일반당원은 한 백만 됐지요. 통상 백만 당원이라 그랬는데요. 그때 유권자가 한 1천2~3백만 명 될 때니까. 지금은 2천4백만, 2천5백만 되지요.[6] 그때 보통 백만 당원 그랬으니까, 나머지 당원 50, 60만

---

[5] 1971년 대선과 총선 당시의 기준으로 보면, 읍면동의 '관리장'에서부터 시작하여 자연부락의 '활동장'에 이르기까지 326,129명에 달한다.(민주공화당, p.829)

[6] 유권자 수의 변화추이를 보면, 1967년 제 6대대선 당시 1천3백90만 명, 1971년 제 7대 대선 당시 1천5백50만 명 수준이었고, 최근 2012년 제18대 대선 당시에

당원은 우리가 관리를 못 하고 지구당에 맡겼지요, 예.

조영재 : 예, 그럼 당에서 주로 훈련프로그램부터 해서 인력관리까지 다 포함해서 관리했던 것은 기간당원 중심으로 이루어 졌나요?

정창화 : 기간당원이지요. 예를 들어 '훈련을 한다든가, 뭐 선거 때 선거자금을 내려보낸다' 그러면 기간당원 기준으로 내려가지요.

조영재 : 기간당원들은 주로 어떤 분들이셨습니까?

정창화 : 그러니깐 기간당원. 공화당창당 초기에는 읍면동 책임자는 읍면장급이었어요. 거의 읍·면장을 교류했어요. 그 다음에 읍·면 농협조합장, 그걸 교류하는 수준의 사람들이었어요. 그때는 면장이 임명제였어요. 특채였어요. 지금처럼 부면장이 면장 올라가는 이런 제도가 아니었고. 그리고 농협조합장이 선거(선출제)가 아니고 임명제였어요. 그러니까 면장을 하고 싶으면, (공화당의) 읍·면책임자를 했어야 됐어요. 그 다음에 적어도 동장 하려면, 그 다음에 통일주체국민회의(대의원) 하려면, 그것(기간당원) 해야 되었어요. 상당히 높았습니다.

조영재 : 그러면 기간당원들은 그 지역에서 유지급들이었겠네요.

정창화 : 유지지요. 아주 유집니다. 그러니깐 농촌지역에서는 그걸 (기간당원) 상당히 그걸 많이 할라 그랬지요.

조영재 : 예. 그러면 당시 공화당 지역조직들과 행정부와는 어떤 관계였습니까?

정창화 : 좀 갈등이 있었지요, 예. 지구당 사무국장이 군수를 막 좌지우지 했으니까. 억센 군수들은 말을 잘 안 들으려고 하고, 약한 사무국장은 휘잡지를 못 했고. 그러나 대부분 사무국장은 군수를 당정협조라는 명칭 하에 군수·군 행정에 관여를 많이 했고. 그 다음에 읍·면·동책임자, 읍·면·동관리장이라 그랬어요. 후에는 지도장이라 그

는 4천40만 명 수준으로 변화하였다.

러기도 하고. 관리장이라는 읍면동책임자들은 면장급을 불러다가 심부름 시키고. 뭐 그런 정도로까지, 횡포가 심하면 그랬지요.

조영재 : 근데 당의 위상에 있어서, 60년대하고 70년대는 다르지 않습니까?

정창화 : 70년대, 유신이 난 이후에는 당의 기능이 많이 약화되고, 그 모든 역할이 기관으로, 주로 중앙정보부 쪽으로 많이 넘어가고, 경찰 쪽으로, 행정 쪽으로 많이 넘어갔지요. 그래서 유신체제 하에서는 당의 기능이 많이 축소가 됐지요.

조영재 : 근데 60년대에는 지역에서도 힘을 발휘할 정도로.

정창화 : 예. 힘을 발휘했고, 10월 유신 이후에는 당의 기능이 많이 약화가 됐었죠.

조영재 : 예. 의원님께서 공화당사무국을 지원할 당시에 한일국교정상화 문제로 굉장히 시끄러웠잖습니까? 당과 사무국 차원에서는 어떠한 방식으로 대응을 했었습니까?

정창화 : 그때 특별히 당 차원에서 대응한다기보다는, 뭐 대응할 대책도 없었구요. 1기생인 저희들이 당에 들어갔을 때, 저의 친구들이 한일국교정상화반대데모의 주동역할을 하고 있었지요. (서울대)문리과대학이라든가, 고려대학에서 반대 세력들이 우리 친구들이었으니까. 그 친구들을 저녁에 만나서, 그들의 주장을 듣고, 뭐 그렇게 해서, 당에 건의를 하면 그 건의가 사무총장한테 올라가고, 당의 사무총장하고 중앙정보부장하고 대통령비서실장하고 내무장관하고 뭐 경찰청장(당시 치안국장)이나 뭐 이런 사람 실무자들하고 이렇게 모여가지고 그때 당정최고회의 하는데, 거기에 자료나 올려주고 대책이나 올려주고 그러지요. 그리고 우리가 무슨 다른 작용을 하거나 그런 것을 할 힘이 없었지요.

조영재 : 공화당사(共和黨史) 같은 데를 보면, 당시 명망 있는 의원

들 중심으로 해서, 여러 지역에서 수차례 강연회를 하거나 설득작업을 하고.

정창화 : 아. 물론 그거는 많이 했지요.

조영재 : 예. 그것을 뒤에서 뒷받침하고.

정창화 : 그거 다 계획하고 기획하고 그렇게 해서 (진행했지요). 그 때 지구당마다 지구당당원을, 일반당원을 상대로 하는 모임, 그 다음에 직능별로 단체별로 이런 조직을 모아서 강의하고, 강사를 내보내고, 국회의원도 내보내고, 대학교수 중에서 선발된 분을 내보내고 하는 그런 활동을 저희가 많이 했지요, 음.

조영재 : 1967년에 대선과 총선이 있었지 않습니까?

정창화 : 1967년, 예.

조영재 : 예. 그 당시에는 '중정이나 행정부가 중심이 돼서 선거를 치렀다'는 평가들이 있습니다. 그 당시 선거 때와 평상시의 사무국 운영과 방식들이 달랐습니까?

정창화 : 그러니까 1964년이지요. 63년인가, 박정희(朴正熙) 대통령이 처음 대통령에 당선되셨을 때, 그때 15만 표인가 아슬아슬한 표로 당선이 됐고 그랬잖아요. 그래서 67년도에 선거를 치르는데 김대중(金大中) 씨(윤보선의 착오)가 나왔지요. 센세이셔널(sensational)한 이런 경쟁이, 뭔가 분위기가 들어간 거지요. 그렇게 해서 당에서도 긴장을 하고 해서 아마 총력전을 했던 거 같아요. 그때 저희는 아주 젊은 직원들이니깐 잘 모르고 원칙대로 정당의 조직 활동을 통해서 할라 그랬는데, 그것만으로 위에서 판단은 '어렵다', 이렇게 생각을 했던 거 같지요. 그러니까 정당이 한 활동은 주로 유세라 그래서 뭐 100만 명을 모은다, 50만 명을 모은다 해서, 당의 조직을 모아서 유세하는 거 이런 거고, 사실상 이제 하나하나 내부를 조이고 어떻게 지원하고 이렇게 하는 것은 그때 기관들이 하지 않았나 하는 생각이 듭니다. 그래서 그 후에

인제 그 선거가 끝나고 나서 6·8부정선거인가?

조영재 : 윤보선(尹潽善) 씨가 경쟁후보였고요. 대선 끝나고 총선 있고요, 예.

정창화 : 그래 가지고 대선, 총선 때는 부정선거 시비도 일고, 그렇게 해서 좀 곤욕을 치렀던 그런 경험이 있지요.7)

조영재 : 예. 당에서는 중심적으로 나섰다기보다는 중앙정보부라든가 이런 기관에서 큰 기획을 하고 움직였단 말씀이신가요?

정창화 : 그러지 않았나하는 생각이 들어요. 그런데 나는 거기까지 관여하지는 못 했지만, 조직이 움직일라 그러면 말이죠. 이념이나 이것도 중요하지마는 제일 중요한 것이 돈과 권력인 거 같아요. 그러니깐 당에는 돈과 권력이 없는 곳이니깐, 돈과 권력이 있는 곳에서 움직이지 않았겠나 하는 생각이 듭니다.

조영재 : 예. 그럼 (당에서) 주로 하는 일이 조직·선전과 같은 활동이고, 그걸 하기 위해선 재정도 필요하고 하는데요. 선거 때가 되면 그런 활동이 평상시와 달라집니까?

정창화 : 그렇죠. 조금은 여유가 더 있지요, 하지만 사무처직원이 쓰는 돈은 없지요. 누구에게 주는 거지요, 다. 그 다음에 '선전비다', 예를 들어 뭐 '조직동원을 한다', '한강백사장에 또는 장충단공원에 100만을 모은다', 뭐 '대구 수성천변에 사람을 모은다', 그러면 그게 다 버스타고 와야 되고, 먹어야 하고, 뭐 움직여야 하고 하니까, 다 돈이잖아요. 그

---

7) 1967년 6·8선거에서 공화당은 개헌선(117석)을 상회하는 129석을 획득하여, 3선개헌의 교두보를 확보하였다. 하지만 이 선거는 한국 선거사에서 대표적인 부정선거 중에 하나로 평가받는다. 선거기간 중에 선거법 시행령을 개정하여 대통령과 고위공무원들이 선거운동을 할 수 있도록 하였으며, 대통령과 국무위원들의 선심성 공약, 각종 향응과 금품제공 등으로 얼룩졌다. 학생들과 야당의 거센 반발이 이어졌고, 국회는 6개월이나 공전되었다. 공화당은 부정선거를 일부 인정하고 모두 12명의 의원을 제명하였다.

돈을 주는 거죠 뭐. 그 전달체계(역할을 하는 거죠).[웃음]

조영재 : 예. 그럼 선거 때 지구당에 선거지침이나 혹은 정책 자료나 공약자료 또는 조직관리 기법들, 유세방법들, 이런 것들에 대한 교육은 없었습니까?

정창화 : 왜요. 선거가 임박하기 한 6개월 전, 1년 전쯤 되면, 그때부터 조직관리 방침에 대해 사무처직원부터 교육을 시작하지요. 선거에서 제일 핵심이 되는 사무처직원, 그 다음에 기간조직, 그 다음에 대의조직, 이 사람들에게 선거실무지침(에 대해), 그때는 단기교육으로 해 나가지요. 평소에는 한 5박 6일 혹은 6박 7일 이렇게 중기 계획을 가지고 교육을 하다가, 그때(선거 때)가 되면 단기교육으로 해 가지고 이렇게 하고, 연설원고도 전부 만들어주기도 하고, 예.

조영재 : 아, 예. 또 파견 나가서 진단도 해주거나 뭐 조언하거나 이런 기능도 다 하시고요?

정창화 : 물론이죠, 예, 그런 것도 하고, 예. 특별지원도 하고 그러지요.

조영재 : 그러면 70년대 하반기에 대해서 본격적으로 여쭤보기 전에요. 의원님께서 69년에서 71년까지 총리실과 정무장관실에도 계셨더라고요. 어떤 계기로 거기 가시게 됐습니까?

정창화 : 그때 1969년도에 제가 당의 직원으로 있었고. 한 4, 5년 있었는데, 조금 싫증이 나더라고요. 그래서 이게 내가 갈 길인가 하는 회의도 들고. 사무처직원이 타 기관으로 나가는 것을 전출이라 그러는데, 그때는 당정협조가 잘돼서 전출이 그런 데로 됐어요. 그리고 자기의 경력만큼 인정을 받아줬어요. 그래서 내 경력이라는 건 해병대장교 중위 경력이 3년 6개월 있으니까. 그때는 군 경력을 인정을 받아서 중위까지 했던 경력이면 사무관 응시자격을 주더라고요. 그래서 제가 당에다 이 얘기를 했지요. '제가 공무원이 하고 싶은데 좀 정부로 내보내달라'

그랬더니 정부의 협조를 (구)해 가지고 총무처에 협조를 구해서, 경력 평정을 해 가지고 특채시험을 쳤지요. 그래 사무관특채.

조영재 : 특채도 별도의 시험을 쳤습니까?

정창화 : 특채시험을 쳤지요. 지금도 특채시험이라는 게 정부제도에 있습니다. 행시가 있고 특채가 있고. 특채라고 하는 것은 외부 인사를 영입할 때, 직급에 따라서 특별히 채용 시험하는 자격시험 같은 게 있습니다. 그 사무관 특채시험을 치는데, 그것도 뭐 꽤 까다롭습니다. 행정법, 헌법, 행정학, 뭐 정치학 이렇게 해서 몇 가지 과목이 있는데(요). 그걸 합격을 했는데 '정부의 티오(TO)가 국무총리실 밖에 없다' 그러더라구요, 국무총리기획조정실이라고, 지금은 없어졌습니다. 국무조정실인데, 지금은. 기획조정실이라고 순전히 기획만 하는 부서예요. 공무원으로서는 아주 좋지 않은 부서이지요. 앞이 꽉 막히는 그런 부서인데, 그러나 공부 많이 했어요. 경제개발5개년계획을 거기서 배웠어요, 그래도. 5개년계획 분석하는 업무를. 그러다가 기획조정실에서 열심히 기획조정업무를 배우고 있는데, 1년 있다가 민주공화당의 사무총장을 하시던 길재호(吉在號) 씨라는 분이 정무장관으로 임명이 돼서 오셨어요. 그때 국무총리가 정일권(丁一權) 씨였는데 국무총리 바로 실 옆에 정무장관실이 있고. 정무장관이 그때 무임소장관이긴 하지만 상당히 파워풀(powerful)했어요. 그런데 거기 비서실에서 '비서관이 필요하다' 그러더라구요, 그래서 저보고 오라고 그러더라고요. '당에서 나갔고 또 행정부 경험도 한 1년 반쯤 됐으니까, 니가 적격이다' '와서 도와 달라' 그래서 이제 일반직사무관 사표를 내고 별정직으로 오라 그러니깐, 내가 서기관 달라 그랬지요. 3급갑을. 그래서 스물아홉 살 땐가 서른 살 때 서기관급으로 가서, 한 1년간 근무를 했어요.

조영재 : 정무장관실에요?

정창화 : 예. 그래 1년간 근무를 했고. 다시 길재호(吉在號) 씨가 정

무장관을 그만두고 당의 사무총장으로 돌아갔어요. 내가 인제 갈 데가 없어졌잖아요. 그러니깐 자기(길재호)가 '그럼 당으로 돌아가자, 니 본래 당출신이니까 친정에 가자' 그래서 친정으로 다시 돌아와서 당에 있게 된 겁니다, 다시.

조영재 : 당시에 행정부로의 전출, 이런 케이스가 많았습니까?

정창화 : 많지 않았습니다. 제가 최초였습니다. 내 선배들 중에서 행정부에서 (당으로) 왔던 사람들이 있어요. 그분들은 행정부로 돌아간 사람들이 꽤 있어요. 그러나 저처럼 사무처직원인 공채로 들어온 사람들은 거의 경력이 없는 사람들이고, 그저 경력이라는 게 군에 장교로 갔다 온 사람 밖에 없었지요. 그런 사람들 중에는 나 이후에 몇 사람이 갔어요. 서울시 구청장도 하고, 그런 사람들이 몇 명 나왔지요. 그 사람들은 사무처에 들어오기 전에 서울대학교, 그때 당시에 행정대학원이라는 게 있었어요. 그걸 졸업한 사람들이었어요. 그때 행정대학원을 졸업하면은 사무관 줄 때에요.

조영재 : 아, 그렇습니까?

정창화 : 예. 그런 제도가 있었어요.

조영재 : 그분들도 다 특채시험을 쳤던가요?

정창화 : 다 특채시험 처가지고 경력만 인정받은 거(죠). 나중에 다 잘 근무를 해서 서울시 구청장도 몇 명이 했고, 문공부 차관까지 한 사람도 있어요.

조영재 : 예. 그러면 행정부에서 당으로 전출 온 분도 계셨다고 말씀을 하셨는데요. 그분들은 어느 정도 비중이었습니까?

정창화 : 그 당시에 행정부에서 당에 온 사람들은 주로 주사, 사무관, 서기관급들이 몇이 있었던 거 같아요.

조영재 : 예. 실무자급들이 많이 왔네요.

정창화 : 그렇지요. 주로 실무자급들이죠.

조영재: 예. 신분은 그냥 사표를 내고 오시는 겁니까? 아니면.

정창화: 아이, 그럼요. 사표 내고, 그때 와 가지고 당의 사무처에 있다가, 내가 그 후에 알기로 그분들은 거의 다 행정부로 돌아갔어요.

조영재: 아, 복귀는 어떤 방식으로 이루어집니까? 그때는.

정창화: 정부에서 행정직에 있다가 당이나 국회로 온 사람들은 그 직에 쉽게 다시 시험을 쳐서 복직이 되더라고요, 예.

조영재: 아, 예. 그럼 그때 행정부에서 전출오신 분들은 당에서 실무적으로 필요해서 요청을 해서 온 겁니까? 아니면.

정창화: 아니요. 우리가 듣기로, 그 선배들(창당요원)의 말에 의하면요. 어느 날 아침에 그냥 5·16 혁명 나고 나서, 어떤 사람들이 와 가지고 출근길에 붙잡아갔다는 거예요, 그냥. 붙잡아 가가지고 우리랑 같이 일하자고. 그래서 이틀, 사흘, 연락도 안 되고, 뭐 그래서 집에서 실종신고도 들어오고 그랬던(거죠). 그래서 소위 붙잡혀 가지고, 그냥 학교 출근하다가 선생님이 없어지고, 공무원 출근하다 없어지고, 회사 출근하다 사람이 없어지고. 그런 사람들이 회사에서 다 유능했던 사람들이라 그래요.

조영재: 예. 그, 창당요원들이.

정창화: 예. 창당요원으로, 예.

조영재: 예. 그러면 공채가 되고 나서부터는 그런 일은 별로 없었습니까?

정창화: 그 후에는 그런 요원 없었지요. 공채로만 다 충원이 됐지요.

조영재: 예. 행정부에서 전출오거나 이런 분들은 별로 없고요?

정창화: 별로 없지요. 그런데 특별히 자기가 오고 싶어 온 사람은 더러 있었죠. 이쪽으로 하면 출세 길이 빨리 터질까 싶어서 온 사람은 더러 있었지요.

조영재 : 음. 근데 뭐 이렇게 간헐적으로 이루어진 일이고 조직적으로 이루어진 것은 창당요원들에 국한된 거란 말씀이신 건가요?

정창화 : 그렇죠, 예.

조영재 : 예. 의원님께서는 71년도에 청년국장으로 임명되신 걸로 알고 있습니다. 그 당시에 청년국의 당내 위상과 역할은 어떤 것이었습니까?

정창화 : 어느 때나 청년조직이라는 것이, 하나의 상징이랄까, 어떤 생기를 불어넣는 조직으로, 항상 필요한 것이죠, 상징적으로. 그래서 그때도 조직부 밑에 청년국이라는 국이 있었는데, 그때 청년국장이 마흔 한 서너 살쯤 되는 분이 계셨어요. 내가 그때 나이가 서른한 살인데, 참 젊고 어린 나이였지요. 젊고 어린 나이였는데, 청년국장 자리가 공석이 되고 또 그때 71년 선거도 치러야 되고 하니깐 필요했지요. 그래서 청년국을 '아주 젊은 청년으로 해야 된다' 해 가지고. 제가 행정부에 있다가, 그때 돌아가서 한 1년 됐을 때예요. 그런데 그때에 행정부에도 이상한 바람이 불었었어요. 예를 들면 이건개(李健介)[8]라고 하는 사람이 서른 살의 나이로 서울시 경찰국장이 되고, 그런 일이 있었어요. 그래서 행정부에서는 이건개, 당에서는 정창화(鄭昌和) 이렇게 크면서. 그때 4·19세대가 막 커오기 시작할 때입니다. 그래서 고려대학에 이세기(李世基), 이재환(李在奐), 조남조(趙南照), 김충수(金忠銖) 이런 친구들이 크고, 서울대학에 윤식(尹植), 이종률(李鍾律), 이영일(李榮一)이 뭐 이런 친구들, 김중태(金重泰) 이런 친구들이 커 올라오기 시작 할 때예요. 그러니깐 당에서도 그 레벨을 갖다 놓는다고 갖다 놓은

---

[8] 이건개(1941~)는 검사출신의 법조인. 검사임명 3년만인 1969년 청와대 사정담당 특특별보좌관, 5년만인 1971년 경찰서열 2위인 서울시경국장에 최연소(만 30세)로 발탁되었다. 이건개의 부친인 이용문 장군과 박정희 대통령 사이의 인연이 작용한 것으로 알려져 있다. 그는 제15대 국회의원을 지낸바 있다.

게, 제게 기회가 왔어요. (하지만) 청년국장에 바로 발탁이 못되고 청년국장서리가 됐지요. 제 동기생들이 아직도 올라오기 전이니까, 서리가 돼 가지고 한참 고생을 하고, 1년 하고 나서 서리를 겨우 뗐습니다.

조영재 : 예. 근데 당시 일간지 동정란에도 나왔던데요. 그 정도로 중요한 자리였었습니까, 당 내에서?

정창화 : 동정란에도 나오고, 가십(gossip)에도 나오고. 그때 당시로는 공화당의 혁신인사였지요. 그런 걸 노린 거겠지요, 뭐. 마찬가지로 최근에 말하자면 새누리당 비대위원회 이준석9)이 같은 사람을 하나 넣는 거나 비슷한, 그런 기능을 제가 했다는 생각이 들어요.

조영재 : 예. 어쨌든 당시 4·19세대의 사회적·정치적 등장에 맞춰서, (당내)세대교체의 신호탄이랄까 뭐 그런 상징적인 의미가 있었던 건가요?

정창화 : 예. 그래서 그때 4·19세대가 정치적으로 막 빛을 보기 시작하려고 그러던 때지요. 그래서 당시에 당의 전면에도 그 친구들이 (들어왔어요). 청년 대의기구, 청년분과위원회라는 것이 있습니다. 그 청년분과위원회라는 대의기구로 들어오고, 그 중에 한 두어 명이 비례대표로도 들어가고 그러는 때가 됐습니다. 그래서 비례대표 최초에 들어간 사람이, 고려대학에 나온 김충수(金忠銖)라고 하는 사람이 비례대표(유신정우회)로 1번이 돼서 들어가서 국회의원이 되고. 그 다음에 경희대학 정동성(鄭東星)이 같은 친구도 나오고, 윤식(尹植)이 같은 친구가 국회의원이 되고. 그때 예를 들어 이세기(李世基) 같은 친구를 저희들이 열심히 포섭을 해서, (같이) 하자고 그랬지요. 그런데 이세기가 그때는 좀 (시기가) 이르다고 끝까지 안하더라구요.

---

9) 이준석(1985~)은 제18대 대선을 앞둔 2011년에 한나라당의 비상대책위원회(위원장 박근혜)의 위원으로 발탁되었다. 당시 27세의 나이로, 하버드대학 출신의 젊은 벤처기업가라는 점에서 주목을 받았다.

조영재 : 그 당시 고려대학 교수.

정창화 : 예. 고려대학 교수는 아니고 윤천주(尹天柱) 총장 보좌관을 겸하는, 그런 자리에 있었어요.

조영재 : 김상협(金相浹) 총장의 비서실장 겸 교수였었습니다.

정창화 : 비서실장 겸 뭐 그런 자리에 있었어요. 그런데 이세기보고, '그래도 니가 우리 세대의 상징인데 와서 하자' 그러니깐 갸우뚱 갸우뚱하고 안 하더니, 나중에 결국은 민정당이 창당되면서 합류를 해서 우리 같이 했지요, 예.

조영재 : 예. 그럼 당시 청년국의 구성과 활동내용은 주로 어떤 것이 었습니까?

정창화 : 그때 청년국의 직원이라는 게, 제가 국장이고 저와 연세대학교 동기였던 허상영 동지라고 있었어요. 후에 민정당 창당주역이 됐는데 그 친구가 있었고, 그 다음에.

조영재 : 허상영.

정창화 : 허상영. 연세대학교 정치외교과를 나온 내 동깁니다. 그 후에 민정당창당 때 그 사람이 총무국장하고 그랬어요. 그 다음에 유능한 사람으로 정해남(丁海男)이라고 고려대학교 정치과를 나왔지요. 후에 김포에서 국회의원도 나와 가지고 당선되고. 사무처직원 허상영 씨는 5기이고 정해남이는 7기이고. 그 다음에 김원웅(金元雄)이라고 서울대학교 나와 가지고, 민주당에 갔다가, 지금은 대전서 국회의원 하다가 낙선 해 가지고 이부영(李富榮)이랑 같이 그때 또래고. 그런 너 댓 친구가 핵심이었고. 그 다음에 바로 제 밑에 있었던 직원이 이성호(李聖浩), 공채 3기였는데 고려대학교 법과 나왔지요. 민주당 (정권)때 보건복지부장관도 지낸 이성호 의원이라고, 의정부 양주에서 국회의원 하던 친구, 그 친구가 나하고 같이 직원으로 있었는데. 그때 그 멤버(member)들이 착했고 상당히 활발했습니다. 그래 그 후에 나를 비롯

해서 이성호, 정해남이, 김원웅 네 사람이 국회에도 진출하고 그랬습니다.

조영재 : 당시 청년국 계셨던 분들 중에 서울대, 연·고대 분들이 많으셨네요.

정창화 : 응, 그게 좀 그랬어요. 근데 그게 그러지 않으면 (안돼요). 왜냐면요, 그때 당시에 사실상 학생운동이나 청년운동을 리드(lead)하는 사람들이 서울대학, 연·고대였으니까요. 그 외의 대학 졸업생이 와가지고는 밖에 나가서 (학생)운동을 하는 친구들하고 대화가 안 됐어요. 그러니까 그중에 무슨 동국대학 출신 이원범(李元範)이라든가 뭐 그런 6·3사태 친구들이 더러 있었지요. 동국대학이라든가 경희대학 출신이라든가 그런 친구들이 있었는데, 그런 친구들은 학생운동 당시에도 별로 두각을 못 나타내구요. 주로 서울대·연고대가 아니면 대화가 상대가 안 되니까. 우선 인맥을 찾을 수가 없잖아요. 그래서 그 멤버(member)들이 있었어요, 주로.

조영재 : 그럼 당 내에서 청년국이 가장 젊은 부서이기도 하고 학력이 높은 조직이기도 하고.

정창화 : 아니요. 그때 공화당사무처직원 자체가 서울(대), 연·고대 출신이 아니면 합격을 못했어요. 후에 70년대 중반 이후에 들어와 가지고, 겨우 경희대학이다, 성균관대학이다, 동국대학이다, 명지대학이다, 대구 경북대학이다 하는 대학이 한두 명씩 있었지, 6기·7기까지는 서울대·연고대 밖에 없었어요. 시험을 치면 그렇게 밖에 합격이 안 되더라구요.

조영재 : 공채요원들이요?

정창화 : 예. 공채요원들이. 그때 당시에.

조영재 : 그럼 그분들은 정치적 야심이나 이런 것들이 있으셨던 분들입니까? 어떻습니까?

정창화 : 야심도 있었지만, 첫째 그때 직장이 없었습니다. 취직할 데가 없었구요. 그때 인제 취직할 데라고는 오직 은행하고 신문사하고 공무원시험 밖에 없는데. 공무원은 고등고시를 해야 되고 지금처럼 9급, 7급시험 치기에는 자존심이 허락하질 않았구요. 그리고 은행 같은데 시험 치려면 경제학을 공부하지 않으면 못가고 뭐 이랬습니다. 그러니까 정치학과 나오거나 사회학과 나온 사람들은 갈 데도 없으니까 주로 이런데 오고. 언론계도 언론고시 비슷하게 힘들고 하니까, 여기 오고. 이것도 그때는 일종의 정당고시였습니다. 참 우수한 사람들이 많았어요.

조영재 : 예. 그렇네요. 어쨌든 당시에 언론계나 관계나 정계에 우수한 엘리트(elite) 인력들이 많이 갔던 그런 시대적 풍조하고 좀 연관이 돼있네요.

정창화 : 그렇지요. 그러니깐 그때 당시에는 공화당사무처직원들을 행정부에 있는 친구나 언론계에 있는 친구들이 무시를 하지 않았어요. 같이 어울려 놀 수 있는 친구들이라고 생각을 해줬지요. 왜냐하면 같이 학교를 다닐 때 그 사람들을 다 아는 친구들이니까. 취재 나온 기자도 '저 친구가 좋은 친구다' 해서, 같이 저녁식사나 소주잔을 나누게 되니까 서로 이야기가 되고, 고시를 해서 행정부에 간 친구들도 '저 친구가 학교 다닐 때 나보다 공부 더 잘했다', 뭐 솔직히 그런 것 때문에 얘기가 되고, 그래서 그때는 이쪽 사무처직원의 위상이, 자랑 같지만 상당히 높았습니다. 예를 들면 연세대학교 그러면, 안성혁(安聖赫)이다, 그렇게 그때 당시에 학생운동의 대부 비슷했는데, 내가 나타나서 "형님"하고 그러면은 "왜, 뭣 때문에 그러냐?" 그래. 고려대학 같으면, 예를 들면 이세기(李世基) 같으면, "이형 왜 그래?, 뭐 때문에 그래?" 나보다 학번이 하나가 높습니다. 김중태(金重泰), 김경재(金景梓)다 그러는 친구들은 우리보다 서울대학교 1년 후배니까요. 한광옥(韓光玉)이 걔들,

다 2년 후배들이니까 얘기가 되잖아요. 그 사람들 고등학교 동창들·선배가 우리 고등학교, 대학동기이고 이러니까. 그러니깐 대화가 되더라고요. 그래서 (외부로부터) 존중을 받았지요. 조직 자체가.

조영재 : 당시 공화당 사무국 요원들이 실제로 젊은 집단의 주류들과 의사소통이나 네트워크(network)가 가능한 인물들로 꾸려졌다는 말씀이신 거죠?

정창화 : 예. 그러니까 1975년 정도 됐을 때에 공화당 사무처에서 청년국의 위상이 참 높았어요. 그때 우리나라의 청년조직이라고 하는 것이 소위 관변조직(官邊組織)이라고 해 가지고 새마을운동 혹은 사에이치(4H)운동 등이 쭉 있었고, 또 (해외에 연원을 둔) 제이씨(Junior Chamber: JC, 청년회의소)라든가 라이온스(Lions Club) 이런 조직이 있었지요. 그 다음에 공화당의 당 청년조직이 있었어요. 이것을 우리는 당내 청년조직이라 그랬는데, 우리가 당내 청년조직만으로는 도저히 활동의 영역에 한계가 있다(고 판단했어요). 그래서 이런 조직들을 전부 망라하는 (조직을 만들었어요). 그때에 우리나라의 엘리트(elite)는 주로 행정부에 있거나 대학에 있거나 언론에 있거나 군에 있거나 은행에 있거나 이런 직장에 있었잖아요, 모든 엘리트들이. 이 엘리트들과 어떻게 당이 연결을 하느냐 하는 생각 끝에 만든 것이, '일종의 청년단체협의회, 청년지도자회 같은 것을 만들자' 해서 만들었어요.

조영재 : 몇 년도에 만들었습니까?

정창화 : 1974년도인가 1975년도 인 것으로 생각해요. 그걸 뭐라 그랬냐면 '새세대문제연구회'라 그랬어요. 언론계에서 조남조(趙南照)라든가 이런 사람들이 들어왔고. 그 다음에 행정부에서는 서석재(서석준의 착오 인듯함), 이대순(李大淳)과 같은 당시에 서기관급 고급관리들이 많이 들어왔어요. 그 다음에 군대에서는, 웃지 못 할 일로, 전두환(全斗煥) 대령이 들어와 있었지요, 예. 전두환 대령인가 그때 준장인가

그랬어요. 전두환 준장인 걸로 기억이 나요, 준장, 별 하나였어. 그때 특전사령관이라 그랬으니까. 전두환 준장이 들어왔더라구요.10) 그리고 경찰에 이건개(李健介)가 있고 당에 내가 있고, 다음에 4·19세대의 이세기(李世基), 윤식(尹植), 이종률(李鍾律)이 그런 친구들이 다 들어와서 한 40~50명이(되었어요). 그래 제이씨(JC) 회장 도 들어와 있었지요. 그런 모임이 있었어요. 그 후에 그 모임에 있던 사람 중에 국회진출 많이 했어요. 그 사람 중에 장관이 많이 나왔어요, 예.

조영재 : 1974년 당시에 의원님께서는 방금 말씀하신 새세대문제연구회 사무국장을 맡으셨던 걸로 알고 있습니다. 그럼 그건 단순하게 당의 외곽조직이라든가 이런 게 아니고…

정창화 : 당의 일종의 외곽조직이었는데, 청년조직을 총괄하는 것이었지요. 그때 청년국장을 내가 누구한테 넘겨주고, 새세대문제연구회 사무국장이라고, 그걸 했어요. 정창화(鄭昌和)의 직책이 뭐냐(라고 할 때) 새세대문제연구회 사무국장 그러면 되지만, 당의 청년국장이라 그러면 그게 안 되니까. 당의 이름을 앞세워 당청년국장 그러면 공무원이나 이런 사람들이 거기에 내놓고 올 수가 없잖아요. 언론인이나 대학교수나. 그때 대학교수에 한양대학에 있는 유모교수(유세희 교수로 추정) 그런 친구도 있었고, 대학교수 중에서도 이상우(李相禹) 같은 젊은 교수도 어울려서 많이 놀았지요. 연세대학 유종해(劉鍾海) 같은 교수도 많이 같이 놀았고.

조영재 : 그럼 당시에 새세대문제연구회는 당이 중심이 돼서 만들었지만, 외곽조직으로 존재를 했고…

정창화 : 그래서 거기서 자체 세미나를 하고 그랬지요. 대학교수들이나 이런 사람들이 와서 많이 강의도 하고.

---

10) 전두환은 1973년부터 육군 제1공수특전여단 여단장으로 계급은 준장이었다.

조영재 : 당에서는 어떤 지원을 했습니까?

정창화 : 사무인력지원하고 예산 지원해줬죠.

조영재 : 예산은 어느 정도 쓰셨습니까?

정창화 : 아주 적은 액수로, 그저 강사료 줄 정도에 식대 할 정도였어요. 그리고 학생들을 대상으로 주로 상대를 하고.

조영재 : 전체 회원의 숫자는 어느 정도 됐습니까?

정창화 : 회원들은 뭐 꽤 많았는데. 그때 대학생 중에서 국회의원 된 친구들도 최근에 있고 그래요.

조영재 : 다시 청년국으로 돌아가서요. 아까도 말씀해 주셨습니다만 농촌에는 계몽조직들이 있었잖습니까? 사에이치(4H)클럽이라든가 또 새마을운동지도자 모임이 있었구요. 어떤 자료들을 보면 박정희 대통령께서 '그런 자생적인 조직은 당에서 건들지 마라' 이러한 특별지침 같은 것들이 있었다고 하던데, 실제론 어땠습니까?

정창화 : 제가 특별히 지침을 받은 거는 없구요. 다만 '그 조직은 건드리지 않는 것이 좋다' 하는 묵시적인 합의가 있었지요. 왜냐하면 스스로 잘하고 있고 그래서 그것이 관변조직이라고 일컬어져 있었으니까요. 잘하고 있으니까 건드리지 말라 그랬죠. 그래서 그건 아까도 말씀드린 대로, 우리가 관리를 할 대상의 것이 아니다. 군(郡)이나 그런데서 예산주고 다 해 가지고 관리를 하고 있으니간, 예.

조영재 : 자생력을 존중했다는 거죠?

정창화 : 예. 자생력 존중해준(거죠). 그러니까 우리가 그저 협조를 했던 것은 제이씨(JC)라든가. 그때 가장 건전한 청년단체 중에 하나가 제이씨(JC)였어요, 우리나라에서. 그때 엔지오(NGO: non-governmental organization, 비정부 기구) 이런 게 별로 없었으니까요. 제이씨(JC)라든가, 라이온스 뭐 이런 거지요, 예.

조영재 : 그러면 주변의 (다른) 사회단체와 청년국은 (어떤) 관계를

했었습니까?

정창화 : 사회단체라는 게, 그때 청년사회단체라는 게 별로 없었어요.

조영재 : 예. 그러면 청년국에서 주로 했던 일들은 어떤 업무였습니까?

정창화 : 제일 큰 게, 당내 청년조직을 만들어서 관리하는 일이지요. 당의 기간조직에 읍면동의 책임자가, 예를 들어 관리장이라 그러기도 하고 지도장이라 그러기도 하고 이름이 때때로 바뀌었는데, 그 사람 바로 밑에 청년회장·여성회장이라는 자리가 있어요. 그러니까 면청년책이지요. 이것은 35세 미만.

조영재 : 예. 그러면 기존의 기간당원들과는 어떤 관계였습니까?

정창화 : 그게 기간당원이지요.

조영재 : 그분들도 다 기간당원들이고요?

정창화 : 예. 그 다음에 면책 밑에 통책이 있잖아요. 서울에 동책 밑에 통책, 도시에는. 농촌에는 면책 밑에 리책이 있잖아요. 리책 밑에 또 청년여성당원이 있어요. 그게 이렇게 내려가는 거지요. 일반당원 있고 이렇게 내려가, 요렇게 내려가. 고구마처럼 줄기처럼.

조영재 : 기간당원 조직체계의 핵심적인 역할들을 많이 (수행했겠네요)…

정창화 : 핵심 중에 하나가 청년이죠. 청년과 여성과 일반당원이죠, 예.

조영재 : 그러면 당시에 청년국장으로서 건의나 문제를 제기하거나 또 보고서를 쓰거나 그러면, 좀 반영이 됐습니까?

정창화 : 특별히 반영이 될 만한 것이라기보다는, 청년국에서 활동을 하면은 관심을 가졌지요. 그때나 지금이나 청년이 하는 일은 좀 더 점수를 주고 페이버(favour)를 주고 보니깐요. 그리고 문제를 일으킬 수

있다고 생각하니까요.

조영재 : 그러면 인제 같은 급 레벨(level)에서는, 국장회의는 활발히 됐었습니까?

정창화 : 국장회의는 일종의 간부회의니까 매일아침 하지요, 예.

조영재 : 그래서 당조직과 관련해서 실무적인 일들은 거기서 주로 다 논의가 되고 그랬겠네요.

정창화 : 그럼요, 예.

조영재 : 그러면 당시 직능국이 있었을 텐데요. 이 직능국하고는 어떤 관계였습니까?

정창화 : 공화당 때에는 조직부 밑에 직능국으로, 한 국으로 있었어요. 그러다가 민정당 때에는 그것이 조직부, 선전부, 직능국, 이렇게 직능국이 국으로 승격을 했어요. 그렇게 공화당 때는 부가 위에 있었고 국이 밑에 있었는데, 민정당 때는 국이 위에 있고 부가 밑에 있었어요, 예. 그래서 직능국이 민정당 때는 올라왔지요. 5·17 이후에는.

조영재 : 근데 공화당에서 직능국이 다루고 있는 사회단체와 조직범위들이 굉장히 넓지 않습니까?

정창화 : 굉장히 넓었지요. 노조부터 시작해 가지고. 민주노총이나 전교조나 이런 거는 없었지만, 한국노총부터 시작해 가지고 교원단체총연합회라든가, 뭐 해 가지고 직능국이 다루어야 할 문제가 굉장히 많았지요. 그러나 사실은 직능국에서 뻗치는 힘보다 정부에서 뻗치는 힘이 워낙 커가지고, 지금처럼 이렇게 자기네(직능단체들의) 주장이 산발적이지를 않고 자유롭지를 않고 좀 획일적이었으니까, 당에서 그렇게 할 일이 별로 없었지요. 그들의 주장을 들어주고 건의해주고, 그거지요, 주로.

조영재 : 그러면 직능국은 주로 그쪽(직능단체들의) 입장(을 들어 준다는 것)이라든가 정책 만들 때 통로역할을 해주거나…

정창화 : 예. 통로역할을 많이 했지요. 그때 직능국에도 직원이 있었는데, 아주 유능한 직원이. 고려대학교 출신이 있었어요, 윤백현(尹百鉉)이라고. 고려대학교 총동창회 상임감사를 했지요, 얼마 전까지.

조영재 : 그 직능국의 인원과 조직의 규모는 어느 정도였습니까?

정창화 : 비슷했어요. 한 너덧 명 됐어요.

조영재 : 아, 국 단위는 다 인력들이.

정창화 : 예. 국 단위는 그저 3명, 3명 내지 5명, 예.

조영재 : 그래도 선거 때가 되면 청년국이라든가 직능국의 역할이 굉장히 중요했을 거 같은데.

정창화 : 응, 오히려 중요하지 않아요.

조영재 : 아, 그렇습니까?

정창화 : 예. 오히려 그거(선거 때)는 일종의 기동활동을 하는 것이 중요하지 않고, 제일 중요한 것이 지방 기간조직이에요, 예. 왜냐하면 표는 거기에 있으니깐요.

조영재 : 아, 기간조직에서 주로 나오고.

정창화 : 예. 그리고 이거는 직능조직이나 청년조직이라고 하는 것은 일종의 기동타격 비슷하게 하기 때문에 이슈(issue)가 있으면 (하는 일이 많이) 있고, 이슈가 없으면 별로 하는 일이 없고, 그렇지요.

조영재 : 그러면 직능국에서 관할하고 있던 각종 사회단체들, 예컨대 의사협회라든가 이런 데는 주로 주무부처인 행정부를 통해서 주로 관계를 하고, 당하고는 그렇게 밀접하진 않으셨단 얘긴가요?

정창화 : 그렇지요. 그러니까 사람이 뭐 3~4명이나 4~5명이 그 많은 단체를 접촉을 하면 얼마나 하겠어요. 예를 들어 한 사람이 그 많은 것 중에서 보건단체, 무슨 교육단체 이렇게 몇 개 단체를 놔두면, 그 속에 있는 한, 두 사람을 알아가지고 정보를 듣고, 그 단체 속에 뭐가 문제가 있는지 그걸 알아서 평상시엔 정책을 건의하고 그랬지요.

조영재 : 예. 의원님의 (공화당) 경력 중에서 가장 좀 도드라지기도 하고, 이후(민정당 시절)에도 많은 역할을 했던 분야가 바로 선전교육과 훈련인데요. 정당에서 사실상 굉장히 핵심적인 기능 중에 하나라고 볼 수가 있는데요. 1973년부터 교육·훈련 쪽에서 많은 힘을 쏟으신 걸로 알고 있습니다. 그 당시 공화당에 있어서 주관하는 교육과 훈련의 종류나 방식은 어떤 것들이 있었습니까?

정창화 : 73년인가요, 그러니깐. 음, 제가 청년국장, 새세대국장을 끝내고, 그 다음에 내가 선전부 홍보국장이라는 걸 했어요. 홍보국장이라는 것이 선전부의 기본업무인데, 그때 당시로 말하면 문화공보부 공보국장하고 같은 기능을 하는 자린데, 주로 홍보책자를 만들고, 홍보지침을 만들고 하는 그런 일을 했어요. 그러다가 무슨 일이 있었나 하면은, 오치성(吳致成) 파동이라는 게 있어요. 10·2파동이라는 게 있었어요. 그게 무슨 사건인가 하면, 추석 전날인데 오치성 장관 해임건의안을 민주공화당에서 가결을 시키는 거예요. 그때 가결을 시킨 주역 중에 한 사람이 길재호(吉在號) 씨예요. 거기에 김성곤(金成坤) 씨하고(같이 했어요). 김진만(金振晩) 씨는 뒤로 빠지고, (길재호와) 김성곤 씨하고 둘이서 제일 주동이 돼가 지고 하고. 그 밑에 김창근(金昌槿), 문창탁(文昌鐸)이라는 사람들이 있었습니다. 그래서 강성원(康誠元) 그런 사람들이 밑에 국회의원으로 있어가지고, 이 사람들이 주동이 돼서 오치성 파동을 일으켰는데. 그때 길재호 씨가 중앙정보부에 갔다 와 가지고 다치고, 뭐 혼이 나고 의원직을 박탈을 당하고, 당에 큰 파동이 일어났지요.

조영재 : 예. 4인체제가 붕괴되고.

정창화 : 예. 4인체제가 붕괴되고. 그래서 그때 사무처도 일종의 회오리바람이 불어서, 나에게도 작은 회오리바람이 불어 왔다구요.

조영재 : 예. 어떤 것이었습니까?

정창화 : 우선 인사가 있더라구요. 나를 요직에서 뽑아가지고, 훈련

원으로 보내더라구요. 그때만 해도 훈련원이라고 하는 것이 일종의 후진 곳이었고, 그것이 평상시에 그렇게 빛을 보기 어려운 기능을 갖는 그러한 부처였어요. 지금도 교육기관, 교육원이라는 것이 공무 그렇듯이. 그래서 나를 그곳 보내더라구요. 그래서 나는 그때 '참 잘됐다'라고 생각을 했지요. 내가 이렇게 경쟁이 심하고 힘들고 이런데서 있기보다는 내 특기를 가지고 일할 수 있는 곳, 이런 곳에서 해보자. 그래서 그때부터 제가 연설을 배웠습니다. 연설을 공부를 했습니다, 훈련원에 가서요. 그래서 연설기법을 배우기 시작을 했는데, 그때 우리나라에서 연설을 제일 잘한 사람이 이도선(李道先) 의원이라고 있었습니다. 그리고 변우량(邊禹亮) 의원이라는 분. 그 두 분이 공화당 훈련원에서 가장 연설을 잘해서, 대통령선거 때 유세지원에 반드시 멤버(member)로 나가고, 지구당에 행사가 있으면 전부 연설 나가고. 그래서 그분들을 내가 참말로 가방 들고 다니면서, 연설하는데 다니면서, 따르면서 배우고, 그래서 연설을 배우기 시작을 했습니다. 그리고 제가 오랜 세월 교회에서 자랐기 때문에 어린 시절 교회에 나갔었는데, 목사님 중에서 가장 명설교를 한다고 하는 생각하는, 강원용(姜元龍) 목사님이라고 계셨습니다, 경동교회에. 그 강원용 목사님이 내 주례도 하고 그런 목사님인데, 그 경동교회에 가서 목사 설교를 들으면서 연설공부를 해서, 그래서 제가 연설을 하기 시작을 했어요. 그러니까 그때부터 연설을 하니까, 우선 기본적으로 훈련원에서 인정을 받게 되고. 그 다음에 해병대 훈련을 받으면서 그때 겪었던 훈련 기법이 있으니까, 400~500명의 교육생을 아침마다 체조시키고, 구령 부르고 하는 거를 아주 멋지게 하게 하고, 그 다음에 애국가를 4절까지 부르게 한다든가, 이런 거를 하니까. 훈련국의 훈련을 진행하는 진행업무에서부터 연설하는 것까지를 동시에 하면서. 그때부터 그만 거기에 전문가로 발탁이 되기 시작을 했어요. 안 그랬으면 저도 아마 중간에 도태가 됐을지 모르겠는데. 그러니까 그 기능은 독특한 기능이 되니까, 그 풍파가 많은 정당 사회에서 살아남게 되고. 그러다가 10·26이 나가지고 공화당이 없어지고 민정당이 창당을 하는데, 많은 직원들이 도태가 되고 민정당으로 일부가 넘어가는데, 저는 아주 우선적으로 스카우트(scout) 돼서 데려갔어요, 예. 그래서 거기(민정당)로 가서, 그 위치에 버금가는 자리를 그대로 나에게 줘가지고, 내가 근무를 했지요. 그래서 이상재 씨랑 권정달 씨도 그때 처음 만나게 되고. 그때 아까 말한 총무국장에는 당에서 있던 허상영 씨가 가고, 다른 국장들은 전부다 언론계에서 오고, 대학에서 오고, 김영작(金榮作)이가 오고, 그랬을 때에요. 그래 가지고 같이 있었지요.

조영재 : 그러면 다시 70년대 후반 공화당 훈련원에 대해서 여쭤보겠습니다. 공화당에서 훈련원은 언제 생겼고 어떻게 유지가 되고 있었습니까?

정창화 : 훈련원은 아까 말씀드린 대로 창당 초 비밀조직 때부터 있었어요.[11]

조영재 : 예, 밀봉교육 할 때부터요?

정창화 : 그 사람들 밀봉교육 할 때부터 그 기능이 있었어요. 그런데 훈련원이 정식으로 연수원을 마련한 것은 1970년 쯤 되어서 인가, 지금의 광진구청 자리예요. 지금 광진구청 자리가 공화당훈련원이 돼 가지고 시작을 했지요. 그전에는 누구집, 강당이라든가 무슨 중앙당사 강당에서 그냥 하고, 그 옆에 여관에서 밥 먹이고, 재우고 그렇게 해서 교육을 시켰지요. 그러다가 공화당연수원이라는 것이 지금 광진구청

---

11) 재건동지회는 훈련원(원장 윤천주)을 두고, 요원교육을 실시하였다. 공화당 창당 이후에는 훈련원 또는 훈련부의 명칭으로 기구가 존재하여 당원훈련을 주관하였지만, 자체적인 훈련시설을 갖춘 것은 1966년 11월 서울 성동구 구의동에 훈련원을 건축하고부터이다. 1976년 서울 송파구 가락동으로 훈련원을 신축·이전하였으나, 1980년 10월 공화당의 해산 당시 당의 다른 재산과 함께 민정당으로 이전되었다.

자리. 옛날에 거기 가려고 하면, 천호동 가는 버스타고, 갈아타고, 진흙탕으로 가야 되는 그런 들판 한복판이었습니다. 거기에 생겼지요.

조영재 : 그럼 당시에 훈련 대상들이 당원들하고…

정창화 : 당원들이었지요.

조영재 : 그리고 의원들도 있었을 테구요.

정창화 : 물론 의원 연찬회도 있고 그렇지요.

조영재 : 예, 그래서 훈련의 등급이라든가 종류가 어느 정도 구분 됐습니까?

정창화 : 등급?

조영재 : 기간당원부터라든가, 뭐.

정창화 : 그럼요. 제일 높은 게 국회의원반, 부인반, 중앙위원반. 그러면은 상당히 유지지요. 우리나라 유지급들이지요, 예. 쭉 기업체장이라든가 이런 사람들. 중앙위원반 또 시도위원반, 그 다음에 관리장반이라는 거는 읍면동책반. 그 다음에 청년회장반, 여성회장반, 지도장반, 그것은 이동통반반. 뭐 그 다음에 청년당원반, 여성당원반, 뭐 이렇게 해서 반이 쭉 있고. 사무처반도 있어서 사무처 재 · 보수교육도 있고. 그렇게 여러 가지 단계가 있지요, 예. 그 다음에 공천 받은 사람, 국회의원교육반도 있고 뭐.

조영재 : 정기교육 또는 부정기교육 이런 것도 있었을 것 같은데요.

정창화 : 정기교육?

조영재 : 예. 주기적으로 하는 것들과 뭐 현안에 따라 일시적으로 하는 것들…

정창화 : 그렇지요. 1년 내내 교육계획을 아예 짜가지고요. 1년에 무슨 기간당원 교육 50개기(個期). 한 기에 400명씩 그러면 50개기에 2만 명이지요. 그 사이 사이에 국회의원 연수반도 있고, 국회의원부인반도 있고. 뭐 그런 것은 1박 2일이 아니고, 1일교육도 있고 그렇지요.

조영재 : 그럼 평상시하고 선거 때하고는 달랐습니까?

정창화 : 선거가 임박해 지면 교육이 강화되고 인원수가 늘어나지요. 그리고 기간이 짧고. 그리고 지구당마다 막 오고 그랬지요. 몇 백 명.

조영재 : 또 지구당에서 의뢰를 하기도 하고…

정창화 : 의뢰를 막 몇 백 명씩. 그때는 더 시켜달라고 난리지요, 서로 해달라고. 뭐, 오면 좋잖아요. 밥 먹여주고 여비주지요. '어떻게 해서라도 너희 위원장을 당선시켜야 된다'는 소리를 이틀 동안 계속 해주니까, (지구당 위원장이) 얼마나 좋아요. 그러니까 교육시켜달라고 난리지요.

조영재 : 그 당시에 교수요원들은 몇 분 정도가 되셨습니까?

정창화 : 교수요원들은 보통 많이 있을 땐 한 여덟 명 내지 열 명까지 있었고, 보통 때는 여섯, 일곱 명 이렇게 있었어요.

조영재 : 근데 외부에서도 초빙하기도 했습니까?

정창화 : 외부강사도 많이 왔지요. 예를 들면 국제정세라든가 그 다음에 경제 무슨 전문이라든가 이런 것은 우리 교수들(훈련원교수들)이 하기에 좀 벅찬 과목들이 있어요. 그러니까 이런 것에 주로 외부강사들을 많이 불렀지요. 그 다음에 새마을 수기라든가 이런 거. 그때 새마을 수기 많이 있었잖아요, 그런 거.

조영재 : 농촌지도자를 초빙하기도 하고요?

정창화 : 예, 예.

조영재 : 그럼 의원님께서는 당시에 주로 연설·홍보 쪽으로 가르치셨습니까? 어떠셨습니까?

정창화 : 아닙니다. 나는 주로 조직 원리와 당원의 사명. 그러니까 정당조직의 기본원리와 사명을 얘기하는 거, 그걸 주로 변형을 해 가지고. 그걸 책에 나온 대로 정당조직의 기본원리 그대로 설명하면 어려워서 안 되니까, 그걸 그냥 쉽게 풀어 가지고 하는데. 그게 아주 명강의

였어요.

조영재 : 예. 78년 총선 당시 신문기사를 보니까, 공화당 공천자들을 모아놓고 공천자대회를 하는데, 농촌형 또 도시형 구분을 해 가지고, 연설의 모범사례(강의를 하고), 그리고 그걸 테이프로 해 가지고 또 훈련도 시키기도 하고 배포하기도 했다는데, 구체적으로 어떤 내용이었습니까?

정창화 : 그때 생각하면 좀 건방지고 우스운 일인데, 1978년 내 나이 서른여덟 살 때 구만요. 그런데 그때는 이미 이도선 의원이 국회로 진출을 했었어요. 그래서 변우량 씨가 나하고가 일종의 쌍벽 비슷하게 됐는데, 그분은 훨씬 위에 있는 거고. 그래 그분이 본래 이도선 씨가 있을 때는 농촌형(강의)을 했는데. 도시형이 어렵잖아요, 그러니까 내보고 '농촌형을 하라' 그래서 내가 농촌형을 했는데. 그때가 유신체제였잖아요. 1구 2인제 선거 때입니다. 참 어려운 선거 때, 논리가 비약했어요. 그래서 제가 이런 논리를 (구사)해서, 그때 유행을 했어요. '어, 설악산 대청봉에 가면 나무가 누워서 큰다. 왜 누워서 크는지 아느냐. 동해에서 세찬 바람이 불어 올 때, 그냥 크면 부러지고 다치니까, 엎드려서 큰다. 그래서 예쁘게 그대로 상태에서 생존을 하는 것이다. 자연환경이 이래요. 한반도가 지금 처한 여러 가지 위치상 안보상황이 어렵다. 여기에서 우리가 살아남는 길이 뭐냐. 유신이라는 체제다.' 뭐 이렇게 풀어 가지고 '이것이 일시적인 것일 수도 있고, 우리의 기본권은 일시적으로 제한받는 것이니까, 이래서 참고 견뎌야 된다. 이것을 참고 안 견디면 부러지는데 어떡하느냐.' 뭐 이런 논리를 가지고 연설을 했지요. 제가 마지막에 그런 말을 했어요. 그때 우리가 기호가 1번이었어요. 그전까지는 기호를 뽑아서 받는데, 그때부터 의석수로 기호가 정해지게 돼있었어요. 그래서 공화당의 기호가 1번인데, 내가 '해도 하나고 달도 하나고 별, 하늘도 하나다. 그래서 기호도 1번이다. 이렇게 얘기

를 마지막에 해라. 그래서 1번을 안 잊어버리게 해라.' 그랬더니 그게 유행이 돼 가지고 그 후에 두고두고 지금까지 그 얘기를 나에게 하는 사람이 있었어요. 예를 들면 한승수(韓昇洙) 같은, 전에 국무총리 지내고 연세대학교 선밴데, 한승수 같은 사람은 "야, 당신 그때 연설 그거 듣고, 나 국회의원 됐다"고 그러지요. 그런 사람이 아직 몇 사람 있어요. 오세응(吳世應) 씨도 그러고, 예.

조영재 : 예. 당시 공천자대회에서 반응은 어떠했습니까?

정창화 : 뭐, 모르겠지요. 나이도 젊고 하니까, 그저 그렇게 하고 나오고 말았지요 그때만 해도 내가 시건방져서, 비례대표 하나 주나 하고 기다렸는데, 나는 안 되고 변우량(邊禹亮) 씨가 되더라고요. 그래서 '그 다음에 내가 될 거다' 생각을 했지요. 그래도 난 참 감사하게 생각한 게, 내가 만약 그때 선전국, 홍보국이나 청년국, 조직국에 그대로 있었으면요, 그 중간에 제가 아마 정치적인 바람(때문)에 저도 피해를 입었을지 몰라요. 그랬는데 훈련국이라는 데, 연수원이라는 데, 거길 가가지고, 가장 정치적인 직장인 정당에서 연수업무라는 가장 비정치적인 일에 관여를 하고 있으니까, 거서는 특기가 아니면 안 되니까, 그래서 오래오래 살아남아서 지금까지 5선 국회의원까지 할 수 있었던 거 같아요.

조영재 : 예. 당시 훈련원에서 정당의 조직과 원리에 대한 강의가 있었다고 아까 말씀하셨는데, 또 다른 강의는 어떤 것이 있었습니까?

정창화 : 그러니까 당 이념 있었고, 조직원리 있었고, 선전원리 있었고, 정책활동 있었고, 뭐 부녀활동 있고, 청년활동 있고. 부녀가 오면 부녀활동, 청년이 오면 청년활동, 이런 거도 있고. 그 다음에 당원의 사명 뭐 이런 것도 있고. 이렇게 제목이 그때 그때 좀 다르지요. 그 다음에 한국경제론 이런 것도. 한국경제 그 정도는 우리 교수 중에 할 수 있는 사람이 있었지요. 그리고 그때만 해도 경제가 한창 막 성장할

때야. 비교우위론이 나오고 뭐 이럴 땐데. 그럴 때에 농촌에 경제원리를 비교해 가지고 '우리가 공업화로 가야된다' 하고 해서, 그래서 조국 근대화 논리를 얘기하고 그럴 때지요.

조영재 : 근데 당시에 국내에서는 다른 야당이나 또 혹은 이전의 정당들에게서 참고할만한 게 없을 텐데요. 공화당의 체계화된 훈련 체계를 설계하고 또 변화시키실 때 참고했던 것은 무엇이었습니까?

정창화 : 당시에 제일 참고했던 것이 그래도 새마을운동. 김준(金準)12) 씨가 새마을운동을 그때 막 개발했을 땝니다. 그래서 김준 씨하고 저하고가 거의 같은 시기에 성인교육을, 정신교육을 한 기간이었다고, 저는 그렇게 생각을 해요.

조영재 : 아, 그러면 같이 상의도 하고 그러셨습니까?

정창화 : 어, 상의했다기보다가 서로 본받았지요. 서로 본받았지요. 새벽에 일어나서 구보시키는 거라든가, 형식에 있어서 뭐 애국가를 4절까지 부르게 한다든가, 고향을 보고 묵념을 하게 한다든가, 이런 감상적인 운동에서부터 저녁에 사실 성년이 다 된 사람들을 침대 위에 앉혀놓고 점호를 한다든가 그런 거를 다 하고요. 밥그릇을 닦게 한다든가 이런 걸 다 하고. 그 다음에 계속해서 주입을 하는 거지요, 뭐. 주입식 밖에 없어요, 방법이. 그것은 결국은 짧은 시간에 많은 것을 주입하기 위해서는 강의의 기법이 굉장히 중요한 거예요. 논리보다는 감성에 호소해야 되고, 그리고 또 어려운 얘기보다는 쉬운 얘기로, 그리고 논리나 긴 문장보다는 한 단어로 요렇게 주입을 해줘야 하는 교육이었지요. 안 그러면 성인교육이 되나요? 보통 교육이라고 하는 것이, 한 사람이 강사의 내용에 집착할 수 있는 시간이 보통 7분이라고 그러는데,

---

12) 김준(1926~1912)은 전남대 농과대학 교수 출신으로, 5·16 군사정변 이후 재건국민운동본부 경상북도 지부장을 맡았다. 새마을지도자 연수원장(1대)과 새마을운동중앙회장(1, 2, 6대)을 역임하면서 새마을운동 교육과 보급에 힘을 쏟았다.

7분 이상 긴 얘기를 하면은 학생이고 뭐고 다 자요. 그러니깐 7분 정도 에서 요점을 얘기하고 나머지는 이야기 관심을 끌어오는 얘기를 하고, 이래 해야 되잖아요. 그러니까 그 기법이 굉장히 어려웠지요. 그때 당시에 '새마을운동이나 공화당연수원에 와서 강의한다' 그러면요, 일류 강사는 꽤 돈 많이 벌었어요. 강사료가 많았어요. 그리고 대학의 교수들 중에서도 많이 왔지요. 그리고 고려대학 나온, 왜 그 통일정책 강의하던 친구 있잖아요. 국회의원도 했어요. 그런 친구들은 아주 그때 통일정책에 대해서 아주 그렇고(일류였고), 돈을 많이 벌었지요. 그리고 최창규(崔昌圭) 같은 교수, 서울대학교 최창규 같은 교수는 민족, 민족사관 그래 가지고, 그것이 그땐 아주 인기가 있는 과목이었고, 조동필(趙東弼) 교수 같은 사람은 경제…

조영재 : 경제학. 예, 강의 재밌게 하시지요, 그분도.

정창화 : 대학교수 중에서 그런 사람들이 많이 왔지요, 강의 재밌게 하고. 그 다음에 연세대학교에서 경제학 교수와 국회의원도 한 한기춘(韓基春) 같은 그런 사람들이 주로 교수. 그리고 문교부장관 하던, 연세대학교에…

조영재 : 이규호(李奎浩)

정창화 : 이규호 같은 사람들도 이런 강의에 와서 두각을 나타낸 사람이에요. 그래서 장관까지 한 사람이야. 이규호 씨의 그때 강의가 뭐냐하면, 세상은 급변한다는 거예요. 천년의 역사가 30년 만에 압축됐다는 거지요. 그래서 30년의 압축을 박정희(朴正熙) 대통령이 15년에 이걸 압축을 시킨 거 아니냐, 그래. 압축논리예요. 역사의 압축논리를 가지고 그렇게 재밌게 얘기하고.

조영재 : 예. 그럼 교수요원들이 이후에 정치의 등용문도 되기도 했다는 얘기…

정창화 : 등용문, 많이 됐지요. 거기 나와서 강의한 사람들 한기춘,

조동필… 그런 사람 뭐 많았지요, 그거 하려고 기웃거리는 사람들도 많이 있었습니다.

조영재 : 그 당시에 신민당이라든가 통일당 같은 경우는 좀 어떠했다고 생각하십니까?

정창화 : 그쪽에서는 교육이라는 것은 거의 없고, 그저 당원집회, 당원모임. 그래서 있는 게 그저 국회의원 공천자모임 또 부인모임, 비서관모임, 비서관교육, 그 다음에 보니까 나중에는 읍면동책 모임이 있더라구요. 또 그때만 해도 야당의 읍면동책이, 책임자가 노출되지 않으려고 그랬어요, 사실은. 공화당을 하거나 여당 하는 사람은 모여가지고 교육도 하고 으샤으샤하고 이러는데, 야당 하는 사람은 자기가 야당 한다고 그런 사람이 없었던 거 같아요. 뭐 아마 소집도 안 된 거 같아요. 그리고 강사도 그렇게 짜임새 있는데도 없었고, 또 강당도 없고, 연수원도 없구요.

조영재 : 혹시 하시면서 해외사례 같은 걸 참고하시거나.

정창화 : 해외사례? 해외사례 중에 제일 참조가 된 것은 중국국민당이었어요, 예. 그러니깐 우리나라의 정당에 있어서 제일 이론적으로 참고가 된 것은 영국의 보수당과 미국의 양당제도, 민주당과 공화당이 논리적으로는 제일 참고가 됐어요. 그러나 그거 가지고는 우리나라의 제도에 그게(적용이) 안 되더라구요. 그래서 제일 참고가 된 것이 중국국민당이었어요. 중국국민당하고 공화당하고는 1964년도부터 교류가 있었어요. 63년도인가 부터요. 공화당이 창당하면서부터 교류가 있었더라구요. 한국에서 공화당사무처직원이 1년에 다섯 명씩, 열 명씩 그쪽에 가서 일주일씩 보고 오고, 그쪽에서도 몇 명씩 인제 이쪽에 왔다 가고. 그래서 그때 중국하고는 외교관계가 없으니까, 대만하고 교류가 있었어요. 그때만 해도 참 해외여행하기가 힘들 때입니다. 그리고 우리도 공화당에 들어가서 4년인가 있었는데, 중국에서 국민당 무슨 대회하는

데 보여주더라고요. 근데 가니까, 참 조직적으로 국민당대회를 하더라구요. 야, 잘한다 싶더라구요. 그리고 교육하는 정치학교라는데도 구경시켜주고요. 그러면서 거기에 국민당교재가 (있었는데), 이미 우리 선배들이 다 가져와서 개발을 해놨더라고요. 그래서 중국국민당.

조영재 : 아, 그전부터 참고를 해서요?

정창화 : 참고가 많이 됐지요. 그래서 민정당까지는 중국국민당이론으로 해서 '당 우위, 당정에서 당 우위다' 이거야. 당이 언제나 정부의 우위에 있다 하는 당 우위논리를 가지고 당정협조를 했습니다, 민정당까지는. 그러다가 그 후에 당 우위라는 말이 없어지고 당정협조지요. 그리고 (요즘은) 오히려 정부가 우위지요.

조영재 : 예. 그럼 내용적으로도 굉장히 국민당이 참고가 됐었고, 또 조직적인 교류도 있었다는 말씀이신(가요).

정창화 : 조직적인 교류도 있었습니다.

조영재 : 주로 사무국단위 중심이었습니까 아니면 의원급들에서도 그것들이 있었습니까?

정창화 : 사무당원이 주로 조직적으로 교류가 있었구요. 의원들끼리도 뭐 친선협회로 해서 많이 왔다갔다하고 또 청년당원들도 많이 왔다갔다하고 그랬어요.

조영재 : 혹시 일본 자민당이라든가, 이런 쪽하고 교류는 없었습니까?

정창화 : 일본자민당은 그 후에 한참 후부터 좀 오가기 했는데, 사무처는 별로 없었고 의원급에서 주로 왔다갔다했지요. 그리고 그때 일본자민당은, 우리가 가 봐도, 교육을 하는 건 그렇게 하질 않더라구요, 교육에 대해서는. 다만 정책기능 활동은 꽤 잘하더라구요. 그리고 그거 (자민당)는 우리가 배울 점이 좀 없는 거지, 파벌주의가 많아가지고. 그게 역시 내각책임제가 되니까 파벌이 많아가지고 우리가 배우기에

좀 뭣하더라구요.

조영재 : 미국의 공화당을 뭐 참고하시거나 또 방문하시거나 이런 건 (없었나요?).

정창화 : 미국의 공화당 같은 데는 우리가 그때 갈 형편도 못되고, 가지고 않고, 또 그쪽에서 초청도 안 해주고 그랬는데. 우리가 책에서 배웠으니까요. 공화당이라는 게 상시조직이 없는, 미국의 정당조직은 상시조직이 없는 거니까, 우리하고는 영 다른 거지요. 그러니까 참고할 게 없는 거지요, 그건 내셔널컨벤션(national convention)밖에 없는 거 아니에요.

조영재 : 예. 그렇습니다. 주로 행사 같은 것들은 굉장히.

정창화 : 그렇게 행사 같은 거 하고 뭐 그리고, 전당대회가 있으면 그거 원내총무고 당대표고 아무 것도 없잖아요, 거기는. 지금 우리나라 정당들이 그런 식으로 가고 있는 거 같아요. 지금 정당들이 자꾸 사무처가 약화되고 그러면서, 그런 식으로 가는 거 같더라구요. 또 그렇게 가야 되겠지요. 그래야 경비가 덜 들고 돈이 덜 들어요. 상시조직을 운영한다는 게, 우선 유지경비가 너무 많이 들어요.

조영재 : 그래도 정당이라는 것이 끊임없이 유권자들과 같이 호흡하고 의사소통하고 이래야 되는 조직 아니겠습니까?

정창화 : 그러게요. 그게 정당론에 비하면, 끊임없이 리크루트(recruit)가 되고 커뮤니케이션(communication)이 되고 그렇게 해야 되는데. 그렇게 하기에는 돈이 드니까, 그 돈이 들어가면 또 부패가 되니까. 그것이 문제인 거 같아요.

조영재 : 예. 사무국의 내부에서 경쟁이랄까, 이런 것들은 좀 있었습니까?

정창화 : 사무처직원들 사이에서 경쟁이 심합니다. 모두 우수한 사람들이, 경쟁을 하고 와서 뛰어난 사람들인데, (게다가) 정당에 들어온 사

람치고 조금은 다 권력의지를 갖고 있는 사람들이죠. 그런데 그 권력의지가 정당에 들어오면 더 강해집니다. 왜냐면 권력의 주위에 있으면, 자기가 곧 권력의지의 중심에 설 것 같거든요. 그러니까 굉장히 강해집니다. 굉장히 강해진 사람들끼리니까, 뭐 모략하고 그런 거는 없겠지만, 다른 집단보다가도 상당히 경쟁이 심하다고 봐야지요. 우수한 사람들끼리니깐.

조영재 : 예. 그래도 일반 기관이나 조직과는 다르게, 사무국도 그 외부에 권력기관인 의원들이 있지 않습니까? 사실은 그러면 파벌에 대한 유혹 같은 것도 굉장히 심할 텐데요. 어땠습니까?

정창화 : 초기에는 그게(파벌이) 참 없었어요, 초기에는. 그래서 대한민국에 부정이 없는 시험이 두 개가 있다면, 아, 세 개가 있다면, 하나는 고등고시고, 하나는 서울대학교 입학시험이고, 하나는 공화당사무처직원 공채시험이라 그랬어요. 그 누구도 권력을 행사할 수가 없어요. 왜냐하면 워낙 사무처를 쥐고, 장악하고 있는 사람이 힘이 세니까. 더 힘이 더 센 사람은 대통령밖에 없는데, 대통령이 청탁 안 하면은 청탁할 수가 없는 거야. 그러니깐 이거는 도저히 청탁할 수가 없는, 그런 조직(공화당 사무국)으로 들어왔으니까 다 자부심이 있었지요. 그런데 그것이 세월이 흐르면서부터 (변했어요). 예를 들면 사무총장에 누구가 왔다 그러면 그 사람의 사람이 생기고, 또 힘 있는 사무차장이 왔다 그러면 그 사람의 사람이 생기고, 그 사람이 조금 좋은 보직에 가고 이렇게 하면서부터 조금씩, 조금씩 그것이 변색을 하기 시작을 해 가지고, 차차 변색이 좀 되기는 됐지요.

조영재 : 그게 한 70년대부터 그렇게 됐다는 말씀이신 것(인가요?).

정창화 : 70년대 후반부터 조금 변색이 되기 시작하더라구요.

조영재 : 예. 그러면 당시 당 총재였던 대통령께서는 사무국에 관심을 보이시거나 지시 또는 지도하신 사항이 있었습니까?

정창화 : 많았습니다.

조영재 : 네. 어떤 거였습니까?

정창화 : 사무처에 대한 관심과 애정이 참 많으셨어요. 사무처 직원들의 월급은 꼭 당 총재가 챙겨 주셨으니까요. 적은 월급이었지만, 1년에 월급에다 보너스(bonus)를 꼭 주셨어요. 추석 때하고, 명절 설 때하고 이럴 때는. 1년에 다른 공무원은 네 번씩 보너스 받을 때, 우리는 두 번 보너스를 받는데, 다 대통령이 꼭 직접 챙겨주신 걸로 알아요. 특히 그때 공화당훈련원에 대한 애정은 더 좋았어요. 어느 정도냐 하면은, 어느 밤중에 오실지를 몰라요. 밤중에 교육이 있다 그러면, 밤 열두 시, 새벽 한 시에 오세요. 와서 당원들이 잘 자고 있나, 여기 근무하는 사람들은 잘 근무를 하고 있느냐, 초계근무는 잘 하고 있느냐, 그러고 우리도 당직을 서야 될 거 아닙니까? 사람을 400명이나 재워놨는데, 갑자기 밤중에 환자가 생길 수도 있고 하니까 불침번이 있어야 되잖아. 그 불침번은 잘 하고 있느냐, 식사 메뉴는 뭐냐, 강의는 요새 어떠냐, 이번에는 어디에서 왔냐, 몇 명이나 왔냐. (박정희 대통령이) 밤중에 수시로 왔어요. 1년에 몇 번 씩요. 그래 가지고 언제 대통령이 오실지 모르기 때문에요, 공화당 훈련원에는 항상 비상이에요, 교육생도. 그래서 오시면요, 꼭 빈손으로 안 오세요. 꼭 촌지를 주고 가시고 그래, 그렇게 다정하시고. 나는 그때 대통령이라는 사람을 연수원의 교수가 되면서 처음 만나기 시작해. 그 전에 대통령을 보지도 못했어요. 저 강당 위에서 연설하는 거만 봤지요. 대통령 오면, 조그만 요런 방에 앉아서 우리 자리가 한 저쯤에 있어요. 원장이 그때도 국회의원이었어요. 그러니까 이렇게 앉고, 훈련부장이 저 정도 앉아서. (우리에게) 말을 걸진 않았지만, 그래도 자상하고 그랬어요. 관심이 대단하셨어요. 그래서 그 분이 선생님을 하셔서 그런지요, 교육에 대한 애정과 그것의 필요성이요. 그래서 나중에 새마을연수원도 그래서 됐고, 새마을운동도 그렇게

되는 거예요. 사실은 새마을도 교육이거든요, 음.

조영재 : 그러면 당시 박정희(朴正熙) 대통령께서 현장지도나 또 아이디어(idea)를 내놓으시거나 하는 기억이 있으십니까?

정창화 : 아이디어(idea)요?

조영재 : 예.

정창화 : 특별한 무슨 아이디어(idea)를 주신 것에 대한 기억이 없고, 뭐 원장이나 나보다 한 계급(위에), 그때 대화가 될 수 있는 사람들이 지시를 받았겠지요. 나는 그때는 좀 낮았어요. 돌아가실 때(1979년) 쯤 내가 부장이 됐으니까요. 그때쯤은 교육에 대해서 관심이 없어지시더라구요. 왜냐하면 유신체제가 되고 하니깐, 예. 그렇잖아요. 유신체제 때에는 선거라고 하는 것은 별로 본인이 의식하지 않으셔도 되잖아요. 다만 (당)조직이 말단에 들어가서 자기의 통치기반을 어느 정도 안정시켜주는 기능을 잘할 것인가 하는 그거지. 그것이 관심이었으니까, 교육에 대한 열의가 조금은 식어지더라구요.

조영재 : 70년대 후반기부터 그렇습니까?

정창화 : 후반기부터는 예. 좀 그래.

조영재 : 그 이전에는.

정창화 : 당연히. 그 전에는 표를 얻어야 하는 조직이니까, 당장 이 조직이 움직여서 표를 얻어야 대통령이 되니까. 한데 그 다음에는 조금은 없어지더라구요. 그때 되니까 교육과목도 달라. 조금 달라지는 거지요. 유신의 이념 뭐 이런 게 달라지고, 예. 통치기반구축작업으로 들어간 거죠. 그전에는 조국근대화, 민족중흥 이래 가지고, 득표활동 이런 걸로 많이 갔는데, 음.

조영재 : 이전에 의원님께서 행정부를 경험하셨잖습니까? 주로 정무적인 활동도 있었을 텐데요. 그렇긴 해도 행정부의 경험인데, 당에서의 경험과 어떤 차이가 있던가요?

정창화 : 짧은 기간이었어요. 그래서 짧은 기간이었기 때문에 크게 경험한 건 없지만, 좀 답답하더라구요. 제 젊은 마음에도 '하, 참 답답하다' 그런 생각을 했지요. 그리고 보는 시야가 너무너무 좁구요. 그리고 당에서는 입만 떼면 조국이고 근대화고 민족중흥이고 역사고 뭐 그런 건데, 여기(행정부에) 가니까 뭐 조국 그런 말은 하나도 없고 말이지. 무슨 뭐 5개년계획에, 지디피(GDP)가 뭐 몇 프로냐 뭐 이것만 따지고 앉아있고…

조영재 : 조그만 정책 사안들만 중심적으로 다루고…

정창화 : 예. 그러니까 답답하고 뭐. 그리고 예를 들어 저녁에 회식을 가도 말이죠. 이쪽에는 가면 민족이 어떻고, 조국이 어떻고, 국가정당이 어떻고, 당에서는 이런데, 여기(행정부)는 회식 가면 돼지 삼겹살, 그런 거 하나 구워놓고는 뭐 하는데 뭐가 어떻고, 뭐 어느 부서 누구가 어떻고, 그런 소리나 하고 앉아있고, 그래. 그러니까 좀 답답하더라구요.

조영재 : 길재호(吉在號) 씨가 당으로 복귀하실 때, 같이 가자고 말씀 안 하셨어도 당으로 오고 싶으셨겠네요?

정창화 : 한 3년쯤 나가 있으니까요. '아, 내가 오히려 당에 있는 게 더 낫겠다' 하는 생각이 들더라구요. 그래서 공무원을 하면 '내가 사무관에서 서기관 올라가고, 서기관 올라가가지고는 뭐 서울시청이나 내무부나 어느 부처에 가서 과장 하고, 이렇게 앉아 가지고는 내가 뭐까지 될 수 있을까' 이런 생각도 하고. '역시 나는 여기에서 주류가 아니다' 생각도 들기도 하고. 거기가 보니까 주류는 고등, 행정고시 한 사람들이 주류더라구요. 그래도 이쪽(공화당)에 오면 내가 주류인데…

조영재 : 예. 그렇습니다. 공채이시고.

정창화 : 응. 그리고 역시 정치학을 공부해서 그런지요, 허황해도 이렇게 폭이 넓은 게 좋더라구요. 정치학이라는 게 그렇지 않습니까. 그

래도 인터네셔널 폴리틱스(international politics)뭐 그러고 말이지. 뭐가 어떻고, 전부 파워(power)가 어떻고, 뭐 권력론이 어떻고, 뭐 이런 거잖아요. 그러니깐 그렇게 큰 것 가지고 이야기하다가 조그만 거 가지고 얘기하려고 하니까, 좀 그렇더라구요.

조영재 : 예. 근데 행정부보다는 당에서 (지낼 때) 훨씬 더 시야도 넓고 또 역동적이고 그러셨단 말씀이신 거지요?

정창화 : 그래, 좀 그런 거 같았어요. 내 개성이 그런 거 같아요.

조영재 : 네. 이어서 질문을 드리도록 하겠습니다. 의원님께서는 1979년에 훈련부장직에 오르셨잖습니까? 사무총장과 사무차장 바로 밑에, 사실 당료로서 올라갈 수 있는 최고직 아니겠습니까?

정창화 : 그렇습니다, 예. 그러니깐 행정부로 말하면 뭐 국무위원에 올라간 거나[웃음] 마찬가지지요, 예. 그리고 훈련부장 위에는 훈련원장이라는 게 있는데, 그건 사실상 정무직이었어요. 원내(국회의원)가 와 있고 그랬어요.

조영재 : 그럼 그 당시 당료로서 최고위직이라고 할 수 있는데 부장들 간의 연계와 네트워크(network)는 좀 어땠습니까?

정창화 : 좋았지요. 그때쯤은 부장이 전부 다섯 명인가 여섯 명 정도 됐는데, 두 명인가 세 명인가가 공채요원으로 충원이 됐어요. 1기가 둘이고 2기가 하나고 그랬나, 그랬어요. 조직부장하고 기획부장이. 둘 다 고려대학 출신인데, (한명은) 고려대학 법학과 나오고 하나는 경제과 나왔는데, 서울대학의 김유성(金裕盛) 교수 형님이 김유상(金裕祥) 씨라고. 나하고, 부장이 셋이 같이 됐어요.

조영재 : 그럼 이전에 부장하셨던 분들의 진로는 어떻게 됐습니까?

정창화 : 대체로 부장이 다섯 명 내지 여섯 명 있으면, 한두 명 정도는 비례대표로 진출을 했구요, 그 다음에.

조영재 : 유정회로 가시거나 뭐.

정창화 : 유정회로 가거나 비례대표로 진출을 했구요. 그리고 서너 명은 국영기업체 이사(理事)나 장(長)으로 가신 분들도 있고. 그러니깐 국영기업체 임원급 내지 비례대표로 다 이렇게 진출을 했지요. 그래서 참 잘 나갔습니다.

조영재 : 당에서 그 정도의 직위는 보장을 해주는…

정창화 : 예. 그 정도로 보장되지요. 그래서 대체로 당의 부장급이 되면 전국구국회의원 즉 비례대표 문전에 와 있다고 생각을 하고, 그때부터 피 말리는 노력을 해야지요. 예, 4년 동안.

조영재 : 그러면 사무국 살림도 해야 되지만, 정치적인 역할도 해야 되는 건가요?

정창화 : 그렇지요. 그러니깐 사무국이라고 하는 것이 사무판단만 하면 안 돼요. 사무판단과 정치판단을 동시에 해야 돼요. 아까 말씀대로 뛰면서, 생각하면서 써야 되고, 그리고 사무를 볼 때도 사무판단과, 그러니까 기안을 할 때는 오탈자가 없어야 되고 문장이 정확해야 되지만, 생각을 할 때는 정치적으로 크게 판단(해야 해요). 아까 말씀대로 조국과 민족과 역사 앞에서 내가 정당한 건가 하는 판단을 하고, 이것이 되면 정권은 어떻게 될 것이며 국민은 어떤 영향을 받게 될 것인가 하는 판단을 해야지요.

조영재 : 예. 그러면 행정부 어느 직급하고 유사하다고 생각을 하셨습니까? 파트너십(partnership)이라든가.

정창화 : 부장급이 되면 대체로 장차관급하고는 같이 어울리고 그러지요, 예.

조영재 : 예. 당(사무직)으로서는 최고위직이면서, 정계에 발을 들여놓기 바로 직전 단계쯤으로…

정창화 : 예. 근데 그것도 60년대 후반 70년대 초반까지는 그랬는데, 70년대 후반에 오면서부터 자꾸 당이 위상이 낮아졌지요.

-----------(중략)-----------

조영재 : 예. 1980년 하반기에 민주정의당의 창당이 추진되잖습니까? 그 당시 공화당 사무국요원들은 민정당에 어떤 방식으로 합류를 하시게 된 겁니까?

정창화 : 10·26 사건이 나고 공화당활동이 중단이 됐지요. 고위당직자들은 돌아가고 국회도 거의 중지가 되고. 이래 가지고 활동중지 상태에 있는데. 저는 그때 훈련부장이었는데, 그때도 새마을연수원 등에서 참 교육이 많았어요. 그래서 계속 저를 보고 외래강사 강의를 오라 그래서, 저는 강의를 정신없이 바쁘게 다니고 있었어요, 그때도.

조영재 : 아, 새마을연수원 교육에요?

정창화 : 예. 새마을연수원 교육에 무슨 일반 직능단체교육원, 직장새마을운동교육원 같은 데서 많이 불려 다녔어요. 그러고 있는데 많은 사무처직원들이 장래에 대한 고민을 하고, 모임도 갖고 그랬지요. 그때 보니깐 아까 말씀드린 허상영 동지라고 하는 분이 민정당의 창당작업에 깊숙이 참여를 하고 있더라구요. 그때 창당 주역을 하신 분들이 권정달, 이종찬, 그 다음에 강창희, 그 다음에 허상영, 그 다음에 조금 후반기에 다시 참여한 사람이 안기부장을 했던 이상연이라고 있습니다. 대구시장도 하고 내무장관도 한 친구가 있는데. 그 사람이 나중에 민정당연수원장도 와서 내 위에 잠시 있기도 했는데. 그런 사람들이 지금 프레지던트호텔, 백남빌딩에 있는 호텔 있지요? 그 조선호텔 옆에 거기서 창당작업을 하고 있었더라구요. 어느 날 '사무처의 간부들을 전부다 불고기식당에 모이라' 그래서, 모였더니 그때 권정달 씨라는 분이 처음으로 나와 가지고 '여러분들은 걱정하지 말아라, 어. 우리가 다 여러분들은 인수한다. 데려간다.' 그러더라구요. 그래서 그런가보다, 우리는 그저 담담하게 생각하고 있었는데, 그때 이미 사람 추리는 작업을 다

했는 거 같더라구요. 그래 가지고 소위 말하는 그때까지 남아있었던 창당멤버(member)들, 일부 고참들이지요. 고참들 또 일부 사무처직원들 중에서 좀 말썽이 있다든가 뭐 이런 사람들 이제 다 빼고. 그리고 또 유능한 몇몇 친구들 중에는 그때 소위 말하는 2중대라는 것을 창당을 했어요. 2중대가 유치송(柳致松) 씨의 민주당이고 3중대 국민당이라고.

조영재 : 민한당과 국민당.

정창화 : 민한당이 있었고 한국국민당이라고 이만섭(李萬燮) 씨가 하는 당이 있었어요, 김종철(金鍾哲) 씨하고. 그쪽 당으로 몇 사람이 갔어요. 그래서 이제 민정당으로 넘어가기 어려운 몇몇 동지들이 거기로 얼마 가고, 그리고 거의.

조영재 : 그게 자발적 선택이었습니까, 아니면 중정이라든가(하는 쪽에서 압박이 있었습까)?

정창화 : 자발적, 자기네들은 자발적 선택이라 그러는데, 그쪽에서 이만섭 씨가 지명으로 선택을 해서 데려간 거 같아요. 그래서 그때 김한선(金翰宣) 씨라고 1기로 같이 들어온 고려대학 법과 나온, 나하고 같이 그 사람은 조직부장이 됐었는데, 그 곳으로 가서 사무총장을 했지요. 그래 가지고 비례대표 1번으로 들어갔지요, 11대 때. 그래서 민정당에 있는 주류멤버가, 공채요원들이 그대로 민정당으로 넘어가서 일을 했어요.

조영재 : 지역조직책들은 많이 좀 바뀌었어도.

정창화 : 예?

조영재 : 지역조직책들은 많이 바뀌었어도 사무국 요원들은 거의 그대로 인제 옮겨갔다는 (말씀이신가요?).

정창화 : 주류가 그래 했지요. 그래서 민정당의 국장급들은 총무국장에 인제 아까 말씀드린 허상영이라는 그 친구가 넘어왔고, 직능국장을 제가 했고. 둘이 만 하고 그 다음에는 밖에서 들어왔었어요. 조직국장

은 이상재 씨가 하고 선전국장은 조남조(趙南照) 씨가 하고. 조남조라고 고려대학에 나온 조선일보정치부장 하던, 나중에 이리에서 국회의원도 하고, 전라북도 도지사도 했지요.

조영재 : 의원님께서는 당시 임시사무국 때부터 합류하셨잖습니까. 창당하기 전부터. 그리고 사실 사무국 내에서도 요직이라고 할 수가 있는데, 직급도 높고요. (그런 의원님께) 권정달 씨라든가 이상재, 이종찬 씨 등 같이 당시 창당 실무 핵심을 맡고 계셨던 분들께서 별도로 뭐 언질이라든가 제안이라든가 혹은 요청 같은 건 없었습니까?

정창화 : 전혀 몰랐어요. 전혀 그 사람들이 어떤 사람인지도 모르고 일면식도 없었고 만난 적도 없었어요. 그랬는데 뭐 오라 그래서 갔지요. 다만 제가 한 사람 아는 사람이 있었지요. 이상연 씨라고. 이상연 씨가 제가 공화당 청년국장일 때 보안사 소령으로 공화당을 출입하는, 담당하는 분이었었어요. 또 마침 대구사대부고를 우리보다 1년 학번이 빠른 그런 친구였어요. 그랬는데 나중에 대령이 되서 높아져 가지고, 보안사에서 되게 높은 사람이 돼서, 주역이 돼서 왔더라구요. 그래 그 때는 자기가 한다는 소리만 들었는데 나는 몰랐지요, 뭐. 나중에 만나니까 자기가 그렇게 높은 사람이 됐더라구요. 그런 사람 하나 외에는 아무도 몰라. 그 후에 전부 알았어요.

조영재 : 예. 그래도 국장급으로 임명할 정도 면, 사실 굉장히 선별하고 추리고 했었을 텐데.

정창화 : 글쎄 그랬을 거 같은데, 그 이유는 지금도 모르겠고, 아마 그게 연수원에 있었던 그 기능 때문이 아니었나, 그런 생각이 들어요. 그리고 그거를 맡길려고, 훈련부장을 또 맡길라고. 그래서 처음에는 훈련부장을 그대로 맡았었어요. 그 후에 제가 직능국장으로 왔구요. 처음에는 훈련부장으로 그걸 맡아서. 훈련업무는 아무나 금방 안 되는 거니깐. 그래서 나를 발탁했던 게 아닌가 하는 생각이 들어요. 그리고 사실

상 다른 부장은 다 못 왔으니깐요.

조영재 : 부장급에서는 의원님만 이쪽으로 오시고.

정창화 : 부장급에서는 나 혼자만 오고, 부장급이 아니었던 허상영 씨라는 분만 총무부장으로 오고요. 그 외에 다른 조직, 선전, 직능, 정책, 이런 요직 부장들은 다 새로 오신 분들이 맡았지요. 새로 발탁되신 분들이.

조영재 : 근데 공화당에서 민정당으로 넘어올 때 공화당 내부에서 청산위원회가 꾸려졌잖습니까? 그리고 그 결정에 대해서도 일부 반발도 있고 그랬었는데요. 당시 어떻게 기억을 하고 계십니까?

정창화 : 일부 반발도 있고 거기 대해서 뭐 옳으니 그르니 하는 말도 있었는데. 다수는요, 그 재산이 나라의 재산인데 우리들이 무슨 개인회사가 돈을 벌어서 이룬 것도 아니고, 정권의 비호하에 이루어진 재산이니깐, 나라가 가져가든 또 새로운 여당이 가져가든 관계없다는 그런 생각을 많이 했었어요.

조영재 : 사무국 내부에서 분위기는 어떻습니까?

정창화 : 사무국내에서 이쪽으로 넘어오는 사람들은 저와 같은 그런 생각으로 '나라가 가져가든지, 뭐. 또 정부여당이 가져가서 있다가 또 나라에 바치면 되는 것이지' 이렇게 생각을 했는데, 관두는 사람들은 '그것을 청산해서 퇴직금이라도 줘야 되지 않느냐'라고 생각하는 사람들도 있었지요.

조영재 : 예. 그러면 퇴직금이라든가 퇴직절차는 없었습니까?

정창화 : 퇴직절차는 있었어요. 퇴직금을 많지는 않지마는 얼마씩으로 했는데. 제게 돌아온 퇴직금은 예를 들면 그때 당시에 한 5백만 원쯤 됐을 거예요. 5백만 원이면 그때 당시에 나온 차, '코로나'인가가 있었어요. 고거를 한대 살 수 있는 돈이었어요. 지금으로 말하면 한 2천만 원 됐을까? 중형차 하나 살 수 있는, 그런 돈이었어요. 민정당으로

넘어온 사람들은 그 퇴직금이 그대로 인계가 됐어요, 예.

조영재 : 예. 그러면 그 당시에 공화당에서 민정당으로 넘어오게 되는데, 두 정당의 사무국 조직의 변화라든가 운영방침의 차이 이런 것들이 있었습니까?

정창화 : 크게 없었어요. 10·26이 일어나고 여러 가지 다른 일도 바쁜데, (신군부가) 정당조직이라는 그 엄청난 조직을 시작하게 됐잖아요. 전국조직을 하는데, 또 바로 국회의원 총선 해야지요. 이렇게 정당 모양을 갖춰야 되니깐, 너무 방대한 거니깐, 다른 걸 손댈 여유가 없었던 거 같고 공화당조직을 거의 그대로 인수를 한 것 같아요. 그리고 사무처직원도 그 사람들이니깐, 그 사람들이 그대로 그냥 해서 거의 같은 모습의 패턴(pattern)을 그대로 갖추었지요, 예. 그리고 그때 실권을 가진 권정달 씨나 이상재 씨가 공화당조직에 대해서 잘 알아요, 그 전부터 잘 아시던 분들이었고, 또 전두환 대통령 자신이 박정희 대통령 휘하에서 공화당을 너무 잘 아시는 분이니깐, 공화당조직이 나쁘지 않다고 생각하셨던 거 같아요.

조영재 : 예. 말씀이 나오셔서 그런데요, 새세대문제연구회 사무국장 하실 때, 전두환 당시,

정창화 : 준장이었던 거 같아.

조영재 : 준장이요. 연이 있으셨다고 하셨는데, 그때 사적인.

정창화 : 저는 그때 인사도 못했어요. 명동 입구에 있는 호텔이, 무슨 호텔입니까? 메트로호텔인가, 뭐 조그만 관광호텔이 하나 있어요. 그때는 그것이 꽤 큰 호텔이었어요. 그 호텔의 연회실에서 우리가 모임을 가졌는데, 저는 그때 이건개랑 주최자가 돼 가지고, 사회도 해야 되고, 뭐 이렇게 진행을 맡고 이래야 되는데요. 그때 공무원들도 많이 오고, 한국에 똑똑하다는 사람이 30대에서 40대 중반까지 다왔었을 때니깐요. 그분(전두환)이 오셨다 갔다 그러더라구요. 나중에 명단에 보니

간 있더라구요. 그래 나는 10·26이 나서, (주역이) 그분이라 그래서, 이제 속으로 '아이고, 그때 진작 인사라도 좀 해놓지' 그런 생각도 제가 하기는 했었어요. 근데 나중에 저절로 알게 되더라구요. 또 그분도 그걸 알고 있었던 것 같은 생각이 나중에 들더라구요, 음.

조영재 : 나중에 의원님 되시고 나서, 만나 뵀을 때요?

정창화 : 그리고 내가 공화당에서 민정당사무처로 넘어왔을 때 나를 대하는 태도들이 역시 그때에 그런 값어치를 다 이렇게 인정하고 있었던 거 같더라구요.

조영재 : 예. 그럼 중앙당 차원에서는 그렇고. 시도지부라든가 지구당 차원에서 공화당이 민정당에 이전·흡수되는 방식은 어떠했습니까?

정창화 : 그대로 그냥 이전됐었어요. 시도는 특별한 경우가 아니면 그대로 이전돼 가지고 인원보충만, 교체만 갈아 끼우기가 돼있었고. 지구당도 처음에는 지구당위원장, 국회의원이 뽑히기 전까지는 그 사람들이 있다가 국회의원이 인제 뽑히면서 사람들이 전부 그 사람으로 다 바뀌져버리지요. 지구당위원장의 사람들로 바뀌지더라구요.

조영재 : 그럼 공천과정과 지역책 선정하는 과정에서 교체가 된 건가요? 어떻게 된 건가요?

정창화 : 그러지요. 공천되고 지역책임자 선정과정에서 거의 동시에 같이 교체가 되는 거지요. 예를 들어 의성이다 그러면은 의성에 권정달. 그때는 중선거구라 1구 2인제라 의성 안동이 선거군데, 권정달 씨가 사무총장인데 안동 분이더라구요, 나중에 알고 보니깐. 그래서 (권정달) 안동 의성의 선거구 책임자가 되어 와서는 그분이 사무국을 장악을 하시더라구요. 안동 의성은 그때 그 사람 그대로 오래 동안 썼어요. 본인 국회의원 할 동안에 거의 공화당 때 있던 사람들과 같이 했어요. 그 조직 그대로 그냥 했어요.

조영재 : 뭐, 그에 관련해서 잡음 같은 건 없었고요?

정창화 : 아주 순조롭게, 공화당에서 민정당으로 넘어오는 과정은 한국 정치사에서 큰 변동이 없이, 인맥과 이념선 상에서 계속 됐다고 봐도 관계가 없을 거예요. 그것은 크게 봐서 박정희(朴正熙) 대통령의 생각과 이념을 전두환 대통령께서 그대로 받아들이셨기 때문에 그대로 그냥 이어졌던 게 아닌가 그런 생각이 들어요.

조영재 : 당시에 그러면 신군부 측에서, 예컨대 권정달 씨라든가, 이상재 씨 이런 분들 빼놓고는, 중간에 당료로 오신 분들은 없었습니까?

정창화 : 중간에 당료로 오신 분들은 아까 말씀드린 대로 이상연 씨라는 분이 정치연수원장으로 왔어요. 내가 훈련부장인데, 정치연수원장으로 오셨고. 그 외에 당료로 왔던 사람은 육군중령출신의 강창희 중령이 그때 조직국장으로 젊은 나이에 왔고. 서정화(徐廷華)라고 혹시 생각나시는지 몰라요. 인천에서 국회의원 하시던 분. 한화의 서정화(徐廷和) 말고 인천에서 국회의원 하시던 서정화(徐廷華)라고 그분이 육군 중령 출신인데, 육사 19긴데, 총무부차장으로 왔었어요. 그러고는 보안사에서 김두종(金斗宗)이라는 조사관이 한 사람 와서 조사국장을 했고. 다 원내 들어갔죠.

조영재 : 근데 그분들의 자리가 사무국의 요직들인데, 기존의 공화당과 다른 방식을 추구하거나 또 변화 이런 거는 없었습니까?

정창화 : 없었어요. 왜냐하면은 그분들도 그때 당시에 보안사에나 있거나 다 정보기관에 있었던 분들이라 공화당 조직에 익숙해져 있었던 거 같구요, 어. 그리고 또 당 조직이나 방대한 것에 대해서 무슨 아이디어(idea)가 있다고 해서 하루아침에 그게 실천해서 할 수 있는 그런 방법도 없잖아요. 당의 조직을 한번 이렇게 뭘 손을 대서 흔들라면 돈과 사람이 얼마나 있어야 하는데, 그걸 함부로 움직일 수가 없으니깐, 그대로 순응하고 그것을 그냥 다듬어 나가는 정도였지요.

조영재 : 예. 아까도 말씀하셨던 것처럼 민정당 초기에 훈련부장을

맡으셨는데요. 그래도 민정당의 이제 창당이념이 정의사회구현, 복지사회구현이라고 해서, 그전의 공화당의 이념하고 조금 차이가 있지 않습니까?

정창화 : 음, 저희는 뭐 크게 있다고 생각은 안 했어요. 그저 시대적 상황변화라고 생각을 했지요. 예를 들면 한국의 정당사를 보면, 해방 이후에 한국 헌정사의 초기에는 자유당이니 민주당이니 하는 자유, 민주 같은 말을 정당에 그걸로(이름으로) 많이 써졌잖아요. 민주주의의 기본 가치인 자유와 민주 이런 걸로. 그러다가 그 다음에 공화당에 들어왔을 때 처음으로 민주공화, 공화라는 말이 나오고 그 다음에 민주당이니 뭐 민한당이니 뭐 이런 말이 더러 나오다가, 그 다음에 민주공화당이 망하면서부터 정의니 평화니 통일이니 복지니 뭐 이러한 용어들이 정당의 이름으로도 등장하기 시작하는 거지요. 그러면서 정당의 이름 변천사 자체가 시대적 배경과 시대정신, 자이트가이스트(zeitgeist)를 반영하는 게 아닌가 하는 그런 생각을 가지면서, 이제는 민주공화보다는 정의, 평등 뭐 이런 거가 좀 더 (시대정신을 반영)한 거 아닌가 하는 그런 생각을 했지요, 예.

조영재 : 예. 그래도 훈련부장이시다 보면, 그런 이념들을 새롭게 설명하고 또 교육하고 훈련하는 프로그램을 짰어야 될 텐데요.

정창화 : 그렇지요. 그게 조국근대화, 민족중흥이잖아요, 공화당은. 그러니까 조국근대화 민족중흥이 그래도 18년의 박정희 정권하에서 어느 정도 기틀이 마련된, 그러니까 국민소득이 그래도 한 2천 불인가 3천 불까지 갔을 때 아닙니까. 그랬을 때니까 이제 정의가 앞장설 때가 됐다, 그래서 그렇게 논리를 폈던 생각이 나요. 그거 했던 교수는 따로 있었어요.

조영재 : 아, 그러셨어요?

정창화 : 예. 그리고 이제 지금 와 가지고는 민주정의 그런 말도 인

제 다 없어지고, 요새는 뭐 통합이니, 진보니, 새누리니, 한나라니 뭐 이렇게 나오잖아요, 어. 그러게 이게 참 시대가 이제는 정의, 민주정의, 이런 무슨 민주주의적 기본 가치가 아니라, 뭐 두리뭉실 새누리, 통합, 뭐 이런 말로 정당 이름도 바뀌지는 거 같아요. 앞으로 또 정권이 바뀌면은 정당이 또 바뀔 겁니다. 우리나라는 꼭 정치 지도자가 바뀌면 바뀌었어요. 자유당 정권이 망하면서 공화당 정권이 들어서면서 이름이 바뀌면서 됐고, 그 다음에 전두환 정권이 들어서면서 또 민정당이 바뀌고, 그 다음에 김영삼 정권이 들어서면서 신한국당이 되고, 그 다음에 이회창 씨가 들어오면서 한나라당이 되고, 그 다음에 박근혜 씨가 들어오면서 새누리가 되고. 그러면서 그것 따라서 야당도 그대로 변해 온다구요. 뭐, 이름을 그때 그때 따라서 민주통합당이니 뭐니해서, 그대로 따라온다구요. 그러니깐 저는 5년 후에 누가 대통령이 될까. 그 사람은 되면 또 무슨 당을 만들어서, 새누리당이 갈기갈기 때가 묻을지도 모르거든요. 다행히 다행이 안 묻으면은 5년 더 살아남을 텐데. 그래도 한나라당이 야당을 했기 때문에 큰 때가 안 묻어서 이명박 씨가 그대로 지켰는데, 이명박(李明博) 씨가 지키면서 한나라당이 너무 욕을 먹으니깐 박근혜 씨가 바꿨잖아요. 그러면 박근혜 씨 다음에 오는 사람이 욕을 많이 먹게 되면 누군가 바뀌야 될 겁니다. 그래 또 뭐라고 바꿀는지. 예, 그 두고 볼 일이지요.

조영재 : 예. 의원님께서는 사무국 중심으로 볼 때, 당시 당의 조직이나 구성들에 있어서는 거의 그대로 갔고. 다만 시대정신이 조금 바뀌고 변화됐기 때문에, 그거에 대한 변화가 조금 있었을 뿐이지, 적응에는 큰 어려움이 없으셨다 이런 말씀.

정창화 : 없었다, 예. 사람도 그 사람이 그 사람이었고. 많은 사람이 공화당 때 있었던 사람이 많이 살아남았고. 또 그때 어울려 놀던 인맥 속에서 사람이 커가지고 정계로 들어오고 했으니깐, 크게 뭐 변화가 없

었지요.

조영재 : 당시 권정달 씨나 이상재 씨가 사무국을 주로 관장하지 않았습니까? 그분들의 업무스타일(style)은 좀 어떻습니까? 리더십스타일(leadership style)이라든가.

정창화 : 음, 역시 군인출신이 돼서 그런지요 뭐, 상당히 솔직담백하고 또 치밀했어요. 특히 이상재 씨는 오랜 세월 수사관 출신이 되고 또 실무자가 돼서 그런지, 정말 실무자로서 당무를 그렇게 챙기는 사람은 지금까지 처음 봤어요. 사무차장이라는 자리에 앉아 계셨는데, 힘도 거의 사무총장만큼 셌고, 당의장에 버금가는 힘을 가지고 있고, 청와대 직통라인을 갖고 있었기 때문에 힘도 셌지마는 밤을 새서 일을 했으니깐. 아침부터 저녁까지 잠바 입고요. 그렇게 알뜰히 챙겼어요. 그래서 이상재 씨가 정권 밖에 있는 사람들로부터는 상당히 비난도 받고 욕도 먹고, 권력을 남용했다는 사람으로 (비난을) 하는데, 제가 가까이에서 지켜보고 같이 일을 해본 사람으로서는 상당히 참 애국심이 있고 정직하고 열성적이었던 사람인 거 같아, 치밀하고.

조영재 : 예. 헌신적이기도 하고요.

정창화 : 헌신적이었어요. 그 사람이 경제적으로 이권에 얼마나 관여를 하고 어떻게 했는지, 또 미운 사람을 얼마나 탄압을 했는지, 난 그거는 잘모릅니다만, 음.

(후략)

김한선

❑ 사회자 : 조영재 (명지대 국제한국학연구소 연구교수)

❈ 구술자 소개

김한선은 1939년 경북 김천에서 출생하였으며, 농사를 짓던 부모님이 일찍 작고하여 조부모 밑에서 성장하였다. 고려대 법대에 진학하였으며, 졸업과 함께 육군 소위로 임관하였다. 그는 1965년 공채1기로 공화당 사무국에 채용되어, 공화당 당료의 길을 걸었다. 이후 공채출신들의 모임인 '황소회'를 조직하고 이끌기도 하였다. 공화당에서는 단 한차례 총무국장을 지낸 것을 제외하고, 줄곧 조직부에서 활동을 이어나갔다. 이 과정에서 그는 전국의 다양한 인물들에 대한 방대한 자료를 접할 수 있었으며, 공화당의 지역조직의 실태와 구체적인 재정조달 방식에 접할 수 있었다. 1975년 서울시당의 연락실장을 거쳐, 1980년 조직부장으로서 공화당의 해산과정에서 청산위원을 지냈다. 이후로도 정당활동을 지속하였으나 공화당의 후신 정당으로 일컬어지는 국민당, 신민주공화당, 자민련의 계보를 지키려고 하였다. 그는 1981년 국민당 소속 제11대 국회의원을 지냈으며, 6공화국에 들어와서 공화당청산위원회의 활동은 불법이라며 공화당재산반환청구소송을 제기하기도 하였다.

<주요 이력>
1939년 경북 김천 출생
1961년 고려대 법대 학사
1964년 육군 중위 예편
1965년 공화당 공채1기로 입당
1968년 공화당 지방국장
1970년 공화당 조직부 차장
1975년 공화당 서울연락실장
1978년 공화당 조직부장
1980년 국민당 사무차장

1981년 제11대 국회의원
1983년 국민당 정책연구실장
1987년 신민주공화당 사무차장
2005년 자민련 사무총장

조영재: 제87회 정기학술포럼을 시작하도록 하겠습니다. 잘 아시다시피 저희들은 박정희 시대 연구를 매달 해서 87회까지 이어오고 있습니다. 그래서 정치·사회·경제·문화 전반을 다루고 있고요. 지금은 민주공화당을 주로 다루고 있습니다. 오늘 말씀해주실 분은 김한선 전 의원님이신데요. 우리 포럼에 계속 참여하신 분들은 아시겠지만, 공화당이 갖고 있는 정당사적 의미가 대단합니다. 그중에서 중요한 요소를 차지하고 있는 것이, 정당 사무국 체제와 체계화된 관료 체계라 할 수 있는데, 거기에 공채 1기로 들어가셨던 분입니다. 본격적인 질문에 앞서 출생과 성장과정에 대해 간단히 소개해 주시기 바랍니다.

김한선: 제 고향이 경북 김천입니다. 1939년에 출생했습니다. 농사를 짓던 부모님이 일찍 돌아가셔서, 그분들 얼굴도 모릅니다. 조부모님 밑에서 자랐는데, 형님 두 분이 계셨어요. 큰형님은 세무서에, 둘째 형은 철도청에 다니시고. 두 분 모두 공무원이셨는데, 그분들 도움으로 제가 학교를 다녔죠. 초, 중, 고 모두 김천에서 나왔어요. 중학교 때까지만 해도 중간 쯤 했는데, 고등학교에서는 졸업할 때 제가 2등이었습니다. 그래서 고대 법대에 진학을 하게 되었죠.

조영재: 의원님께서는 대학시절 4·19혁명과 5·16군사정변을 경험하셨을 텐데요. 당시를 어떻게 기억하고 계십니까?

김한선: 제가 61년도에 고려대학교 법과대학을 졸업했어요. 그리고

고등고시를 딱 한번 봤습니다. 그때는 고등고시가 지금 사법시험하고는 달라 가지고 1년에 10명 내지 12명 뽑을 때입니다. 그러니까 그것은 참 어려운 시험이었는데, 졸업할 때 시험을 한번 봤더니 안됐어요. 그때 된 사람이 전에 법무부장관하고 검찰총장하던 이종남 장관이 제 동기입니다. 우리 동기들이 60명이 그때 입학을 했는데, 한 15~16명이 합격했습니다. 저는 대학을 졸업하고 나서 시험을 봤는데 안 됐 길래, 군대는 가야 되고. 그래서 일반 장교 시험을 쳤어요. 다행히 합격을 해서 제가 육군 소위로 들어갔습니다. 4·19는 제가 대학교 4학년 때였습니다. 근데 우리는 고시 준비하느라 공부하고 있는데, 그때 학생운동 하는 학생회장들 특히 이세기 같은 친구들이 뛰어 올라와 가지고 데모하러가자, 그래 가지고 뭣도 모르고 따라 나왔어요. 옛날 태평로 국회까지 왔다가 돌아가는 길에 천일백화점 앞에서 테러를 맞은 거지. 그날이 4월 18일입니다. 그 뒤에 다시 들어가서 공부를 하고, 나머지 정치학과 학생이나 이런 운동권 학생들은 나와 가지고 계속 데모하고 그렇게 했었는데, 저는 1961년 육군 소위로 임관을 해 가지고 훈련을 받는데 5·16이 난 것입니다. 그래서 우리 구대장이 육군 대위인데 이 양반이 어느 날 갑자기 '전출 갑니다' 하고 가더니, 여기 남대문 경찰서장으로 오더라고요. 육군 대위가. 우리 훈련받을 때 구대장이라는 것이 있지 않습니까? 그래서 '이야, 세상이 이렇게 뒤바뀌는구나.' 그렇게 하고 육군 소위를 달고 전방에 배치 되가지고. 그때 군인사법이 처음 개정되가지고 장교도 3년 만에 제대할 수 있는 길이 열렸어요. 그래서 61년도 10월 달에 임관을 해 가지고 64년 10월 달에 전역을 했습니다.

조영재 : 1965년 공채1기로 공화당 사무국에 채용되신 것으로 알고 있습니다. 전역한 이듬해이네요. 공화당 공채에 응시한 이유는 무엇이었습니까?

김한선 : 전역을 해 가지고 고시공부를 계속 하려니까, 군대 생활 3

년 동안에 머리도 많이 안 좋아졌고, 그래서 '이거 안 되겠다, 취직을 해야 되겠다'(고 생각했어요). 그래서 저쪽에 동국대학입구에 가면 옛날에는 앰배서더호텔이라 그랬었는데, 거기 보면 USIS(미문화원)에서 운영하는 도서관이 있어요. 거기서 도시락을 2개 싸가지고 가서 점심, 저녁을 먹으면서 한 3~4개월 공부를 했어요. 그런데 그때는 인천제철이라고 있었습니다. 인천제철, 한국전력, 이런 국영기업체들이 대학 졸업생들한테는 굉장히 인기 있고, 그 다음에 은행들이 있었는데, 인천제철에서 시험 공고가 났어요. 그래서 거기 시험을 준비를 하고 있었는데, 그 얼마 후에 공화당에서 사무국 요원 공채를 한다고 공고가 나왔어요. 그래서 '정당에서 공채 시험을 봐가지고 정당원이 되나?' 하는 그런 의아심도 있지만 호기심이 생기더라고요. 그래서 인천제철 시험을 보고 그 다음에 공화당 사무국 요원 시험을 봤어요. 그때 남대문 초등학교에서 봤는데, 그때 한 한 700명이 응시를 했는데 최종합격자를 12명을 뽑았어요. 그런데 인천제철에서 합격통지서가 왔습니다. 공화당에서도 합격통지서가 왔어요. 그래서 이제 고민을 합니다. 인천제철에 가면 급여도 좋고, 또 여러 가지 신분보장도 되는데. 공화당은 뭐, 그때는 사무국이라는 것을 알지도 못했고 다른 정당에 사무국이라는 것이 없었어요. 그래서 위험하기도 했는데. 그때 마침 공화당의 당의장이 내 고향인 김천의 백남억 씨라고 있습니다. 그분 비서관이 제 중학교 은사였어요. 그래서 제가 그 은사님한테 자문을 구했습니다. "사실 제가 인천제철에도 합격하고 여기 공화당에도 합격했는데, 공화당이 어떤 곳인지도 모르고 사무국이 뭐하는 곳인지도 모르겠는데, 선생님 좀 자문을 해주십시오." 했더니 "그래. 넌 그래도 고대 법대 나왔으니까 판·검사하려고 했던 것 아니냐? 이제는 시험을 봐서 합격하기 어려운데, 네 동기들이 합격한 애들이 있지 않느냐? 얼마 후에 그 친구들하고 경쟁을 하려면 국영기업체가서는, 넌 상대가 안 돼. 정당에 들어와서 한번

도약을 (할 수 있다), 너 대학동기들하고 어깨를 겨누려면 여기 들어오는 것이 좋겠다." 그렇게 자문을 해주시더라고요. 그래서 인천제철을 포기하고 여기 들어왔습니다.

조영재 : 좀 전에 1965년 공채시험에 12명이 합격하셨다고 말씀하셨는데요. 『민주공화당사』를 보면, 한 1,000여 명이 지원해서 24명이 합격했다고 하는데요?

김한선 : 아, 그것은 2기 때입니다. 우리는 1기고. 67년 대통령 선거와 국회의원 선거를 대비해서 우리(1기)가 65년도에 들어오고, 한 10개월 후에 24명을 뽑았어요. 2기입니다.

조영재 : 그 당시에 선발된 분들의 학력 배경이랄까, 어떤 분들이 주로 합격을 하셨습니까?

김한선 : 그때는 당연히 대학 졸업하지 않으면 응시자격이 없었으니까. 그때 12명이 들어왔을 때, 서울 법대 출신 1명이 있었고, 고대가 2명, 연대가 2명, 그 이외에 성균관대, 중앙대, 한양대 골고루 1명씩은 있었습니다. 해군사관학교 나온 친구도 있었습니다.

조영재 : 그분들이 계속 끝까지 가셨습니까?

김한선 : 12명 중에 국회의원 한 사람이 4명입니다. 그 다음에 한 2~3년 근무하다가 공무원이 된 친구도 있고, 국영기업체로 간 친구도 있고.

조영재 : 자력으로 가신 겁니까?

김한선 : 아니오. 당에서 보내준 것이죠.

조영재 : 예. 인력을 재배치하고 네트워크를 확장한다는 의미에서 그분들이 국영기업체나 이런 것으로 나간 겁니까?

김한선 : 성격에 안 맞아서입니다.

조영재 : 당에서 인사정리 차원에서…

김한선 : 예. 본인 스스로도 원했고, 당에서도 정당에 적응하기 어려

워 보이는 친구들은 자기가 원하는 곳으로, 예를 들면 그때 미국회사인 한양화학 같은 것. 그곳이 참 대우가 좋았어요. 우리 국영기업체보다 거의 배의 급여를 받았으니까. 그런 곳으로 나간 친구도 있고, 공무원으로도 나간 친구도 있고.

조영재 : 일단 당 조직에 부적응했던 분들도 그 이후 새로운 진로를 개척을 해주셨다는 말씀이네요. 당 차원에서 책임져주고.

김한선 : 그렇죠.

조영재 : 공채합격 이후에 수습과정이나 교육과정은 어떠했습니까?

김한선 : 그때는 교육을 어떻게 했느냐면, 당시는 정당 자체를 숨길 때에요. 별로 오픈하지 않을 때기 때문에 교육을 어디서 받았는가 하면, 수유리에 가면 일반 회사가 경영하는 그런 교육장(에서 받았어요). 수유리에 가서 교육을 4주간, 1개월을 받았는데, 그때 명찰에 뭐라고 했냐면, 거기 직원들이 있으니까 안암상사 사원으로 해 가지고 교육을 받고 발령을 받았습니다.

조영재 : 좀 전에 1개월 동안에 수습 교육과정이 있었다고 하셨는데, 주로 어떤 내용들을 배우셨습니까?

김한선 : 그때는 조직의 기본 원리, 그 다음 선전활동이나 요령, 대인관계. 주로 대인 관계를 많이 한 것 같아요.

조영재 : 당시 야당들도 있고, 정치 현황들도 있었지 않습니까? 한·일 국교정상화라던가. 그런 정치적 현황들은 다루지 않았습니까?

김한선 : 그런 것들은 별로 안 한 것 같아요.

조영재 : 강사 분들은 혹시 기억나지 않으십니까?

김한선 : 강사 분들은 중앙당의 간부들이 주로 한 것 같고, 이도순 씨 같은 분들이 와 가지고 유세 요령 이런 것을 좀 (했습니다).

조영재 : 교육이 끝나고는 곧바로 조직의 현장에 투입되신 겁니까?

김한선 : 12명이 각 부서로 발령을 받았는데, 전 조직부로 발령을 받

았어요. 요원으로 바로 갔죠.

조영재 : 그럼 계속 조직부에서 활동하신 겁니까?

김한선 : 예. 조직부로만. 총무국장 한 번하고 그 이외에는 다 조직부에 있었습니다.

조영재 : 보통 수습기간을 거치면서 순환근무도 하고, 다른 쪽에 업무도 익히고 그런 기회들을 주지 않습니까? 그런데 신입공채요원 모두 각자 전문 활동 분야에서 활동했던 겁니까, 아니면 의원님만 독특하게 처음부터 끝까지 같은 조직국에서 일하신 겁니까?

김한선 : 그것은 조직에 있다 선전으로도 가기도 하고, 선전에서 교육으로 가기도 했는데, 저는 조직에서만 있었어요.

조영재 : 본인이 생각하시기에, 혹시 거기(조직부)에 특별한 장점이랄까, 또 자신의 적성에 맞는 기질은 없었습니까?

김한선 : 그게요, 공천시기가 오면, 조직부에는 전국의 인물들에 대한 상세한 정보들이 오지 않습니까? 그래서 본인을 못 만났지만, 굉장히 전국적인 인물의 배경이나 생각들을 거의 다 알 수 있는 아주 좋은 기회였어요. 그래서 전국적인 인물을 내가 많이 기억을 하고 있습니다.

조영재 : 정당의 인물자원, 이런 것에 대한 고급정보들이 많이 모이고, 또 그런 것들에 대한 관심이 많으셔서 계속 거기(조직부)를 자원하셨던 겁니까?

김한선 : 예. 그렇습니다. 사람의 생장과정이나 친인척, 이런 관계(에 대해서는), 내가 비교적 몇째 안가는 사람이라고 자부를 하고 있습니다.

조영재 : 그러면 당시에 걸어 다니는 인명사전이셨겠네요? 그리고 당에서도 여러모로 활용도가 높고, 인기도 많으셨겠네요.

김한선 : 그렇지는 않았습니다만, 하여튼 조직 하는 사람으로서는 전국적인 사람, 그 사람의 매력이나 이런 것을 많이 알 수 있는 기회였습니다.

조영재 : 그런데 당시에 공천시기나 조직진단 때도 그렇고, 조직부 말고 조사부가 있었지 않습니까? 조사부에서도 지역인물들과 자료들을 객관적으로 많이 취합하고 했을 텐데요?

김한선 : (조사부에서) 자료를 해 가지고 우리한테 넘겨줍니다.

조영재 : 조직국으로요? 그것은 주로 존안자료로 해서 또 공천자료로 청와대로 올라가서 의사 결정을…

김한선 : 아니, 청와대 올라가기 전에 전부 다 여기서(조직부에서) 취합을 해 가지고. 왜냐하면 최종적으로 대통령 후보나 국회의원 후보를 결정하는 것은 중앙당에서 모든 자료를 한 군데로 모아가지고 거기서 한 장으로 만드는 것 아닙니까? 그것은 우리 조직부에서 밖에 할 수 없죠.

조영재 : 최종적으로 조사부에서 온 자료들과 다른 쪽 자료들 다 취합을 해서 당 차원에서…

김한선 : 그렇죠. 정보부에서도 오고, 내무부에서도 오고 그렇습니다. 왜냐하면 최종결정권자(박정희 대통령)한테 결재받는 것은 당이니까.

조영재 : 그래도 청와대에 곧바로 직접 보고 하는 시스템도 있었을 것 같은데요.

김한선 : 아, 직접 보고 하는 것이 있죠. 그러니까 결재할 때 대통령께서 직접 자료를 보기도 하고 맞춰 보기도 하고.

조영재 : 중앙정보부라던가 경찰 쪽에서 올라간 자료가 청와대로 직접 보고 되는 것이 있고, 또 당 쪽에서도 보고하고…

김한선 : 그렇죠. 양쪽으로 다 주겠죠.

조영재 : 혹시 다른 쪽의 정보와 다르다, 이런 것은 못 느끼셨습니까?

김한선 : 다른 것이 있죠. 왜냐하면 거기에는, 물론 각 지역마다 정보부에서 나가 있는 지역분실이라고 있잖아요? 지역에 정보부에서 나가 있는 사람, 조정관이라고 그러던가? 조정관 이런 사람들이 올리는

것 하고 우리 조직에서 오는 것 하고 상반되는 경우가 있죠.

조영재 : 경찰 쪽에서도 정보가 왔을 텐데요?

김한선 : 오죠.

조영재 : 그리고 또 어느 쪽에서 정보가 왔습니까? 지방, 내무부에서 오는 자료도 있었습니까?

김한선 : 내무부 것이 경찰 자료죠.

조영재 : 별도로 온 것은 아니었고요?

김한선 : 별도로 온 것은 별로 못 봤습니다.

조영재 : 그럼 그 자료들을 접해보셨을 테니까, 어느 것이 가장 정확하고 상세하고 신뢰할 만하던가요?

김한선 : 그 당시만 해도 정보부가 대단한 권력기관이었지 않습니까? 역시 정보부의 정보가 제 기억으로는 제일 정확했던 것 같아요.

조영재 : 예. 근데 어쨌든 조사부도 그렇고 조직국도 그렇고, 많은 정보들을 취합을 해서 공천에 필요한 기초 자료를 제공했을 것 아닙니까? 그러다보면 후보자나 의원들과 사무국 요원들, 특히 조사부나 조직부 요원들 관계는 갈등적인 요소들이 있었을 것 같은데요. 실상은 어떠했습니까?

김한선 : 옛날 공화당의 생성 과정을 보면 이렇습니다. 이것이 영국의 노동당 시스템을 그냥 가져오자. 소위 이원 조직입니다. 하나는 사무국 조직, 하나는 대표기구. 대표조직이라는 것이 국회의원, 중앙위원 이런 것이고, 사무국은 사무를 집행하는 기구거든요? 이 이원조직으로 출발을 했는데, 이 이원조직을 제일 주창하던 자가 김종필 총재였어요. 그리고 이 양반이 사무국 우위를 늘 주장했거든요. 사무국이 국회의원들도 만들어내고, 국회의원도 교체하고. 그것을 하려면 사무국에 힘을 배양해야 한다, 실력이 있어야 된다, 이렇게 해 가지고 강력하게 주장하다보니까, (김종필을 반대하는) 4인체제라는 것이 생기고, (이들

이) JP를 규탄 하고, (결국 김종필이) 해외로 자의 반, 타의 반 몇 번 나가지 않습니까? 그렇게 공격을 받았던 이유가 사무국 우위 주장을 JP가 제일 많이 했기 때문이에요. 아마 들으셨는지 모릅니다만, 처음에 공화당 사무국 요원들을 공채로 뽑기 이전에 63년도 그때(재건동지회 당시)는 제1조건이, 그때만하더라도 직업이 변변치 못한 사람들이 많으니까 직업이 뚜렷할 것, 청렴할 것, 30대를 안 넘을 것, 현 직장에서 두각을 나타내는 사람, 이런 사람들 중심으로 해서 뽑아 가지고 그때는 1주일 교육을 했답니다. 사전조직 때. 처음 사전조직 할 때는 김종필 씨가 중앙정보부장하면서, 그 기획실을 만들어 가지고 21명이 당을 만들기 위해서 정보부에서 나왔어요. 그들이 이런 식으로 해 가지고 전국에서 뽑은 겁니다. 그때 부산 예춘호 씨 같은 경우에는 대학에 교수하면서, 흰 고무신 신고 다니던 사람 아닙니까? 그래서 부산시 사무국장 하다가 중앙에 사무총장까지 발탁되고 그랬습니다.

조영재 : 그러면 방금 말씀하셨던 것처럼 엄선되고 체계적 교육을 받고 했던 (창당 당시의) 사무국 요원들이 있었지 않습니까? 그분들하고 공채의 기수들하고의 관계는 좀 어떠했습니까?

김한선 : 우리가 공채를 시작한 것이 65년도부터 시작해 가지고 78년도, 박정희 대통령 시해되기 이전까지 했는데, 11기까지 모집을 했어요.[1] 그때마다 보통 15명에서 20명 사이로 했는데, 11기까지 우리가 총 121명입니다. 그중에 제가 회장을 하고 있는데요.

조영재 : 은행나무회 말씀이십니까?

김한선 : 아니, 은행나무회는 그 전부터 쭉 사무국을 거쳐 간 사람들 모임체고, 공채시험을 봐가지고 들어온 사람들 조직이 '황소회'라고 있어요. 황소회라고 내가 이름 지었습니다. 우리(공화당) 심벌이 그때 황

---

[1] 구술자의 착오로 보인다. 제11기 공채는 1979년 12월에 마지막으로 이루어졌다. 당시 수험생이 1천1백여 명이나 몰렸다.(『동아일보』, 1979년 12월 19일)

소니까. 1기부터 11기까지 계속 뽑았는데 그 총인원이 121명이에요. 그중에서 국회의원을 한 사람이 21명입니다. 그럼 얼마나 사무국을 인정해주느냐 하는 것이 나타나잖아요?

조영재 : 예. 그래서 그분들하고 그 이전에 했던 분들 간에는 연배 차이도 나고?

김한선 : 보통 한 10~20년 차이 나죠.

조영재 : 그럼 갈등관계나 긴장관계 이런 것은 없었습니까?

김한선 : 그런 것은 없었어요. 창당 요원들이 시험 봐서 들어온 사람들 보고 육사11기생(정규육사기수)이라고 그렇게 얘기를 할 정도니까, 그만큼 선배들이 아껴줬습니다.

조영재 : 사실 공화당의 사무국 체제는 근대적인 의미의 당료체계를 구축한 것으로, 그리고 그 이후에도 따라하기 쉽지 않은 형태의 체계적인 사무국 체제를 구축한 것으로 알려져 있는데요. 수직, 수평으로도 분화되어 있었고, 또 중앙당과 지방당, 또 당원들도 일반당원과 핵심당원들. 이렇게 다층적으로 짜여 있었던 것 같아요. 당시에 조직부의 구성과 실제 운용은 어떻게 이루어졌습니까?

김한선 : 그 당시에 조직은 읍, 면, 동의 책임자를 관리장이라고 그랬어요. 그 다음에 그 이하에 단위 활동책임자를 활동장이라고 했고요. 지금 공화당이 63년도부터 79년도까지 거의 16~17년을 장기집권 하게 된 기본 원인이요, 저희들 할 때 당의 기본으로 청년부를 우선했어요. 지구당에 위원장이 있지 않습니까? 국회의원이 대부분인데, 위원장이 있으면 부위원장은 반드시 30대 청년, 30대 부녀, 청년 부위원장과 부녀 부위원장을 반드시 두도록 했어요. 그래서 지구당마다 위원장이 있으면 청년하고 부녀는 부위원장으로 꼭 두게 되어 있습니다. 그것이 쭉 연결되다 보니까, 부위원장 하다가 국회의원도 하고 뭐 이렇게 진출하고. 그것이 오랫동안 공화당이 뿌리 내리게 된 기본 원인이라고 저는

생각합니다. 청년조직을 그렇게 중시했어요. 청년은 반드시 지구당의 부위원장, 시도의 부위원장, 30대로 해라, 이것은 철저히 지켜졌어요. 부녀도 마찬가지고. 그래서 오늘날 여성 국회의원 12~13% 정도 되는데, 거기에도 우리 조직의 영향이 많이 미쳤다고 생각을 합니다.

조영재 : 그러면 그것이 중앙당 조직부에서 그런 방침을 가지고 관리를 하셨다는 말씀이신데요.

김한선 : 전체적인 당의(黨意)를 결정하는 것이 당무회의거든요? 당무회의에서 '우리가 이런 방향으로 조직을 해야겠습니다' 하고 올리면, 거기서 승인을 해서 그것이 전국적으로 조직화 지침으로 내려가는 것이죠.

조영재 : 그럼 그 당시에 부녀부위원장이라던가 청년부위원장은 어떤 식으로 선발을 하셨습니까?

김한선 : 그러니까 조직부에서 현지에 가서 여론도 들어보고, 쭉 해가지고 그 지역에서 청년으로 가장 유능한 사람, 부녀로서 유능한 사람, 그런 사람들이 (뽑혔어요).

조영재 : 자기 직업들을 갖고 계신 분들이셨습니까?

김한선 : 다 직업을 가지고 있지요. 대표적인 사람이, 전라남도 해남에, 그 양반이 DJ정부 때 국회부의장도 하고 했는데, 김봉호 의원이라고 있어요. 그 양반이 31살 때 (공화당)지구당 부위원장을 했어요.

조영재 : 그럼 그 지구당에는 사무국 요원들이 있을 것 아닙니까?

김한선 : 있었죠.

조영재 : 그분들과 방금 얘기했던 당 외곽조직들과는 어떤 관계였습니까?

김한선 : 선거를 치루기 위해서는 각종 지역단위의 직능단체들, 뭐 이렇게 그런 분들하고 유대를 갖고 있는데. 과거의 자유당 때나 장면 씨의 민주당 때 보면, 선거 때만 혼자 나와 가지고 막 하고 금방 없어

지고 그랬잖아요? 공화당의 장점은 반드시 그 지역에 사무실을 두라는 것이에요. 그런데 야당들은 선거 때 사무실을 얻었다가 금방 없어지고 하잖아요? 공화당은 그것이 아니에요. 지구당 사무실은 꼭 그 지역에 두거든요. 그것이 오랫동안 정권을 잡을 수 있는 기반이 된 것이죠. 그럼 그 자금을 어디서 조달하느냐. 지금은 뭐 정치자금법이 있고 국고에서 지원하고 하지만, 그때는 국고지원이 없었어요. 자체조달이거든요. 당비하고 기부금 받아 가지고 하는데. 제가 총무국장 할 때 상세히 알고 있는데, 그때 저희 당에서는 재정위원회[2]라는 것이 있습니다. 돌아가신 쌍용의 김성곤 씨가 초창기에 재정위원장을 하고, 동부그룹 창시한 김진만 씨가 했는데. 그때 당비를 어떻게 조달했느냐. 국가에서 발주하는 공사, 예를 들어서 100억을 국가에서 발주하는 공사가 떨어지면 그 공사를 맡는 사람은 그 공사금의 1%, 즉 100억이라면 1억, 이것은 반드시 당에 내게 되어 있어요. 그것이 기본적인 당 운영비로 충당을 하고 또 그 이외에 기업인들이 지정기탁 하는 것, 이런 것으로 했는데, 지금은 모르겠습니다만 그때는, 하여튼 재정위원회에서 정부 발주 공사 금액의 1%, 이것은 반드시 집권당에 내게 되어 있었어요.

조영재 : 관급공사를 중심으로 했던 것입니까?

김한선 : 관급공사죠. 정부 발주 공사.

---

[2] 창당 직후부터 당의장이 주관하는 당무회의 밑에 '재정위원회'가 설치되었다가, 유신체제 성립과 함께 폐지되었다. 1960년대 후반과 70년대 초반 공화당 실세였던 4인체제의 김성곤과 김진만이 재정위원장이었다는 점만으로도 위상을 짐작할 수 있다.(민주공화당, p.831, p.858) 1965년부터 1971년까지 재정위원장을 맡았던 김성곤은 박정희 대통령의 지시를 받았으며, 장기영 부총리와 이후락 비서실장과 협의하에 정치자금을 조달했다고 한다. 주로 기업으로부터 정치자금 수수했는데, 관급공사, 외자도입이나 차관배분, 사업허가 등 정부가 주도한 모든 사업이 정치자금 조달 대상이었다. 삼성의 이병철과 현대의 정주영은 청와대와 직거래를 했고, 한국화약, 대림산업, 동아그룹 등은 김성곤과 처리했다.(우종창, 『권력의 역설』, 미래를 소유한 사람들, 2011, pp.26~30)

조영재 : 발주 공사는 다 중앙당에서 관리 했습니까? 아니면 지역은 또 지구당에서 관리했습니까?

김한선 : 아니오, 중앙에서 관리해 가지고 지역으로 내려 보내는 (식이었습니다.)

조영재 : 예. 아까도 여쭤보다가 말았습니다만 청년 조직, 부녀 조직, 또 지역에 많은 조직이 있었을 것 아닙니까? 그분들과 지구당 사무국 요원들과는 어떤 관계에서 일을 했습니까?

김한선 : 지구당 부위원장도 사무국에서 면밀히 검토해 가지고, '이 사람이 좋겠다', 해서 올리면 (중앙당에서) 승인이 되고 그런 것이죠.

조영재 : 그러면 당시에 지구당 사무국 요원들이 단순히 행정 사무만을 뒷받침 해 주는 요원들은 아니었다는 것인데요?

김한선 : 그런 것은 아니고요, 소위 정치당원이에요. 그러니까 우리가 중앙에서 월급 주는 것은 사무국장하고, 지구당 조직부장 두 사람만 줬단 말이에요. 그 이외에는 지구당 위원장이 청년부장도 두고, 부녀부장도 두고, 선전부장도 두는 경우에는, 그 사람들 인건비는 지구당 위원장들이 개인적으로 부담을 (해야 되요). 중앙당에서 주는 것은 조직부장하고 사무국장(뿐입니다).

조영재 : 일단 중앙당 차원에서, 예컨대 당원들 명부랄까, 또는 당원들 중에서 핵심 당원들을 구분하는 명부나, 또 기구 체계는 없었습니까?

김한선 : 기간당원 명단이라고 해서 예를 들면, 그 당시는 전국적으로 읍, 면, 동 단위가 3천 명이거든요? 관리장이라고 있어요. 그 관리장 명단을 우리 중앙당에서, 제가 다 갖고 있어요. 관리장, 활동장까지. 활동장은 한 1만 2천 명 정도 됩니다. 관리장은 3천 명, 그 밑에 리, 동 단위는 한 1만 2천, 그렇게 관리하고, 전국적인 당원 명부는 우리가 못 가지고 있었어요. 기간당원만 가지고 있었어요.

조영재 : 죄송합니다만 기간당원 숫자가 얼마라 그러셨죠?

김한선 : 읍, 면, 동 관리장이 3천 명, 그 다음에 리, 동 단위 책임자가 활동장이 한 1만 2천 명 정도. 그러니까 한 2만 명 명단 가지고 있는 것이죠.

조영재 : 그럼 이제 평상시에 중앙당 차원에서는 그 명부를 활용해서 기간당원이라던가 관리장들을 어떻게 관리를 하셨습니까?

김한선 : 요즘은 DM이라고 그러지만, 그때는 그것을 전부다 타이프라이터로 찍어가지고 당보나 당 소식지나 이런 것을 기간당원 2만 명에게 직송을 했어요.

조영재 : 저희들은 정치학을 하다보니까(드는 생각인데), 당시에 공화당의 이념과 뜻을 아무리 같이 한다 하더라도, 기간당원, 핵심당원들이 장기간동안 그렇게 활동을 열심히 한다면, 무엇인가 물질적으로나 정신적인 어떤 인센티브가 있어야 될 텐데요. 뭐 명예랄까. 당시에 당 차원에서는 어떤 인센티브를 주었습니까?

김한선 : 근데 당원들이 열심히 하면은 인센티브를 드려야 되는데, 특별한 인센티브는 없고 열심히 활동을 하는 사람들은 지구당 위원장인 국회의원이 이렇게 봐가지고, 그 지역에 친여단체 있잖아요?

조영재 : 관 주도 단체들.

김한선 : 네, 관변단체 뭐 그런 곳에 중요한 요직에도 넣어주고. 뭐 그런 식으로 소화를 (했어요.).

조영재 : 당시 지역에 흔히 이야기하는 유지들이 있지 않습니까? 지방의 재력가들이나 지방의 관리출신 이라던가, 이런 분들은 어떻게 관리를 하셨습니까?

김한선 : 소위 지방의 토호들, 그런 사람들은 지구당 단위에서 위원장이 '당신 우리 지역의 고문을 좀 해주십시오' 하고 경제적인 협조, 이런 것들(을 요청했어요). 그때는 뭐 정치자금법이 없으니까, 지구당 위원장이 배지 달고 있으니까.

조영재 : 아마 정당조직활동이라는 것이 선거 때와 선거가 아닌 때에 두 시기가 가장 중요하게 나눠질 텐데요. 조직부의 활동 방침이나 방식이 선거 때하고 비선거 때하고 어떤 차이가 있었습니까?

김한선 : 크게 차이는 없는데, 아마 어디 자료에 있을 것이에요. 제가 만든 활동교범이라고 해 가지고, 67년 선거 대비해서 제가 만든 것인데. '당원활동교범'이라 해 가지고 이렇게 핸드북 식으로 한 150페이지. 당원 활동 요령이라는 그것이 아마 어디에 있을 거예요. 국회도서관이나 이런 곳에 가면 있을 텐데. 나도 계속 가지고 다니다가 이사를 자주 하다보니까 없어져 버렸더라고. 당원활동교범이라고 핸드북해서 만든 것이 있어요.

조영재 : 한 몇 페이지짜리였습니까?

김한선 : 120~130페이지? 그러니까 관리자 활동요령, 리동책임자·활동장 활동요령, 인간관계 형성에서 대인관계요령, 뭐 이런 구체적인 것들이 들어 있어요.

조영재 : 공채로 들어가고 나서 채 3년도 안된 시기인데, 어떻게 그런 매뉴얼을 쓰실 요량을 하셨습니까?

김한선 : 그때 우리 조직부장이 지금은 돌아가신 문창탁[3] 씨라고 있는데, 국회의원도 하셨던 분인데, 그 양반이 선거에 대비해서 '기간당원들이 활동할 수 있는 교범을 만들어야 되지 않느냐?'(고 해서). 그때 저는 제일 밑에 있는 간사였으니까 위에서 시키는 대로 해야 되겠고. 그래서 제가 주로 활동요령을 만들었어요. 그때 나이가 20대 후반, 30대 초반이었으니까요. 결혼도 하기 전이고. 저는 68년도에 결혼을 했는

---

3) 문창탁(1930~2004)은 공화당 창당당시 조직부 차장에서 출발하여 조직부장(1966년)과 사무차장(1967년)을 거친 당료출신이다. 제8대 국회의원을 지냈고, 오치성내무부장관 해임 안을 둘러싼 10·2 항명파동 당시 4인체제 구성원으로 몰락의 길을 걸었다.

데 제 주례를 그 당시 김종필 총재께서 하셨어요. 그 양반이 주례를 잘 안 하시는데 나한테 그러더라고요. '자네가 12번째야. 내 평생 12번째야. 11번째가 길옥윤이야.' 그러시더라고요. 68년만 해도 재밌어요. 결혼식을 하는데, 수운회관이 큰 곳입니다. 하객이 한 2천 명이 왔어요. 그때 내가 불과 30살인가 그랬는데, 내가 당에 들어간 지 불과 한 3년 됐었는데, 저도 깜짝 놀랐어요. 대단히 많이 왔더라고. 그때는 요, 대전의 김용태 의원이 공화당 원내 총무를 했는데, 쌀을 2가마 보냈더라고.

조영재 : 당시는 쌀 2가마니 가치가 어느 정도 됐습니까?

김한선 : 그때는 1만 원짜리 수표를 쓸 때거든요. 글쎄, 잘 기억은 안 나네요.

조영재 : 당시 60년대 후반 공화당 활동을 한창 하실 때, 이때 여촌야도 현상이라고 흔히 얘기를 하고 있지 않습니까? 도시에서는 공화당의 지지기반이 좀 취약하고, 아까 말씀하셨던 것처럼 71년 8대 총선 때는 단 한 분만 서울에서 당선될 정도였는데. 도시와 농촌의 공화당 조직기반의 차이는 어떠했습니까?

김한선 : 지금 분명하게 기억은 나는데, 도시형 조직관리, 농촌형 조직관리, 그 교범에 나와 있을 겁니다. 내가 지금은 분명히 기억이 안 나요. 좀 차이를 두고 했어요.

조영재 : 조직구성이나 방식에서 차이가 있었습니까?

김한선 : 기본적으로는 차이가 없는데, 활동요령에서 도시의 동(洞) 책임자들하고 농촌의 읍, 면 책임자들하고는 조금 차이를 둔 것 같아요.

조영재 : 아까 말씀하셨던 당원활동교범, 그것이 당시에 의원님께서 집필을 하셨지만, 당시 공화당의 조직 활동에 대한 정리랄까, 실상을 보여주는 것이라고 봐도 되겠습니까?

김한선 : 예. 67년 선거 대비해서 만든 것이니까.

조영재 : 아까도 말씀해주셨습니다만, 67년 7대 선거, 71년 8대 선

거, 이것이 다 총선과 대선이 함께 했던 시기였지 않습니까? 그런데 정치사에서는 이때가 '중앙정보부하고 행정부가 중심이 돼서 치렀던 선거다'라고 많이들 얘기하고 있습니다. 당 쪽에서는 그런 평가를 어떻게 생각하셨는지, 또 당 쪽에서 어떤 활동을 하셨습니까?

김한선: 제 기억으로는 아마 그 당시에 길재호 씨가 사무총장 할 때인데, 길재호 씨 다음에 오치성 씨하고, 이렇게 했던 것 같은데, 그때 당에서 정보부가 너무 앞장서간다 해 가지고 불평들을 많이 얘기하는 것을 여러 번 들었어요. '당이 소외되고 경찰이나 CIA 정보 위주로 대통령께서 판단을 하신다'는 불평하는 소리를 여러 번 들었거든요. 당내에서. 그런 얘기는 많았어요. 옛날 자유당 때는 이것이 전부 다 관권선거 아닙니까? 관이 주도해서 선거를 한 것이에요. 그래서 부작용으로 3·15 부정선거도 나고 했지만, 그 뒤로는 민간 조직주도로 선거를 치룬 것은, 아마 공화당이 처음일 겁니다.

조영재: 그래도 어쨌든 내무부가 선거와 관련된 사무라든가 상황들에 대해 많은 부분들을 관장을 하고 있었을 텐데요?

김한선: 그것은 사실이죠. 자기들 밑에 하부조직이 있으니까. 시장이나 군수들이 있잖아요? 거기서 올라오는 정보를 취합하는 것이니까. 소위 관제여론이죠. 국민여론하고는 조금 떨어질 수 있죠. 시장이나 군수들이 모집한 여론을 관제여론. 우리 조직에서 올라오는 것은 민간여론이고.

조영재: 어쨌든 중앙정보부나, 또 내무부나, 또 공화당이나 사실 같은 집권세력 아니겠습니까? 그래서 많은 분들이 함께 협력을 했어야 될 텐데, 정보도 같이 공유하고. 물론 경쟁도 하겠습니다만, 협력도 당·정 간의 관계 차원에서도 했을 텐데, 어떤 형식으로 이루어졌습니까?

김한선: 아까 조교수님께서도 말씀을 하셨지만, 정보부에서 정보부장이 누구냐에 따라서 그런 것이 차이가 많아요. 특히 김형욱 씨 같은

분들이 정보부장 할 때는 대통령한테만 보고하고 우리한테는 안 줍니다. 그러면 자기들 조직이 우리 당보다 월등히 많고 권력이 있는 기관이니까 좋은 것(정보)만 가져갈 것 아닙니까? 그리고 우리한테는 안 주거든요? 그러니까 그때 당의 지도부하고 정보부하고 굉장히 알력이 많았어요. 근데 대통령 입장에서는 정보부에서 가져오는 그런 것들이 상당히 중요하게 여기는 것이죠. 우리 당에서 가는 것은 좀 거칠고, 그쪽은 아주 디테일하고. 그러니까 그쪽을 선호할 수밖에요.

조영재 : 예. 그 당시를 연구하는 학자들의 표현을 빌리자면, 박정희 대통령께서 당이나 행정부의 중요성에 대해 어떻게 생각했는지 잘 모르겠지만, '공화당에 대한 애정은 남달랐다.' 이런 얘기들을 많이 하시더라고요. 의원님께서는 당시에 핵심청년요원 중에 한 분이셨는데, 대통령의 관심사를 느끼거나 또 경험하거나 이런 기회들은 있었습니까?

김한선 : 한번은 65년 처음 입당해 가지고, 우리 1기 요원들이. 한두 달 정도 됐나? 청와대로 한번 초청을 해주셨어요. 그래서 저녁을 먹고 돌아오는데, 이렇게 봉투 하나 주는데, 와서 뜯어보니까, 그때 우리 급여의 10배 정도 되는 돈을 주시더라고요. 그렇게 '이제 앞으로 공화당은 당신들 손에 달렸어' 딱 그 한마디 하시고 열심히 하라고 얘기하시더라고.

조영재 : 아까도 말씀해주셨습니다만, 공채 요원들은 업적과 실적과 능력이 되면 다들 자동적으로 전국구 또는 지역구 공천을 받거나, 유정회 의원을 받거나 이렇게 했었지 않습니까?

김한선 : 유정회는, 우리는 그 급수가 해당이 안 됐고, 부장들 이상이었는데. 우리가 그때 부장이 안 됐어요. 차장을 할 때지.

조영재 : 공채 이전 세대들인 것이죠?

김한선 : 예. 근데 진급이나 승진 같은 철저하게 기수를 따졌어요. 1기보다 2, 3기가 먼저 부장되거나 하는 것이 없었어요.

조영재 : 의원님께서는 고려대 법대를 나오고, 또 어려운 공채시험을 치르고 공화당에 입당하신 것을 보면, 한국사회 엘리트 아니겠습니까? 당시에 같은 동년배들, 같이 수학했던 분들이 관계에 나가신 분도 계시고, 재계 쪽으로 나가신 분도 계시고 할 텐데. 개인적인 차원에서 또는 당 조직 차원에서 관계나 또 재계에 계셨던 동년배들과 네트워킹을 하고 만나거나 이런 관계들이 있었을 텐데요? 어떤 방식으로 그분들과 교우를 하고 네트워킹을 하셨습니까?

김한선 : 저는 고향이 경북 김천이다 보니까 시골이고, 고등학교 이하에서 같이 있던 동료들하고는 별로 교분이 없었고, 대학 와서 만난 친구들하고 주로 교분을 했었는데. 우리 동기들 중에서는 헌법재판관 하던 정경식 검사라고 있는데, 그 친구가 사법시험 1기예요. 그리고 우리 동기들 중에서는 아까도 얘기한 법무부 장관 이종남 검사, 또 경찰 쪽에서는 이해구, 그때는 치안본부라고 했죠? 치안본부장 하던 이해구, 그런 친구들하고, 그 다음 정치계에서는 이세기, 이기택 의원. 다 우리 동기들이니까.

조영재 : 당내의 청년조직들과의 관계들은 어떠했습니까?

김한선 : 청년조직은 주로 정창화 의원이 청년국장을 하면서. 새세대 문제연구회라고 있었어요. 그것을 해 가지고 많이 활동을 했는데, 그때 우리가 영입한 것이 지금 야당 하던 목요상 의원이라든지, 변호사 하는 오유방 의원, 신호철 변호사, 그런 사람들이 많이 영입이 됐죠.

조영재 : 그럼 의원님이 계셨던 조직부하고 정창화 의원 계셨던 청년국하고 관계는 어떠했습니까?

김한선 : 뭐, 당의 동기이다 보니까 늘 같이. 청년 모임 있으면 내가 가서 격려사도 하고, 또 우리 일반조직 할 때는 정창화 국장이 와서 해 주고.

조영재 : 전체적으로 공화당의 역사를 보면 세 시기로 구분을 할 수

있을 것 같습니다. 아까 처음에 말씀하셨던 것처럼 창당 초기에는 사무국 중심에 이원조직으로 출발을 했고요, 그러다가 64년 박정희 대통령께서 원내 중심으로 개편할 것을 지시하지 않습니까? 소위 그것을 진해발언이라고 우리가 얘기를 하는데, 그때 또 이제 한 번 사무국이 축소되고 또 위축이 되지 않습니까? 그래서 그 이전시기와 64년 진해발언 이후 시기와 또 구분하기도 하고요. 그리고 나서 유신 이전과 이후를 구분을 하기도 하는데요. 각 세 시기별로 당과 또 당의 사무국의 위상과 역할 변화는 어떻게 구분할 수 있을까요?

김한선 : 진해발언에 기본 요인은, 이게 김종필 씨가 사무국 위주로 당을 운영하고 국회의원도 사무국에서 우지좌지하는 이런 형태로 가다 보니까, 반체제가 형성 된 것이에요. 김성곤, 길재호 이런 분들이. JP를 싫어하는 부류들이 자꾸 청와대 가서 박정희 대통령한테 (말합니다). '사무국이 독주합니다.', '너무 사무국 위주로 합니다.', '국회의원들은 로봇이냐', '국회의원들을 사무국에서 마음대로 우지좌지하고 한다'는 이런 얘기들이 자꾸 대통령한테 들어가다 보니까, 대통령께서 진해발언을 하신 거죠. 원내 중심으로 하라고. 그 발언 배경에는 JP를 견제하는 맥락에서 봐야 될 것입니다, 그리고 69년도에 3선 개헌 얘기가 나오잖아요? 그때 69년도 3선 개헌할 때에 저는 이영근 의원의 비서관으로 국회 별관에 있었어요. 태평로 국회별관, 지금 파이낸스센터 자리인데. 그것(3선 개헌)을 하면서 결국 5명이 제명되고, 박종태 뭐 이런 사람들이 다 제명되고 했을 때인데. 유신 전까지만 해도, 그때는 4인 체제라고 해서 사무총장 하는 길재호, 재정의원장 하던 김성곤, 강원도의 김진만, 그리고 백남억 씨, 이 4명이 반 JP라인에서 진해발언 이후에 유신 전까지 주도적으로 했어요. 그러니까 JP는 68년 5월 30일 이후로 모든 공직을 내놓아 버렸잖아요.[4] 그러니까 이 사람들이, 4인 체제가 중심이 되가지고 당을 끌고 갈 때죠. 그리고 유신 이후에는 역시 이후

락 씨가 정보부장 하면서 막강한 권력을 휘두르는 것이죠. 유신 이후에는 당이 맥을 못썼어요.

조영재 : 그럼 당내 조직이라든가 홍보라인에서의 역할들은 어떠했습니까?

김한선 : 그러니까 아까도 당 운영의 재정적인 지원이 재정위원회에서 국가 공사 발주금액의 1%씩 해 가지고 당에 돈을 대고 했었는데, 그게 전부 다 김성곤이나 김진만 씨나 백남억 씨, 길재호 씨가 이렇게 (운용) 하다 보니까, 거기서 자금이 당에 제대로 공급이 안 되는 것이죠. 그러니까 많이 위축이 된 것이죠. 예를 들어, 민주공화보라고 당보를 그전까지는 매월 발행을 했는데, 그게 분기마다 한 번씩 하다가, 어떤 때는 반년에 한 번씩, 이렇게 자꾸 줄어. 재정이 없으니까.

조영재 : 그럼 당시 재정위원회 말고는 다른 곳에서, 예컨대 청와대에서 내려오거나 이런 것은 없었습니까?

김한선 : 청와대에서 내려오는 것은 일절 없었어요.

조영재 : 당 자체 내에서 조달을 했다는 것입니까?

김한선 : 당비하고, 특별 당비라 해 가지고 기업인들이 당에다가 기탁하는 그런 정도. 그게 뭐 많지는 않았어요.

조영재 : 그럼 유신 이후부터는 당에서 조직 활동을 하기가 쉽지는 않았겠네요?

김한선 : 많이 위축됐죠.

---

4) 1968년 5월 30일 김종필 당의장은 공화당 탈당을 비롯하여 일체의 공직에서의 사퇴를 선언하였다. 국민복지회 사건 직후의 일이다. 국민복지회사건은 '박정희 3선개헌 공작을 저지하고, 1971년 대선에서 김종필 당의장을 대안으로 내세웠다'고 하여, 중앙정보부가 김용태, 최영두, 송상남 등을 조사하고 당에서 제명한 사건이다. 김종필에 따르면, 이 사건은 당내에서 김성곤이 이끄는 4인체제와 당 밖에서는 김형욱 정보부장 및 이후락 비서실장이 '반김종필전선'을 펴기 위해 조작한 것이다.(김종필, p.349)

조영재 : 좀 전에 말씀하셨던 것처럼 이영근 의원 비서관 생활을 한 2년 동안 하셨지 않았습니까? 당에서 활동하시다가, 국회의 의정활동을 경험하셨는데, 어떤 차이점이 느껴지시던가요?

김한선 : 당에 있을 때에는 직접적인 정책에 반영되는 일이나 이런 것을 못하지만, 국회의원 비서관을 (할 때는), 그때 이제 국회의원 비서관회라는 것이 있었는데, 여기(명지대) 교수로 계시던 김진봉 씨가 김종필 총재 비서관으로 등록되어 있고 나는 이영근 의원 비서관을 하고, 그 양반이 비서관 회장을 하고 제가 부회장을 했습니다.

조영재 : 공화당 조직 내에서 있는 것인가요?

김한선 : 아니오, 국회의원 전체, 여야 합해서 비서관회라는 것이 있어요. 그 전체적인 비서관회 회장이 김진봉 씨고, 제가 부회장을 하고, 야당 쪽에서 또 한 사람 나오고. 그렇게 했는데, 국회의원 비서관을 하면 어떤 이점이 있느냐면, 정부 쪽에 자료 요청하는 것이 있지 않습니까? 궁금한 것들. 또 지역에서 민원이 올라오거나 당 쪽에서 민원이 오는 것, 이런 것을 종합해 가지고 질의를 하면은 반드시 (요청한 자료가) 오거든요? 근데 당에 있을 때는, 우린 그때 뭐 지도부도 아니고 일개 간사고 하니까 그런 것을 못했는데, 국회 와서는 당에서 우리한테 부탁을 하고 그것(자료요청)을 정부에다 해놓으면, 자료가 금방 온단 말이에요. 그런 것에 상당히 보람을 느끼고 그랬어요.

조영재 : 예. 시기를 좀 뒤로 가서요. 1977년 8월 달에 보니까, 공화당하고 신민당의 사무국 간부들이 대만을 방문하더라고요. 아주 이례적이었던 것 같기는 한데요.

김한선 : 75년쯤 됐을 거예요. 장개석 총통이 그만두고 그 아들 장경국 씨가 국민당 총통을 할 때인데, 75년도쯤 해서 대만의 국민당 간부들을 우리(공화당)가 초청을 했어요. 그래 가지고 우리가 안내하고 이렇게 했었는데, 그 다음에 매년 한 번씩 교환하자, 정당 간부들을. 그래

가지고 우리만 할 것이 아니라 야당도 좀 데려가자 해서(함께 갔어요). 그때 김용채 의원이 단장이고, 저도 거기 갔어요. 신민당 중앙당의 간부들하고 우리 간부들하고 해서 7~8명 갔는데, 매년 한 번은 우리가 가고 한 번은 그쪽에서 오고 이렇게 교환을 했습니다. 정당 사무국 실무자들, 정당 교환이라 해서 국민당하고.

조영재 : 그것이 75년도부터 79년까지 계속 이어졌었습니까?

김한선 : 그렇죠. 우리가 김용채 의원 모시고 간 것이 처음인데, 그 다음에 그쪽에서 올 차례이고, 우리가 갈 차례인데 우리가 못 갔어요, 그때 한번. 10·26 나는 바람에.

조영재 : 그런데 야당과 같이 이런 프로그램을 진행해 본 경험이 그 전에도 있었습니까?

김한선 : 그전에는 별로 없었던 것 같아요. 제가 지방조직부장을 맡고나서 신민당의 조직부장을 하던 친구, 안국동에 있었을 때. 난 그 양반하고 자주 개인적으로 만나서 같이 술도 하고 그랬었어요.

조영재 : 그런데 그때 대만을 가셨으면, 그래도 며칠 동안 같이 생활을 하셨어야 될 텐데요. 야당인 신민당의 사무국 요원들의 예컨대 수준이랄까, 평가하시기에 어떠셨습니까?

김한선 : 그때 우리가 4박 5일인가 했는데, 주로 산업시설 같은 것 보고, 군 시설 같은 것을 봤는데. 아, 그 친구들이 공식일정만 끝나면 우리보고 술 사라고 하는 거죠. 그래서 저도 몇 번 술 사고 했는데. 대만 가서 제일 기억나는 게요, 금문도 있잖아요? 금문도를 갔는데, 군부대를 갔는데 전부 지하로 되어 있어요. 지하로 쑥 들어갔는데, 그 사령관이 별 하나인데, 머리가 하얗게 흰 노인이에요. 한 70살 되는, 우리가 그때 30대 후반인데 한 70세 쯤 되는 것 같아요. 그런 양반이 사단장이야. 머리가 하얘요. 금문도에는 전부 다 지하로 부대가 되어 있거든요? 그랬더니 그 지휘소로 안내해 가지고 브리핑을 하고, 금문도 고량주가

80도입니다. 고량주 중에서는 금문도 것이 최고예요. 그것을 대접하는데 참 그것이 특이하더라고요. 그 당시에 우리는 세대교체다 해 가지고 젊은 군인들이 별 달고 그랬는데, 아주 품위가 있고 노인네가 지휘봉을 쥐고 있는데 그것이 그렇게 멋있어 보이더라고요.

조영재 : 대만 국민당하고는 그렇게 교류를 했는데, 당시에 일본 자민당이 있었지 않습니까? 자민당을 포함해서 해외정당과의 교류 같은 것은 (어땠습니까?)

김한선 : 그런 것을 시도를 했었죠. 시도를 했었는데 실현은 안됐어요.

조영재 : 예. 그럼 주로 대만 국민당하고 교류는 계속 있었고요?

김한선 : 예.

조영재 : 그럼 친선 교류의 성격이 강했던 것 같은데 교육이라든가 이런 교류는 없었습니까? 아니면 정책 교류랄까.

김한선 : 우리가 대만 국민당하고 그쪽에서 한번 오고, 이렇게 우리가 가고 하는 사이에 대만 대학에서 우리 당 쪽에 요청이 왔어요. 유학생을 하나 보내달라고. 그래서 지금은 야당을 하고 있는 대전의 김원웅이라고 있어요. 그 외무위원장도 했죠. 이 친구가 공화당 자금으로 대만 유학을 2년 다녀왔어요. 그러니까 우리가 보면 김원웅이 이놈은 배신자지(웃음). 공화당 자금으로 자기가 유학 갔다 와 가지고, 기껏 야당에 가 가지고 노무현 정부 때인가, 외무위원장을 했어요.[5]

조영재 : 그런데 혹자는 그런 추측을 하시는 분도 계시더라고요. 아무래도 대만의 국민당이 역사나 경험이 훨씬 더 풍부하지 않습니까? 공화당보다. 그래서 반공정책이나 또 이데올로기적인 입장, 그 다음에 당 조직을 꾸려나가는 거라든가, 이런 것들에 대해서 공화당이, 초창기

---

[5] 김원웅 본인은 선전부 해외국 시절에 공화당에 사표를 쓰고, 자신이 알고 있던 지인들을 통해 개인적으로 다녀왔으며, 대만 현지 대학에서 장학금을 받았다고 한다. 이 책 277쪽 참조.

에 뭐 영국 노동당 얘기들이 많이 나왔습니다만, 실제로 운영하는 과정에선 대만의 국민당을 모델로 많이 삼지 않았나, 또 참고하지 않았나, 이런 얘기들이 좀 있는데, 그것에 대해서는 어떻게 생각하십니까?

김한선 : 우리 당 조직 쪽에서는 대만 정당에 대한 연구는 없었어요.

조영재 : 아, 그렇습니까?

김한선 : 예. 그 유신 때 갈봉근6) 교수가 총통제 연구한다고 했지만, 당 쪽하고는 전혀 관계없이 청와대에서 진행했던 것이고…

조영재 : 그때 대만의 국민당과 교류하고 왔다갔다 하실 때, 야당 사무국 얘기도 듣고 또 간접적으로 지켜보셨을 텐데요. 야당 사무국의 당시 실상은 어떠했다고 봐야 될까요? 공화당하고 비교해서요.

김한선 : 그때 조직부장 하던 그 양반 이야기를 들어보면, '당신들은 사무국 직원들 급여를 어떻게 하느냐' 했더니 '각 계파별로 추천해서 선전부장, 조직부장 뭐 이렇게 나눠가졌다' 하더라고요. 계파별로. 그래 가지고 그 계파장이 월급을 줬다는 거예요.

조영재 : 개인적으로 조달해서요?

김한선 : 예. 당에 급여가 없으니까.

조영재 : 공식 재정을 통해서 지출된 것이 아니고요?

김한선 : 예. 그런 얘기를 들었어요. 뭐 사실인지 아닌지는 모르겠습니다만.

조영재 : 그런데 계파 얘기가 나왔으니까 여쭤보겠습니다. 공화당 사무국이 초창기에는 엄선된 또 체계화된 분들을 선발해서 사무국 요원으로 충원 했고, 그 다음에 공채로 했지 않습니까? 그런데 그게 18년

---

6) 갈봉근(1932~2002)은 중앙대 교수 출신으로 유정회 재선의원(제9대, 제10대)을 지냈다. 1972년 중앙대 교수 시절 헌법학계에서는 한태연 등과 함께 법무부 헌법심의위원회에 참여하여 유신헌법 초안, 논리, 해설서 등을 작성한 것으로 알려져 있다.

정도 가다 보면 아무래도 내부에서 집단화되고, 계파들도 형성될 법 한데요.

김한선 : 그게 4인 체제, 그걸로 (됐죠).

조영재 : 당 내에서, 사무국에서는 어땠습니까?

김한선 : 사무국은 뭐 일률적으로 전부다 JP계. 그렇게 보면 (됩니다.)

조영재 : 그럼 공화당 의원 조직 내에 계파와 달리, 사무국 체제 내에서는 여전히 JP의 영향력과…

김한선 : 그럼요. (JP 영향력이) 90%고. 4인 체제에 들어간 길재호 씨가 사무총장을 하기 때문에, 그 양반이 개인적으로 사무국 요원들을 (관리했어요). 그 기자들한테 매월 이렇게 주는 것을 뭐라 하죠?

조영재 : 촌지요?

김한선 : 촌지가 아니고, 아, 장학생. 장학생이라고 그러는데. 당의 지도자들 보면, 옛날에 총무하시던 김택수 의원도 그렇고, 대전의 김용태 의원도 그랬는데, 기자들 각 (신문)사에 한 사람씩 장학생이라 해 가지고 매월 일정액을 주는 것이 있어요. 그런데 길재호 씨가 사무총장을 하니까, 당의 사무국 요원에 대해서 중요한 포스트에 있는 몇 사람들을 특별 관리를 해요. 자기가 직접 하는 것이 아니라 그 보좌관, 김성두[7]라는 사람이 있어 가지고 그 사람을 대신 시켜서. 정창화, 그 밑에 비서관으로 했잖아요. 뭐 이렇게 해 가지고 각 점 조직으로 몇 명씩 자기 사람 만들고 그런 것은 있었지만, 주류는 없어요.

조영재 : 예. 그러면 그것이 세를 이루거나 계파간의 갈등을 야기하거나, 그런 정도는 아니었단 얘기시죠?

김한선 : 예.

---

[7] 김성두(1929~1996)는 교사출신으로 공화당 창당에 참여하여, 재선의원(제8대, 제9대)을 지냈다. 길재호 사무총장 시절 사무총장 보좌역(1966~1968년)을 지냈다.

조영재 : 1979년 조직부가 지방조직부와 직능조직부로 분화된 것으로 알고 있습니다. 의원님께서는 지방조직부장에 임명되셨습니다. 먼저 조직부의 분화 이유는 무엇이었습니까?

김한선 : 분화된 이유는 세상이 다원화되고 복잡화되었기 때문입니다. 그 이전에는 조직부에는 직능국이 있고 지방조직국이 있고 이랬거든요. 이제 직능국이 분리돼서 부로 승격을 했습니다. 구체적으로 말씀드리면, 직능별로 노동조합, 택시조합, 요식업중앙회, 특히 노동운동이 활발해졌습니다. 이런 단체들을 일반조직하고 함께 다루기가 너무 벅찬 거예요. 그래서 조직부를 완전히 지방조직으로 하고, 이쪽에 직능 쪽은 별도로 하자 해 가지고, 그래서 직능하고 지방조직이 분리된 거예요.

조영재 : 그럼 직능부는 전체 직능조직을 모두 다 관장을 해서 직능별로 배치된 것이라고 한다면, 지방조직부라는 것은 모든 지역 조직들을 관장을 했던 것입니까?

김한선 : 지금 말씀하신 직능국하고 지방조직하고는 근본적으로 다른 것이, 지방조직부라는 것은 시·도·지구, 지구당 여기 당내 조직관리 하는 것이 지방조직입니다.

조영재 : 근데 사실 보면, 아까 말씀하셨던 각종 사업자단체나 협회나 이런 데가 다들 지방조직들을 갖고 있었지 않습니까?

김한선 : 예. 그것은 직능부에서 관장을 했고요. 이것은 선거 때 주로 활동을 하는데, 선거 이전에는 자료수집, 그쪽의 동향, 그러니까 예를 들어서 청년회의소 회장 선거를 하잖아요. 75년도인가, 회장선거 할 때는 신동욱이라는 친구가 나타나가지고 헬리콥터로 선거 운동을 하고 다녔어요, 전국을. 그래서 돈을 많이 쓰는 조직인데, 그런데도 우리 청년당원인 김충수(金忠銖)[8]라든지, 윤국노(尹國老)[9]라든지, 이런 친구

---

[8] 김충수(1938~)는 언론인 출신으로 공화당 청년분과위원장, 한국청년회의소 중앙회장 등을 거쳐 제9대 유정회 국회의원을 승계하였다.

들을 당에서 지원해 가지고 청년회의소 회장이 된 것이거든요. 그러니까 직능부에서 그런 것을 조종하고 사전 정보 수집하고 이렇게 하는 것이죠. 그래서 선거 때는 그런 조직을 활용할 수 있으니까.

조영재 : 한 조직부 내에서 직능하고 지역을 다 관장하기 어렵다는 현실적인 판단 때문이었습니까? 아니면 다른 현실적인 이유가 있었습니까?

김한선 : 그 직능 분야가 협회나 이런 것들이, 특히 노동단체, 노조 이런 것은 일반조직이 할 수가 없어요. 그러니까 직능 쪽에 아주 전문가들이 해야 되니까 그래서 떼어 낸 것이죠.

조영재 : 그러면 그 이전부터 그런 것에 대한 필요성이 많이 제기가 되었을 것 같은데요, 70년대 후반에 그게 이루어졌던 이유는 뭐가 있습니까?

김한선 : 그전까지는 중앙단위의 직능 단체들이 아주 두드러진 활동을 안 했는데, 노조결성이 되고나서부터 문제가 시작된 것이거든요. 노동운동. 주로 노동문제를 컨트롤하기 위해서 그 부가 생긴 것이에요.

조영재 : 그럼 1970년대에 경제개발 되고, 중화학공업화 되고, 그러면서 노조가 활성화 되고, 그런 과정에서 직능국의 필요성이 제기가 되었다는 말씀이신데요. 60년대나 70년대 초반에는 그럴 필요성들은 별로 없었던 것인가요?

김한선 : 그런 것이 그렇게 두드러지게 나타나지는 않았던 것 같습니다.

조영재 : 1979년 10·26이 나고 나서 당 사무국은 매우 혼란스러웠을 것 같습니다. 당시 상황을 어떻게 기억하고 계십니까?

김한선 : 10·26이 나고 난 다음에 당이 완전히 해체되지 않습니까?

---

9) 윤국노(1936~1986)는 경제인 출신으로 공화당중앙위원, 한국 청년회의소 중앙회장 등을 거쳐 3선의원(제10대, 제11대, 제12대)을 역임하였다.

정치활동 중지되고. 그때 중앙당 사무국 직원이 120명이고, 중앙당에서 지구당에 급여를 주는 분들이 420명이었습니다. 그러면 500~600명 되는데, 그때 돈으로 (급여 총액이) 3억 정도 돼요. 그 정도 되는데 그것을 어디 조달할 곳이 없잖아요?

조영재 : 월 운영비를 말씀하시는 것이죠?

김한선 : 급여만. 운영은 정지됐으니까 못하고, 순전히 사무국 인건비는 줘야하지 않습니까? 그래서 그것이 한 3억 되는데. 그것을 어디서 받아왔느냐면, 옛날에는 재정위원회라는 것이 있어 가지고 김성곤 씨가 하다 김진만 씨가 하다 이랬는데, 10·26이 나고 재정위원회도 없고 아무것도 없으니까. 어디서 받았느냐면, 그때 전두환 대통령 처삼촌 이규광[10] 씨가 광업진흥공사 사장을 했어요. 그 당시에 사무총장이 양찬우 씨라고 경남지사하고 군 출신인데, 지금은 작고했습니다만, 이 양반이 청와대 가서 정무수석한테 얘기하면, 이규광 씨한테 가서 광업진흥공사 사장인데 한번 얘기하라고. 이규광 씨가 양찬우 씨하고 거의 비슷한 연배인데, 아주 친한 사이였어요. 그래서 어떻게 돈이 돌아 가지고, 하여튼 이규광 씨한테 가서 3억을 받아 가지고 10·26 이후에 11월, 12월, 1월, 2월, 3월, 4월, 5월, 그러니까 5·18 나기 전까지 7개월을 그 양반한테 받아 가지고 급여를 줬어요. 한 600명(급여), 한 3억을. 그렇게 지나면서 12·12가 나고 5·18이 나고 그 다음에 정당 활동 재개가 되고 할 때, 80년도에 10월에 민정당이 창당이 됩니다.[11] 그때

---

[10] 이규광(1925~2012)은 군출신으로 대한광업진흥공사 사장을 역임했다. 5·16군사정변에 참여하였으나, 1963년 함경도 인맥을 중심으로 하는 반혁명에 연루되어 군사재판에 회부되기도 했다. 전두환의 처삼촌이자 장영자의 형부로 알려져 있다.

[11] 민정당은 1980년 12월 2일 발기인 총회를 열고, 이듬해 1981년 1월 15일 창당대회를 개최하였다. 하지만 5·17전국비상계엄조치로 일체의 정치활동을 중단시켜 놓은 상태에서, 권정달 보안사 정보처장을 중심으로 비밀리에 당조직체계, 정강정책, 조직책선정 등과 같은 창당작업을 진행하였다.

공화당 중앙당 사무국 요원들 한 120~130명은 전부다 그리로 무조건 발령이 나는 것이죠.

조영재 : 그런데 의원님께서는 1981년 민정당 창당에 참여를 하시지 않습니까?

김한선 : 예. 저는 민정당 안 갔어요.

조영재 : 근데 사실 자산도 그렇고, 인력도 그렇고, 시스템도 (그렇고). 당시 민정당이 사실상 계승 정당 아니겠습니까? 민정당을 가지 않은 이유가 무엇이었습니까?

김한선 : 저는 그때 생각으로는, '이 군사정권은 오래 못 갈 것이다' 하는 내 나름대로의 판단이 있었고. 또 내가 거기 가서 '결코 나라를 위한 일을 할 수가 없을 것 같다'는 그런 생각이 들어서 한국 국민당을 했죠.

조영재 : 같은 1기 출신인 정창화 의원이라든가 하는 분들은 대부분 민정당으로 갔습니다. 함께하자는 권유나 요청은 없었습니까?

김한선 : 그런 것도 있었죠. 하지만 내가 조직부장 하면서 차장하던 김종학 의원이라고 있어요. 나중에 경산에서 출마해서 당선되었지, 15대 때. 이 친구하고 나하고 둘이 이쪽으로(민정당으로) 안가고 이리로 (한국국민당) 왔어요.

조영재 : 조직국의 조직 활동은 사실 네트워크가 자산 아니겠습니까?

김한선 : 그렇죠.

조영재 : 그러면 거기서(공화당) 이쪽으로(한국국민당으로) 옮겨 온다는 것은 본인의 정치적 자산들을 대부분 다 포기하고 와야 된다는 의미일 텐데요. 쉽지 않은 결정이었을 것 같습니다.

김한선 : 글쎄요. 그렇기는 한데, 지금 같으면 내가 그런 용기를 못 냈을 것이에요. 제가 81년 11대 국회의원을 할 때, 그때 42살이었거든요. 지금은 그런 결정을 못 할 것입니다. 아마. 그쪽으로 넘어갔을 것이에요. 근데 그때는 그런 생각이 전혀 없고, 하여튼 '내가 외골수로 가

야 된다'(고 생각했어요). 그래서 저는 민주공화당 하다가, (그것을) 승계한 한국국민당 하다가, 그 다음에 JP가 신민주공화당 만들자 신민주공화당 하다가, 그 다음에 JP가 다시 3당 합당 했다가 나와 가지고 자민련 만들 때 자민련으로 오고, 난 3당 합당 할 때도 안 갔어요. JP는 거기 갔지만, 저는 거기 안 갔습니다. 저는 계속 (공화당) 뿌리를 지킨 것입니다.

조영재 : 저희들이 시간이 많이 돼서요. 전체적으로 총괄적인 질문을 드리고 싶은데요. 한국 정당정치사에서 공화당 조직이, 특히 사무국 조직이 갖고 있는 위상과 의미가 좀 있는 것 같습니다. 공화당과 공화당 사무국 조직의 한국 정당사·정치사에서 갖고 있는 의미 또 그 이후 한국 정당정치에 미쳤던 영향, 이런 것들은 어떻게 평가를 하실 수 있을까요?

김한선 : 제가 보기에는 '우리가 청년하고 부녀를 중점적으로 (조직을) 길렀다는 것이 후대정당에게 굉장히 영향을 미쳤다'고 생각하고. 또 특히 사무국이 지역에 사무실을 반드시 두라 하는 것, 이것 또한 후대 정당에도 크게 영향을 미쳤다고 생각합니다. 이전에 정치인들은 선거 때 와 가지고 사무실 하나 열었다가 선거 끝나면 없애고 하잖아요. 지금은 여야를 막론하고 지구당에 사무실을 두는 것도 아마 거기에 영향을 받았으리라 생각합니다. 이 두 가지가 18년 동안 박정희 대통령이 집권할 수 있는 기반이 됐다고 생각합니다.

조영재 : 예. 오늘 여기서 마감을 하도록 하겠습니다. 정말 귀한 시간이었습니다. 공화당과 공화당 사무국에 대해서 실상을 알고 있는 분이 많지가 않은데 소상한 얘기를 듣게 됐고요. 공화당 사무국의 공채 1기생이셨던 김한선 의원님의 좋은 말씀, 대단히 감사드리겠습니다.

김한선 : 예. 고맙습니다.

김원웅

□ 사회자 : 조영재 (명지대 국제한국학연구소 연구교수)

✱ 구술자 소개

김원웅은 1944년 중국 충칭(重慶)에서 출생하였다. 당시 부모님은 광복군 소속으로 독립운동을 하였다. 대전고를 졸업한 그는, 1962년 연세대 법학과에 진학하여 6·3 한일회담 반대시위에 주동자로 참여하였다. 그로 인해 반공법 위반혐의로 기소되어 수형생활을 하였으며, 연세대에서 제적되었다. 그는 1966년 서울대 정치학과에 다시 입학하였다.

1971년 공화당 사무국에 공채 7기로 들어갔으며, 기획조정실을 거쳐 청년국과 해외국에서 일했다. 해외국에서는 공화당의 영문판 기관지인 'DRP Bulletin'의 취재와 발행업무를 하였다. 이때 형성된 인맥을 통해 대만정치대학교 정치연구소에서 1년 동안 수학하였다. 그리고 10·26 이후 김종필 총재 체제에서 청년국장으로 다시 복귀하였으며, 민정당 창당으로 사무국이 승계될 때 함께 당적을 옮겨 조직국장을 지냈다. 그 후 3당합당 과정에서 탈당을 하였으며, 1990년 6월 노무현, 이기택 등과 함께 (꼬마)민주당 창당에 합류하였다. 그는 1992년 제14대 총선에서 당선된 이후 3선 국회의원을 지냈다.

<주요 이력>
1944년 중국 충칭 출생
1962년 연세대 법학과 입학
1966년 서울대 정치과 입학
1971년 공화당 공채7기 합격
1980년 공화당 청년국장
1981년 민정당 청년국장
1990년 민주당 창당 합류
1992년 ~ 제14대, 제16대, 제17대 국회의원

조영재 : 포럼을 시작하도록 하겠습니다. 이번으로서 86회입니다. 오늘 우리 김원웅 의원님께서는 1970년대에 공화당 공채요원으로 들어가셔서 청년국장, 또 민주공화당보 책임에디터를 하셨던 분이십니다. 그 이후에 3선의 국회의원과 국회상임위원장도 역임을 하셨습니다. 이러한 행적과 활동도 중요하지만, 여기서 저희들은 박정희 시대의 공화당 정당정치, 또 정당내부의 조직활동과 구조 등에 초점을 맞춰서 좋은 말씀을 듣도록 하겠습니다. 간단하게 먼저 가족사적인 배경, 이것을 한 번 여쭤보고 넘어가도록 하겠습니다. 1944년 중경에서 출생하신 걸로 알려져 있습니다.

김원웅 : 예. 아버지는 원래 고향이 진주인데, 진주에 약간 토호, 중농정도 되는 그런 집의 아들입니다. 일제시대 때 초등학교를 졸업하고 일본의 광서중학교에 유학을 하는데, 같은 조선인 선배들이랑 어울리고, 이렇게 하는 과정에서 좀 문제가 생겼어요. 그래서 불령선인(不逞鮮人) 비슷하게 해서 사상적으로 문제가 생겨가지고 학교를 퇴교당하고 강제 귀국을 해서 고향으로 왔어요. 일주일에 한 번씩 파출소에 반성문을 내라한대요. 옛날에는 그런 게 있었나 봐요. 그러니까는 반성문도 내고, 경찰들이 그러니까 집안 분위기가 아무래도 좀 안 좋잖아요. 그러니까 어르신들이 '안 되겠다. 여기 두면 사람구실 못 하겠다' 이래 가지고 중국으로 임시정부 쪽에 있는 분들에게 인계를 해서 밀항을 했죠. 그래서 젊은 나이부터 독립운동에 참여를 시작했습니다. 저희 어머니도 16살에 조선의용대. 조선의열단이 이름을 그 당시에 바꿔서 조선의용대가 됐어요. 그러니까 조선의열단이 좀 확대개편해서 그 중국 계림 남쪽에서 가입을 해서 활동하시다가 나중에 이제 조선의용대랑 조선의열단 쪽이랑 광복회랑 통합이 됐어요. 1942년인가 통합이 되니까 저희 어머니는 이제 중경으로 가셨죠. 저희 아버지랑 거기서 만나 가지고 있는데. 그 당시만 해도 우리 어머니가 20살 때 30살, 31살 된 총각

이 있으니까, 백범 김구 선생님이 중매를 이렇게 서가지고, 거기서 결혼을 하셔서 제가 1944년 중경에서 태어났어요. 근데 제가 태어난 자료는 아무 것도 없는데, 김삼열이라고 독립유공자유족회 회장이 저한테 자료를 하나 갖고 왔더라고. 중국 국민당 정부에서 만든 자료라면서 광복군에 대한, 그러니까 식량배급에 대한 자료예요. 현장 실사를 했나 봐요. 그 사람들이(국민당이) 그래서 한 200~300 명단이 제출되었는데. 식량이니까 저처럼 애도 들어가야 되자나요. 거기 보니까 사람이름 써놓고 그 밑에다가 미(米). 쌀 미자 쓰고 이두(二斗)라고 다 썼더라고. 이두, 두 말. 이두라고 써놨더라고 사람이름 써놓고. 한문으로 썼는데, 거기 보니까 저희 아버지 이름이 이렇게 있는데, 저희 아버지는 왕석개였거든요. 그때 이름을 중국사람 이름 왕석개로 바꾸고, 저희 어머니 이름 쓰고, 제 이름은 왕원웅, 이렇게 써놨어요. 근데 딴 사람들은 다 이두 인데 저만 일두야. 어디 찾아보면 있을 거야. 제가 '아, 이거 재밌네' 이런 생각을 한 적이 있습니다.

조영재 : 출생신고를 그 배급표로 받으셨던 모양이네요.

김원웅 : 그렇죠. 그 당시에는 아마 그 사람들이 인원을 늘리고 하는 게 있을 수 있잖아요. 그러니까 실사를 했나봐. 실사한 명단자료니까 국민당이 갖고 있죠. 그래서 대만에서 그것을 구해서 독립기념관에 갖고 있는 자료에 보니까, 그게 있더라고요. 그렇게 태어나고 해방이 되니까 귀국을 했어요. 6·25 때 저희 아버지께서 서울에 계시다가 한강이 끊기는 바람에, 그때 이승만 대통령이 뭐 전부 다 우리가 이기고 있다고 그러니까 믿고 있다가 못 갔는데, 그 동안에 자칫하면 납치당할 뻔 한 거예요, 북쪽으로. 독립운동한 사람들 (중에) 납치당한 사람이 많이 있으니까, 그것을 피하느라고 매일 숨어 다니고. 제가 기억나는 게, 저희는 집에서 안 있고 친척 네 가있었어요. 그런데 지하실에 숨어가지고 여름을 지나고 한 기억이 나는데. 저희 아버지가 1·4 후퇴 때

는 일찌감치 아버지 고향인 진주로 도망갔다가 그냥 대전에 정착을 했죠. 대전에서 학교를 초등학교, 중학교, 고등학교를 (나왔어요.) 그래서 제가 대전사람, 충청도 사람이 됐습니다.

조영재 : 독립운동가 같은 분들 중에서 좌익활동을 했던 분들은 전쟁통에 월북을 한 경우가 적지 않았는데, 부모님은 그런 분은 아니셨나 봐요?

김원웅 : 그런 것은 아니고 저희 아버지는 조선의열단이기 때문에. 아시다시피 조선의열단 강령을 쓴 단재 신채호 선생님이 공산주의자 진영에서 '우리 같이 하자' 하니깐, '난 그런 것 안한다, 난 민족만 위해서 일한다' 이런 분위기였기 때문에 좌파, 우파 개념은 없었고, 또 부모님 두 분 다 가족적 연고가 남한이니까, 여기에 가족들이 다 있고 그러니까, 뭐 북쪽과 연결되거나 이런 것은 없었던 것 같아. 그리고 그 당시에 조선의열단 중에서 남쪽에서 활동했던 사람들은 대부분 광복군으로 편입됐고, 북쪽에서 활동했던 사람들은 같은 조선의열단이라도 팔로군과 연결됐어요. 그렇게 해야 일을 효율적으로 하니까. 근데 북쪽에서 팔로군과 했던 분들의 경우에는 평양으로 많이 갔고, 남쪽에 있던 분들은 대부분 이데올로기보다는 민족문제에 대한 정서를 크게 가지고 있었기 때문에 좌·우 그런 개념은 좀 없었던 것 같아요.

조영재 : 의원님 대전 명문인 대전고등학교를 나오셨는데, 그 이후에도 연세대 법학과에서 수학을 하시다가 최종적으로는 서울대 정치학과로 졸업을 하시고. 교육적 배경과 이력이 굉장히 다채로우신 것 같아요.

김원웅 : 뭐 특별한 것은 아니고, 연세대학교를 다니다가 제가 한일회담 (반대시위)할 때 짤렸어요. 그래서 서울대로 (시험을) 다시 봤죠. 요즘 같이 컴퓨터가 있으면 (시위경력이 들통나서) 떨어질 텐데, 연세대에서 짤린 것을 모르더라고요, 서울대학에서. 연세대학교 한일회담

(반대시위) 때, 딴사람들은 다 집시법인데 저만 집시법에 반공법 위반으로 집어넣더라고요. 이유가 제가 쓴 선언문 (때문이예요). 지금도 제가 그 문안을 기억을 해요. 선언문 안에 제가 '대미의존적인 한국경제를 미·일의 양국에 이중적으로 종속시키려고 하는 국제적 음모다' 이런 말을 썼거든요. 근데 검사와 논쟁을 했어요. '일본을 욕하는 것은 되는데, (왜) 미국을 끌어들이냐고요, 한일회담인데.' 그래서 미국을 거론했다는 것 자체만으로도 그게 반공법 (위반)인 거예요. 그 당시에는 지금보다 훨씬 엄격해서, 미국을 건드리는 사람이 아무도 없었어요. 미국은 조국의 조국이야. 하여튼 당시에 친일파들 중심에서는 '미국은 성역인데 그것을 건드렸다'고 해서 '사상이 이상한 놈이다', 그래서 학교에서 자퇴서를 쓰라고 하더라고요. '학교를 정상화 시키려면 써야 된다' 그래서 썼죠 그냥. 학교를 이제 나오니까 우리 친구들이 '야, 서울대 다시 한 번 시험 보면 어떻겠냐?' 그래서 보니까 또 어떻게 되더라고요.

조영재 : 62년도에 연세대학교 들어가서서, 6·3시위에 주동을 하시고 선언문까지 쓰셨다면 단순가담자의 수준을 넘어서는 것 같습니다. 당시 연세대에서는 어떤 조직 활동을 하셨습니까?

김원웅 : 조직활동이라기보다는 주로 시위를 위한 주동이니까. 다음에 KBS에 있었던 오건환이나 저희들 보다 1년 선배들, 또 우리 동창 중에 충남대학교 교수를 지내고 지금 은퇴한 친구도 있는데, 이런 사람들이랑 같이 한일회담은 하여튼 막아야 한다고 생각했죠. 그 때문에 특별히 이름을 붙여서 조직을 만든 것이라기보다 저희들끼리 자발적으로 모여서, 주로 정법대학 출신 중심으로 데모를 했으니까. 저희들이 방 붙이고 선전하고, 이렇게 하면은 사람들이 모이고, 밤새도록 벽지에다가 써 붙이고, 우리끼리 5명이 상의해서 일정을 결정하면 그게 일정이에요. 우리 연세대학교에 채플하는 큰 강당이 있거든요. 아주 시설이 좋아요. 그런데 거기 있는 것 다 쓰고, 육성으로 해도 다 들릴 정도로

(시설이) 다 잘 되어 있으니까. (그곳이) 연세대 중심지에 있고 해서 모이기도 좋고, 거기서 데모하고, 끌고 나오고 그랬죠. 저는 선동하고 나오고, 맨날 뒷문으로 나가서 이대 뒤로 빠져가지고 도망 나오고, 이렇게 하다가 나중에 지명수배 당해 가지고 잡혔죠.

조영재 : 그럼 수형생활을 마치고 나서도 같이 활동했던 분들과는 내왕이 있었을 것 같은데요.

김원웅 : 근데 학교가 옮겨지니까 잘 안 되더라고요. 감옥 한번 갔다 오니까 '아, 이제는 조용하게 공부만 하자'는 생각도 들고, 대학 보내놨더니 데모나 하고 그러니까 부모님들한테도 미안하고, 그래서 공부 열심히 해서 착한 모범생이 되겠다고 생각을 했기 때문에 제가 연락도 잘 안하고, 서울대학 안에서도 별로 잘 안 움직였어요. 또 움직이면 학교를 제대로 못 다닐 것 같아서. '여긴 졸업하자'(생각했어요.)

조영재 : 그 심정은 충분히 이해할 수 있을 것 같습니다. 그런데 그럼에도 불구하고 서울대 정치학과 졸업은 꽤 늦은 시기에 하신 것 같아요.

김원웅 : 예, 그래요.

조영재 : 조용히 공부만 하셨다는데 어떻게 늦어지신 건지요.

김원웅 : 군대 갔다 오고 하다가. 뭐, 하여튼 1년인가 휴학한 적도 있고 해서(졸업이 늦어졌습니다.)

조영재 : 본격적으로 여쭙겠습니다. 1971년경인가요? 공화당 사무국 공채에 응시하셨습니다. 과거 6·3세대의 일원으로서, 또 반정부 시위에 참여했던 일원으로서 쉽지 않은 일이었을 텐데요.

김원웅 : 저는 그냥 이렇게 생각했습니다. 저는 어쨌든 그냥 학생 때에는 그것을 개혁하고 개량하자 하는 뜻이지, 체제를 전복하거나 한다는 생각을 안했거든요. 요즘 보면 세상이 '지금 그때를 보면 세상을 보는 관점이 정확하지 않았다'(라는 생각이 들기도 하는데). 그 당시 상황

으로는 '데모하다가도 들어갈 수도 있고, 여당이든 야당이든 공무원 하는 거나 마찬가지다' 이렇게 생각을 했어요. 그런 분위기였고, 그래서 이제 시험을 봤죠. 그냥 직업이라고 생각을 했고, 또 하나 그때 야당에 대해서 신뢰도 별로 안했어요. 제가 제도권에 들어와서도, 통합민주당, 노무현, 이철, 제정구, 이부영 등과 꼬마민주당 만들 때도 그랬고, 개혁당 또 만들 때도 그랬고, 정통 야당이라는 표현에 대해서 불만이 좀 있어요. 내세울 게 없는 것 같아. 한민당이 뿌리거든요. 한민당이라는 게, 친일파들과 지주계급이 모여서 만든, 진짜 반민족세력들이 모여 있는 조직이거든요, 그 당시에. 그러니까 자유당에 못 낀 사람들이라고 그냥. 자유당에 못 낀 불평분자들이 한민당을 만들었고, 그래서 거기 구성원들 보면, 예를 들면 노덕술(盧德述)[1] 얘기를 하지만요, 노덕술을 써야 된다고 가장 크게 옹호한 사람이 조병옥입니다. '노덕술을 계속 기용을 해야 된다. 응? 일제 친일이 뭐가 중요하냐?'(라고 한 사람입니다.) 조병옥, 유진오, 박순천 같든 사람들이 야당 대통령후보거나 야당 당대표도 하고. 저는 이 정치세력(한민당 계열의 야당)이나 이승만·박정희 정치세력이나 큰 차별을 못 느꼈어요, 사실은요. 그래서 그런데 대한 의분이나 그것에 대한 차별화가 없었기 때문에 '난 이쪽으로 해야겠다, 저쪽으로 해야겠다, 안 해야겠다' 하는 생각은 안했어요. 오히려 박정희 같은 경우에, 나중에 보니까 사실 진정성이 없는 얘기였지만, 처음에 민족적 민주주의를 내세울 때는 모처럼 신선한 얘기를 들은 거예요. 야당은 민족이라는 단어를 전혀 안 쓰는데, 박정희나 김종필이가 민족적 민주주의라는 것을 공개적으로 얘기하고. 그리고 심지어 박정

---

[1] 노덕술(1899~1968)은 일제 강점기 고등계형사로 수많은 독립운동가를 체포하고 고문한 대표적인 반민족행위자 중 한 명으로 평가받고 있다. 해방 이후 미군정과 이승만 정부에서 경찰과 헌병을 지내면서 '반공투사'로 변신하였으며, 반민특위 위원의 암살을 시도하기도 했다.

희가 대통령 나왔을 때, (박정희가) 빨갱이 했다고 사상논쟁을 붙인 게 야당인 윤보선이잖아요.[2] 그 사상논쟁의 시작이 여당이 아닙니다, 사실은. 선거이슈화 한 게 야당이 처음 시작했어요. 그래서 여러 가지로 볼 때, 전 그 당시 60년대 야당이라는 것이 지금 있는 야당과는 좀 그렇게 차이(가 있다고 생각해요.) 요즘 젊은 애들이 여당에 들어가는 것과 나는 달랐던 것 같아요. 그래서 큰 갈등 없이 선택을 한 것 같아요. 그런데 야당은 안 뽑고 여당은 뽑으니까, 그리고 저는 정치학을 전공했으니까 정치 한번 해보자 (했는데), 할 수 있는 길이나 인맥도 없고 아무것도 없는데, 그것(공화당 공채)은 통로가 있으니까 들어갔죠, 시험을 봤죠. 그리고 또 한 가지 제가 덧붙이고 싶은 것은, 제가 들어갈 때 걱정을 했어요, 제가 데모했던 경력을. 근데 면접시험을 봤는데 그게 걸릴 것 같아서, 제가 아무래도 빽을 좀 써야 될 것 같았어요. 그런데 공화당 출입하는 기자하는 선배에게 부탁을 해서 제가 상의를 했어요. '이런 게 하나 있는데, 면접 때 딴 것은 걱정 없는데, 내가 그게(시위 경력) 좀 걱정이다. 좀 도와줄 수 있냐' 하니까, 알겠다고 도와주겠다고 (그래요). 거기 누군지는 모르겠는데 힘 있는 사람한테 물어봤더니 '그게 뭐가 문제가 되냐?'고 그러더래. 그런 얘기를 나한테 전해줬고. 또 한 가지 들어가 보니까, 제가 놀랜 것이 입당원서를 쓰라고 안 하는 거예요. 그래서 공화당 공채가 굉장히 리버럴(liberal)했어요. 입당원서를 안 쓰라고 해요. 전 입당원서를 안 썼어요.

조영재 : 그게 당연 입당 아닙니까, 혹시?

김원웅 : 아니, 그렇지 않아요. 그 문제를 거론을 하는데 입당원서를 안 써요. 거론을 하는데 '그것은 개인의 자유에 맡긴다' 이러더라고. '거

---

[2] 1963년 제5대 대통령 선거 당시의 일이다. 당시 박정희 후보가 윤보선을 '가식의 민주주의'라고 비판한데 대해, 윤보선은 박정희의 좌익활동경력을 문제 삼았다. 이 같은 사상논쟁은 대선당시 최대의 논쟁거리였다.

론을 안 하고, 당연 입당' 이러면 말이 되는데, 거론을 하는데 입당원서 얘기 하니깐 '아, 그것은 개인의 자유에 맡긴다' 이렇게 하더라고. 그래서 공화당 초기에는 굉장히 리버럴한 분위기예요. 바깥에서 보는 것이랑은 틀려서 그 사무처 분위기는 굉장히 리버럴한 분위기고 자유로운 분위기였어요.

조영재 : 사무처에 공채제도가 1965년도부터 시작된 것으로 알고 있습니다. 그러면 의원님께서 한 7기쯤 되시겠네요? 당시에 공채제도가 사회적으로도 그렇게 많지가 않았던 것으로 알고 있습니다. 일부 언론사나 도입을 하고 있었고, 기업들도 사실 거의 공채제도가 없는 상황이었고요. 그러면 당시 공채의 시험이라든가 평가방식들은 어떠했던 것으로 기억을 하십니까?

김원웅 : 저는 학교 문리대 게시판에 크게 먹 글씨로 쓴 것을 봤어요. 공화당 공채 몇 기 모집한다고 붙어있더라고요. 일시와 장소가. 그것을 보고 시작했거든요. 사전지식이 전혀 없이, 그것을 보고 우리 친구들 몇 명이 "야, 시험보러 가자", (그래서) 같은 과 친구 몇 사람이 가서 원서를 써서 신청을 했어요. 하여튼 (공채)시험이 그렇게 많지 않을 때, 특히 정당 같은 데는 시험이 그렇게 일반화되지 않은 (상황)속에서 진행됐는데, 갔더니 몇 백대 일 되더라구요, 열 몇 명 뽑는데. 그리고 시험 봤더니 나중에 뭐 1차 합격하고 나오고, 또 면접 보라고 하던데. 하여튼 내용은 보통 시험과목이나 시험제목이나 논문 이런 스타일은 다른 데랑 비슷했어요, 예를 들면, 특정한 어떤 것이 아니라, 일반적인 기자 시험이랑 비슷한 느낌?

조영재 : 언론사 시험이랑요?

김원웅 : 언론사 시험 준비를 한 것이 통하더라고요. 그래서 시험이 특이하다는 생각은 안 가졌어요.

조영재 : 그러면 당시에 어떤 분들이 많이 지원했었습니까? 출신 배

경이랄까.

김원웅: 저희들 7기가 16명인가 됐는데, 아마 다른 기수보다 좀 많아요. 다른 기수는 한 10명, 한 12~3명(정도). 지금 생각해보니까 선거를 앞두고 있어서 더 많이 뽑았는지는 모르겠는데. 하여튼 서울대학이 제일 많고 서울대, 연세대, 고려대 빼놓으면 다른 대학은 1~2명 있고 그래요. 1명인가 건국대학 하나인가 있고 다 서울대, 연세대, 고려대. 서울대학이 한 절반 정도 되고.

조영재: 그럼 당시 사회적 분위기나 주변 친구 분들 교우관계 속에서나, 사무국 공채요원들의 위상이랄까, 혹은 공채요원들에 대한 경제적 대우는 어떠했습니까?

김원웅: 공무원을 예로 들면, 경제적 대우는 행정직과 거의 같은 수준으로 맞췄어요. 그리고 한 몇 년 근무를 하다가 조직 정리 필요성이 생기면 행정부 등으로 보내는 경우가 많아요. 그러면은 행정부에는 '보통 3년 있으면 서기관 진급을 할 수 있다', 이렇게 되어 있잖아요. 그러니까 서기관 시험을 볼 수 있다는 것이지, 진급은 아니잖아요. 근데 이를테면, 그것을 그냥 진급으로 인정해서 서기관으로 보내고 그랬어요. 그러니까 여기가 프리미엄이 좀 많았죠.

조영재: 그럼 지원자들이 지원할 때, 그런 것들을 염두에 두고 지원을 했나요?

김원웅: 그것까지는 모르고 했죠. 대부분 모르고 했을 거예요.

조영재: 그런데 당시 공무원들의 급여 수준이라고 한다면, 그렇게 높은 수준이 아니었을 텐데요?

김원웅: 높은 수준이 아닌데, 그래도 하여튼 그런 소셜 스테이터스(social status)가 기본적으로 좀 보장이 됐어요. 요즘 같으면, 공무원 중에서도 그 당시에는 3급이었는데 요즘 몇 급인지는 모르겠다. 하여튼 사무관 대접으로 시험 봤고. 그러니까 주사나 이런 대접이 아니고,

그리고 또 들어가서도 승진 같은 것도 비교적 원활했고. 선배들 경우 국장정도 되면 때에 따라서는 정무직으로 나간다던지, 장관이나. 그 당시에 제가 들어간 지 얼마 안됐는데 그 얘기가 들리더라고, 선전국장이 공보부 장관으로 간다고, 윤주영 씨라고. 그래서 보통 사람들이 보면 그 직장이 일반 공무원이란 틀에서 널리 알려지지 않은 직장이잖아요, 숫자도 적고. 그러니까 '그런 사무처란 것도 있냐?' 이런 얘기지. 그게 무슨 적대적 분위기는 아니었고, 적대적이거나 이상한 게 아니라 '아, 그런 직장도 있냐?' 정당에 있다니까 "봉급은 주냐?" 이렇게 묻기도 하고. "우리, 봉급 받는다", 그러면 "아 그렇구나." 이렇게 서로 알았단 거지. 적대적 분위기는 아니었어요.

조영재 : 사회적 통념이 그럴 정도면 언론사나 공무원을 갈 수도 있을 텐데, 그와 같이 많은 유능한 자원들이 대거 몰렸던 이유는 무엇이라 생각하십니까?

김원웅 : 저는 그것까지 잘 모르겠군요. 딴 사람까지는 모르겠는데 저도 이제 고민을 했죠. 언론사를 하느냐 하는 것도 고민을 했는데. '아, 내가 직접 해야지, 누가 정치하는 것을 취재해서, 남 하는 것을 쓰는 것 보다는 이게 더 재밌잖아' 이런 생각을 했죠.

조영재 : 그럼 정치에 대한 어떤 비전이랄까, 지향점들이 있으셨습니까?

김원웅 : 그렇죠. 있었죠.

조영재 : 다른 분들도 그랬나요?

김원웅 : 다 있었을 거예요. 특수한 경우 빼놓고는 대부분 있다고 봐야죠. 그래서 보통 한 기에 한 명 정도는 배지를 달아요. 그러니까 높은 거죠, 확률이. 10명 중에 한 명이니까. 그리고 배지 못 달면 금융기업체 사장이나 무슨 감사나 이런 것, 거의 예외 없이 보내져요. 그러니까 좋은 직장이죠, 사실. 거기 직장에서 그만두어도 그 다음에 사회적

으로 (좋고) 그러니깐.

조영재 : 새정치민주연합이 올해에 처음으로 엄격한 선발시험을 통한 공채로 사무국 당직자를 뽑았다고 그래요.3) 근데 벌써 몇 십 년 전입니까? 조직과정도 그렇지만, 충원과정도 굉장히 근대적인 형태의 조직정당의 면모를 갖추고 있었는데요. 그래서 좀 더 여쭤보고 싶은 게, 당시 공채 끝나고 나서 수습기간이나 교육과정들은 있었습니까?

김원웅 : 있었죠.

조영재 : 어떤 방법으로 교육이 이루어졌죠?

김원웅 : 근데 수습이라는 것은 뭐 주로 그냥 각 부서 다니는 것 정도. 예를 들면 조직국, 무슨 훈련국, 이런 게 좀 많았지, 뭐 외부에 특별한 것은 없었고요.

조영재 : 그럼 부서에 배치돼서 뭐 별도에 어떤 교육은 없었고요?

김원웅 : 배치되기 전에 각 부서를, 예를 들면 1주일 정도 교육을 한다고 각 부서 다니기도 하고, 주로 식사도 하고, 분위기가 몇 명 안 되니깐. 그리고 각 부서 다니면 전부 다 밑에 사람 왔다 이런 느낌이 아니라, 정당이기 때문에 서로들 잘 보일라고 그래요. 그러니까 위아래 내 졸병이 들어왔다 이 개념이 아니라, 동지로서 존중해주는 분위기가 있더라고요. 동지적인 유대를 좀 맺자 하는 분위기가 있어요.

조영재 : 공채요원들을 65년부터 뽑기 시작했는데, 그 이전에는 창당요원이라던가, 뭐 이런 분들이 주력이 됐을 것 아닙니까? 공채요원들과 이전에 사무국에 계셨던 분들, 혹은 창당요원들하고, 파벌까지는 아니더라도 그룹핑(grouping)이 되거나, 이런 것들은 없었습니까?

---

3) 공화당과 그 계승정당에서 공채제도는 꾸준히 유지되어 왔다. 하지만 신민당과 그 계승정당에서는 간헐적으로 진행되어 왔으며, 2008년 이후 정착된 것으로 보인다. 객관식과 주관식 시험 및 면접을 통한 엄격한 공개채용은 2015년에 새정치민주연합에 의해 처음 실시되었다.

김원웅 : 그런 것은 못 느꼈어요. 그리고 또 연령차이가 있어서. 사전조직 했던 사람들은 사회인이고, 공채는 대학 갓 졸업해서 (온 사람들이어서) 그 관계가 경쟁관계가 아니라 따뜻한 분위기였어요. 같은 동년배면 걸리는데, 위에 사무차장이나 국장, 이 정도 되면 원래 그 전에 선생님을 했다든지. 교사들이 많았어요. 교사들 중에서 발탁한 사람들이 많았고, 그 밑에 다 공채인원들이 깔려 있으니까. 제가 들어가니까는 분위기가 서로 존중하고 그런 분위기였지, 갈등이나 계보 이런 것은 없었어요. 근데 공채요원들끼리, 서로 지들끼리 계보를 형성하려고 하는 분위기는 좀 있긴 있었죠. 계보까지 만들 정도는 아니고.

조영재 : 기수별로 이런 모임이라든가, 그런 게 있었습니까?

김원웅 : 그것은 기수별로 모임을 많이 하죠. 그런데 기와 기 사이에 무슨 그렇게 엄격하게 군 대같은 문화 같은 것은 없었고. 그리고 부장, 부국장 올라가기 시작하면 또 이게 섞여요. 예를 들면, 같이 위아래 한 두 기는 같이 부장이 되고, 같이 국장되고 그러니까.

조영재 : 당시 공채요원으로 들어가신 분들이 공통적으로 말씀하시는 게, 주로 서울대, 연·고대 출신이라고 말씀을 하시더라고요. 그러면 내부에서 학연이라던가 학벌, 이런 것들은?

김원웅 : 그런 것도 별로(없었어요).

조영재 : 없고요? 굉장히 이상적인 조직인 것 같네요.

김원웅 : 근데 이런 것은 있는 것 같아. 예를 들면, 동국대학을 나왔다? 어쩌다 한명 있잖아요. 그 사람들은 강해요. 근데 서울대는 거의 없고, 그러니까 절반정도가 서울대학인데, 그건 지들끼리 그냥 지내고. 연대, 고대는 조금씩 있는 것 같아요. 하여튼 모처럼 동국대학이 들어왔다? 그러면 몇 년 후에 동국대 하나 들어오면 그거는 강해요. 근데 그건 우리가 또 넘어가주죠, 모두. 그럴 수도 있잖아요. 그것 갖고 뭐 '왜, 니들끼리 그러냐' 이렇게 안하고 그냥 넘어가 주는 거죠.

조영재 : 공채요원들은 나이도 젊은 것을 떠나서 어리고 그런데, 당에서 장래 비전을 고려해서 특별대우를 하거나, 이런 것은 없었습니까?

김원웅 : 음, 특별히 대우라는 것은 없고. 저희(공채요원)가 지방근무를 꼭 하게끔 만들었어요.

조영재 : 순환근무를?

김원웅 : 아뇨. '꼭 한번쯤은 갔다 와야 된다', 그러니까 부장되기 전에 '졸병일 때 한번 정도로 갖다온다'. 어떤 사람은 자기 연고지 따라 대부분 가죠. 근데 저는 충청도인데, 충청도 연고지가 2명 있어서, 한 기수 아래인 제가 양보하고 제가 전북 갔어요. 근데 전북 갔다 온 게 잘 한 것 같아. 그때는 제가 양보한다고 갔는데, 대전으로 안가고 전북으로 간 게.

조영재 : 그러면 당시 지방에 가서서 어떤 활동을 하셨습니까?

김원웅 : 그 지역에 가면은 (제가) 나이도 어리잖아요. (지역 당직자들은) 더 나이가 많잖아요. 도마다 조직국장, 선전국장, 사무국장, 여성국장 이렇게 도마다 이렇게 있는데, (거기서) 그냥 페이퍼 워크(paperwork)만 하죠. 요즘 같으면 뭐 이렇게 쓰는 것, 뭐 작성하는 것, 중앙에다 보고하는 것 있잖아요. 근데 그분들이 우리보다 좀 못 하잖아요. (그 사람들이) 중앙하고 커뮤니케이션 하는 보고서 만들 때, 우리가 틀 좀 잡아주고, 수정해주고, 이런 거 하죠. 그리고 거기서 부딪힐 것은 특별히 없고. 대부분이 연고지에 가니깐, 선후배니까.

조영재 : 그러면 일단 중앙당에서 내려가신 셈인데요. 당시 거기 시·도당 사무국의 경우에는 중앙 사무국 관할 아니었었습니까? 인사도 거기서 하고.

김원웅 : 그렇죠.

조영재 : 그럼 그분들도 중앙에서 내려온 분들입니까?

김원웅 : 근데 그분들은 대개 원래 지역에서 있던 사람들이라. 그러

니까 나중에 저희들이 좀 크니까, 우리들이 시도 지부에 사무처장으로 내려가더라고. 제가 처음 들어갈 때는 원래 기성 요원들이 거기까지 성장하지 못했으니까. 그런데 우리 공채 사무처 요원들이 연고지에 가서, 자기가 거기 사무국장, 도 책임자를 맡고, 이런 것이 시간이 가면서 되더라고. 그분들(지역 출신 당직자들)이 다 은퇴한 다음에.

조영재 : 그럼 아까도 잠깐 말씀을 해주셨습니다만, 정치, 정당이라는 게 상대가 있는 게임 아니겠습니까? 당시 야당이 신민당이었는데, 신민당 청년 당직자들이라든가, 이런 분들하고 교류라던가, 교우는 있었습니까?

김원웅 : 없었고요. 한 번도 없었는데, 단지 선관위에서 주최하는 산업시찰, 이런 걸 한번 하더라고. 산업시찰에 여야를 같이 넣었는데, 거기서 조홍규(趙洪奎)[4] 의원이 저랑 같이 만났어요, 거기서. 조홍규 선배가 저보다 나이가 한두 살 더 위인데. 그게 유일한 기억이에요. 근데 우리처럼 정당인들만 넣는 게 아니라, 반쯤 정부단체에 있는 사람들, 적십자회, YMCA 이렇게 넣어서, 같이 해서 보내더라고요. 당시에 시민단체가 별로 없었어요. 근데 평소 때 교류 없던 분들인데, 선관위에서 그렇게 인원을 채워서 보내니까, 거기서 교류가 좀 있는 거죠.

조영재 : 당에 들어가셨을 당시 길재호 씨, 길전식 씨 이런 분들이 사무총장으로 계시고, 그 밑에 사무차장도 계시고, 뭐 부장, 국장, 이런 위계가 있었을 텐데요. 당 간부들이라던가 지도급 당료들과 의사소통이나 교류를 할 수 있는 창구가 있었습니까?

김원웅 : 이런 게 있어요. 예를 들면, 당에 사무총장 이런 분들이 오시면, 우린 졸병이니까 못 끼고. 뭐, 사무총장, 국장 다 모여서 회식을 한 달에 한번 정도 한다든지, 뭐 사무차장 이런 분들이 같이 참여해서

---

[4] 조홍규(1943~2015)는 3선의원을 역임하였다. 1969년 정일형 의원의 비서관으로 정계에 입문하였으며, 신민당 기관지 '민주전선' 편집국장(1976)을 지냈다.

한다든지, 그 정도는 있는데. 젊은 사람들이 (지도부와) 특별하게 관계는 없죠. 국장 정도 되거나 하면 얘기가 좀 되는데.

조영재 : 들어가셔서 배정된 부서가 어디셨습니까? 최초에.

김원웅 : 저는 기획조정이라고 해서 예산관리하고, 뭐 내년도 계획 세우고 이런 데 좀 있다가, 그 다음에 바로 청년국으로 왔죠.

조영재 : 청년국이요?

김원웅 : 청년 쪽에 좀 있다가, 제가 전북 지방 갔다가 와서, 해외국에 가서 처음에는 심부름하다 좀 지나니까 편집장을 하라 그러더라고요. DRP(The Democratic Republican Party)5)가 있었어요. 그러니까 월간지예요. Time지만한 사이즈로 나와요. 그 판형으로. 칼라로 되어 있는 건데, 제가 편집장을 쭉 했죠.

조영재 : 그 해외국이라는 편제가 어디 산하에 있었던 겁니까?

김원웅 : 선전부 산하. 선전부 산하에 해외국이 있었어요. 해외국의 국장이 서울대학교 정치학과 선배인데, 저보고 거기서 같이 일하자 그래서, 같이 일하면서 뭐, 거기서는 매일 영어만 붙들고 앉았고. 그리고 홍보물 내용이 다 국위선양이에요. 그러니까 정파적인 것은 하나도 없고, 문화 쪽이 좀 많았죠.

조영재 : 당보인 '민주공화보'와는 성격이 다른가요?

김원웅 : 당보국이 따로 있고 해외국이 따로 있고. 예를 들면, 한 달에 한 번씩 나오니까, 이번에는 태국대사랑 인터뷰를 해요. 우리가 하는 거야, 그냥. 인터뷰기사 신고. 때에 따라서는 위에 있는 당직자들이랑 외국 대사들이랑 조찬 간담회. 우리가 사무총장 이름으로 초청장 보내고, 일정 잡고, 예약하고, 그분들에게 연락해서, 참석여부도 (확인)하

---

5) 정식 명칭은 DPR Bulletin. 공화당의 영문판 홍보기관지로, 1966년 2월부터 발간(월간)되었다. 공화당 기관지 '민주공화보', 신민당 기관지 '민주전선'과 함께, 신군부에 의해 언론통폐합과정에서 1980년 11월 28일자로 등록이 취소되었다.

고. 이렇게 대사 몇 분 모시고. 주로 그런 일인데, 그 자리에서야 뭐 정치적인, 정파적인 얘기라기보다 이제 국가에 대한 얘기니까 저희도 일할 때 마음이 편했죠.

조영재 : 보니까 규모가 어마어마했더라고요. 77년도 자료를 보니까, 1965년부터 시작을 해서 118개국에 한 1만여 부를 정기적으로 계속 배포하고.[6]

김원웅 : 매월 한번씩 하고. 사실 선전 홍보물이었어요. 그 당시에 국가에서 해야 될 일을 정당에서 한 거죠.

조영재 : 당시에 뭐 정당외교의 차원에서도 활용을 많이 했다고 하는데요. 어떤 측면에서 그랬던가요?

김원웅 : 그러니까 국가의 시책에 대해서 간담회 같은 것을 하면, 당 직자들, 또 영어 좀 잘하는 국회의원들 있잖아요, 그럼 그분들을 끼워가지고 같이 간담회 하고. 우린 뒤에 앉아서 뭐 메모나 하고. 이런 것도 많이 하고.

조영재 : 아무리 뭐 탈정치적인 것이라 하더라도, 당시에 편집장을 하셨으면 전체적으로 편집기조라든가 방침, 논조 같은 것을 갖고 계셔야 될 텐데요.

김원웅 : 그 방침이라는 게 대부분 그냥 국가 홍보에요. 그러니까 정파적인 홍보를 할 내용이 없더라고요. 그래서 제가 나중에 조금 미안했던 게 황순원 씨. 얼마 전에 돌아가셨잖아요. 저는 그 당시에 저작권, 이런 것을 모르니까, 본인 양해도 안 구하고 영어로 번역해놓은 「독 짓는 늙은이」를 뒤에다 실었어요, 이 작품 멋있다고. 좋은 내용이라 「독 짓는 늙은이」를 2회에 걸쳐 냈어요. 근데 어떻게 알고, (황순원 씨로부터)한번 전화가 왔더라고, '이거 (왜) 나 허가 없이 실었냐고 하면서.

---

[6] 『경향신문』 1977년 8월 27일.

그래서 제가 '미안하다, 미안하다' 그러면서 끊고 그런 적이 있어요. 요즘 같으면 소송하고 난리가 날 텐데. 담당자가 '진짜 잘못했다, 모르고 그랬다, 앞으로 안 그런다'고 그랬더니, (그분도) 봐주셔서 넘어갔어요. (그리고) 이를테면, 그런 식의 책자를 썼어요. 한복 예쁘게 입고 큰 절하는 사진을 앞에 딱 싣고. 유지인 씨 불러 가지고 차 한 잔 사주고 제가 '이렇게 좀 내도 되냐'고, 본인도 책자 보니까 내용이 뭐 정파적이 아니니까 (허락했어요). 그러니까 그런 식이었어요.

조영재: 그럼 그 이전에도 그랬던 겁니까? 아니면 의원님이 계실 때(만 그런 겁니까?).

김원웅: 아니 계속 그랬을 거예요, 아마. 그것은 저 있을 때도 그렇고. 그렇게 정파적인 것을 할 이유가 없다고, 거기서. 거기(DRP 편집장 자리)에 있으며, '누가 나쁘다, 야당이 나쁘다' 이렇게 할 이유가 없거든. 그러니까 (정파적으로는) 안 했을 거야.

조영재: 그럼 당시 공보부같은 정부 기관과 기구들이 있는데, 그쪽하고에 협조나 당정 협의 같은 것은 없었습니까?

김원웅: 그런 것은 별로 없었고요. 거긴 거기대로하고 우린 우리대로하고.

조영재: 예. 그럼 해외국에 인력은 한 어느 정도였습니까?

김원웅: 그때 4명 있었어요.

조영재: 아, 4명이서, 그것을 다요? 지면(紙面) 다 채우기는 쉽지 않았을 텐데요. 외부필진은 어떻게 했습니까?

김원웅: 저희들 4명이 하는데. 영작을 잘하는 사람이 하나 있었어요. 그분은 외부인사인데 저희들이 원고 써가지고 주면 그 사람이 고치고, 또 우리들이 (생각하기에) '야, 이건 표현이 좀 안 맞았다'는 표현이 있으면, 우리가 또 마지막 수정해서 싣고, 편집하고, 뽑고, 사진배치하고 이런 것 있잖아요? 이런 것은 저희들이 다하고.

조영재 : 취재나 제작과정에서 뭐 좀 기억에 남을 만한 일화는 없습니까?

김원웅 : 그런 것은 특별하게 뭐 기억이 없는데, 어쨌든 그 바람에 저희들은 맨날 호텔을 많이 다녔지. 그 당시에는 호텔이 별로 없었잖아요.

조영재 : 취재차요?

김원웅 : 취재차로. 만나자 그러면, 대사들이 호텔에서 만날 것 아니에요?. 그러면 '점심이라도 먹자, 식사라도 하자' 그러면은 호텔. 그래서 저희들이 자주 애용했던 것이 뭐 조선호텔이라든지, 그 다음에 남대문 옆에 반도호텔이라고 있었어요. 그 당시 세종호텔이 있었어요. 우리 고객이 주로 대사들이고, 또 뭐 외국 사람들이니까, 그렇게 많이 했죠. 그리고 예를 들면 그 당시에는 일본 사람들과 중국 사람들이 많이 왔어요. 대만 사람들, 일본 자민당(사람들이), 정당 교류로. 그러면 와서 우리 당에 대한 브리핑, 요즘 같으면, 하나씩 눌러 가지고 자막 돌아가는 것 있잖아요?

조영재 : 슬라이드 같은 것?

김원웅 : 네. 슬라이드죠. 그거 한 6~7분짜리 한 번씩 보여주고. 그런 슬라이드를 만들고, 편집하고. 만드는 것은 저희들의 몫이죠. 영어로 된 것, 중국어로 된 것, 일본어로 된 것. 내용은 똑같은데, (그 사람들이) 오면 그 사람들한테 해주고.

조영재 : 그럼 해외국은 영어나 또 영어 관련된 업무만 봤던 것이 아니고, 일본 자민당 또는 대만의 국민당 관련된 사람들 있으면, 다 거기서 같이 처리를 하고요?

김원웅 : 예. 그렇죠.

조영재 : 국내 파트에는 직접적인 연관이 많이 없으셨다 하더라도, 의원님께서는 당시 당내에서 젊은 청년 엘리트였을 텐데요? 그 당시

보면 새세대문제연구회라고.

김원웅 : 그게 청년국이에요, 실제로.

조영재 : (당조직과는) 별도로 외곽에 있었던 것 아닙니까?

김원웅 : 그 사무실을 바깥에 뒀죠. 왜냐하면 그 당시가 사무실이 남산으로 옮길 때예요. 그러니까 접근이 나쁜 것이에요. 자가용이 없으면 안 되는 거예요, 남산 도서관 앞에. 근데 옛날 당사는 조선 호텔 건너편 이었거든요. 그러니까 (청년국에서) '거기까지 우리가 못 간다, 젊은 애들 어떻게 만나고 대화하고 그러냐'. 그래서 이제 저희들이 고집 펴 가지고. 거기가 마침 공화당의 공화출판사가 있었어요, 작고 낡은 건물이. 근데 그 출판사라는 것이 인쇄하는 인쇄기 공장이에요. 그 당시에 인쇄 공장하는 거기에 2층, 3층을 저희들이 썼어요.

조영재 : 그럼 거의 새세대문제연구회가 당 인사들뿐만 아니라, 외부에 행정관료, 군까지 해 가지고, 당시 뭐 전두환도 있고.[7]

김원웅 : 아니 그런 사람은 만난 적이 없고.

조영재 : 거기 참여하고 했다던데.

김원웅 : 아니 그런 것은 아니고. 전혀 그런 것은 없고.

조영재 : 어떤 분들이 그럼 주로 참여했습니까?

김원웅 : 새세대문제연구소는, 그러니까 전두환이나 군 쪽은 만난 적이 없고. 주로 교수들 좀 많이 만났어요. 예를 들면 그 당시에 김낙중[8] 교수. 기억나시는지 모르겠다. 고대 노동문제연구소에. 그래서 감옥 생

---

[7] 1970년대 중반 새세대문제연구회의 사무국장을 했던 정창화에 따르면, 행정관료, 군인사, 학계인사, 금융계인사 등 청년엘리트들을 망라했다고 한다.(이 책 184쪽 참조)

[8] 김낙중(1931~)은 학자 출신으로 통일과 민주주의를 추구하는 재야활동가였다. 1967년부터 고려대학교 노동문제연구소의 연구원으로 재직하면서 노동문제연구와 노동교육에 종사했다. 새세대문제연구회가 활동하던 시기인 1973년 5월 고대 '민우지' 사건으로 7년형을 선고받았고, 1980년에 출소하였다.

활 오래하셨죠. 근데 김낙중 교수도 그 당시에 자주 만나고.

조영재 : 70년대 수형생활 했는데.

김원웅 : 그렇죠. 그분이 아주 좌파로, 얼마 전에도 제가 한번 만났는데, 아주 혹독한 탄압을 받은 사람인데. 그게 저희들이 이념을 제한하지 않고, 그러니까 우리가 봐서 괜찮다고 생각하는 사람들을 많이 만났어요. 예를 들면 최창규[9] 교수도 그 중에 한분이고 이를 테면 일베[10] 같은 교수가 아닌, 그 당시에 요즘으로 치자면 진보적인 사람들을 많이 만났어요. 그러니까 스펙트럼이 좀 넓었죠. 유신 초기까지만 해도 그런 것이 살아 있었어요. 그런데 유신이 중간을 넘어가면서 이상해졌지.

조영재 : 예. 그럼 새세대문제연구회 내부 구성원들은 당직자들도 계셨고.

김원웅 : 다 당직자죠. 다 사무처요원이 가 있는 것이에요, 외부인사 하나도 없었고. 신광순[11] 씨라고 있어요. 당의 사무차장을 하던 분이 사무차장 하기 직전에 거기에 소장을 맡았어요.

조영재 : 그런데 활동 대상들이 있을 것 아닙니까?

김원웅 : 활동대상이 다양해요. 그러니까 학생들도 있고, 총학도 있

---

9) 최창규(1937~)는 최익현의 고손자로, 서울대 정치학과 교수(정치사 전공)와 재선의원(11대, 12대)을 지냈다. 1970년대 중반 위정척사론이 한국 민족주의와 주체성의 정통이라는 주장을 펴서 관심을 모았다. 이는 '한국적 민주주의' 또는 '한국적 민족주의'를 내세웠던 유신정권의 주장과 부합하였다. 위정척사는 19세기 중·후반에 최익현 등과 같은 보수적 유학자들이 개화에 반대하면서 내걸었던 말로, 서학(기독교)과 서양문물을 거부하고 성리학 이외에 모든 종교와 사상을 배격하였다.

10) 일베는 인터넷사이트 '일간베스트저장소'의 준말. 일베 이용자들은 여성혐오 및 특정지역혐오를 특징으로 하는 극우적 성향의 인물들로 알려져 있다.

11) 신광순(1931~1997)은 1971년 제8대 전국구 국회의원이 되었으며, 이듬해인 1972년 공화당 부설 새세대문제연구회 회장직을 맡았다. 공화당 창당 당시부터 당료생활을 했으며, 전국구와 유정회 소속으로 3선 국회의원(8대, 9대, 10대)을 지냈다.

고. 그 당시에는 한총련처럼 (정부와) 적대적인 관계가 아닐 때의 총학생회. 그렇게 문화·예술(계 인사들을) 다양하게 만났어요. 당시에 30대 중심으로 많이 만났죠. 굉장히 광범위하게 만나서 대화 나누고, 간담회 하고, 서로들 소통의 장을 만들었어요. 식사하면서, 페이퍼를 꼭 만들어서 보고도 하고, 또 중요한 특이사항 있으면 위에다 보고도 하고, 이런 것이지 뭐. 정보(수집) 개념은 아니고 소통의 장으로 많이 썼어요.

조영재 : 교류와 네트워크 장으로 많이 활용하셨다는 건데.

김원웅 : 자주 만났던 교수 중에 이대 진덕규 교수, 김낙중 교수, 전부 다 자주 만났던 분이에요.

조영재 : 조직화 작업은 안 하셨습니까?

김원웅 : 조직화는 안 하고, 조직화해서 뭐 입회를 시키거나 입당을 시키거나 이런 것은 안 하고. 이렇게 느슨하게 소통의 장을 좀 만들었죠.

조영재 : 그것에 대한 아웃풋(output)은 뭐 어떤 것이 있었을까요?

김원웅 : 그게 아웃풋을 딱 설정하지 않았어요. 그 자체가 의미가 있다고 생각해서. 그런 것을 하는데 제가 기획하고 하는 것에 실무를 맡았어요. 그것을 맡았고 제 위에 누가 있었는가 하면 공화당 공채 선배였던 이성호[12] 전 의원. 고대 나왔죠. 장관도 지냈지.

조영재 : 네. 보사부 장관.

김원웅 : 이성호 전 의원이 제 직계 상급자였고, 저보다 한 4~5살 위일 거예요 그분이. 근데 그 밑에 실무를 제가 다 맡았어요. 페이퍼워크는 다 제가 하고.

조영재 : 근데 이제 그렇게 눈에 띠는 가시적인 성과가 없이 사람들

---

[12] 이성호(1938~)는 공화당 공채3기로 공화당에 들어와서 청년국장과 지방국장(1975년)을 지냈으며, 민정당에서는 조직국장(1986년)과 중앙정치연수원 부원장(1987년)을 맡았다. 이후 제13대부터 내리 4선 국회의원을 지냈다.

만나려면, 제법 그 비용이 들 텐데요? 그런 것들은?

김원웅 : 비용이야, 그냥. 우리는 뭐 소박하게 밥 먹는 비용, 교통비 이정도이지 뭐 딴 것은 없었고.

조영재 : 당에서 특별한 배려나, 이런 것은 없었고요?

김원웅 : 그런 것은 없었고. 그냥 우리가 영수증 처리하면 해주고, 그것도 그 근처 식당에서 먹을 때. 그 동네 조그만 식당에서 하거나, 저녁 먹거나, 점심 먹거나 이러면, 그렇게 하고. 특별하게 대사를 치를 때는 비용을 공식적으로 (처리)하는 것이고, 그런 것이죠. 저희들이 그것을 (할 때), 목표량을 정해 놓고 '이것을 이렇게 하자' 이렇게 안 했어요. '새세대문제연구회란 이름을 가지고 부드럽게 사람들(을 만나자). 당이란 이름을 가지고 만날 때는 부드럽지 않을 수 있다' 그렇잖아요? 그러니까 새세대문제연구회라고 그래서, 이것을 가지고 '다양하게 젊은 층, 지식층들을 만나서 서로 소통하는 관계를 넓혀라.' 기자들도 그 당시에 많이 만났고.

조영재 : 그럼 공식적으로 공화당의 직함을 갖고 만나신 것은 아니고?

김원웅 : 그것은 아니고, 새세대문제연구회, 그 명함만 가지고 만났어요.

조영재 : 예.

김원웅 : (하지만) 전체 요원은 전부 다 당료들이 나와 있고, 사무부처 출신들이 다 나와 있고.

조영재 : 창당 초기에 공화당은 사무국이 중심이 되는 이원 조직, 이원 체계라고 잘 알려져 있지 않습니까? 그런데 60년대 중반 좀 넘어오면서 점차 사무국의 힘도 약화 되고 위상도 좀 약화 됩니다. 근데 70년대 상황에서는 좀 어떠했습니까? 당·정·청 관계 속에서 사무국의 위상이.

김원웅 : 당(사무국)에 사무총장이나 사무처장이 힘 있는 분들이 들어오면, 사무국의 위상이 바로 강화되고, 그렇지 않으면 힘이 바로 약화되고, 이런 것이죠 뭐. 그런 것 같아요. 당에 힘 있는 사람이 와 가지고 청와대 정무 쪽하고 얘기를 해서 (문제)해결을 하면 당이 힘을 받고, 그렇지 않으면 힘을 못 갖고.

조영재 : 근데 60년대까지만 하더라도 당의 조사부에서 공천문제 등과 관련해서 지역 조사를, 인물 조사를 했고, 그 과정에서 일정한 영향력을 행사를 하고.

김원웅 : 그것도 얘기 들었어요.

조영재 : 근데 70년대는 어땠습니까?

김원웅 : 70년대는 그게 안 된 것 같아요. 청와대에서 다 한 것 같아. 청와대에서 대통령이 한 것 같아.

조영재 : 그러면 당내 조사국의 지위라든가, 이런 것들은.

김원웅 : 유신 이후에는 당이 힘이 없었던 것 같아. 그러니까 여당이 강해야 힘이 있어야 야당이 힘이 있거든. 여당이 약화되면 야당도 힘이 없어요. 야당이 채널이 없잖아. 70년대 유신 이후에는 딱 보니까 '이제 정당 정치는 끝났다'고 보이더라고.

조영재 : 같은 위상은 전혀 아닙니다만, (유신이후에는) 유정회 쪽에도 사무조직이 있었던 것으로 알고 있는데, 공화당 사무국하고는 교류가 좀 있었습니까?

김원웅 : 교류가 전혀 없었고, 거기(유정회 사무국)는 그냥 의식의 대상이 아니었어요. 거기는 그냥 비서 비슷한 사적개념이었으니까. 무슨 세력으로서 의견을 내거나, 이런 것이 없었거든. 그래서 그것은 별 큰 의미가 없었던 것 같아요.

조영재 : 그러시다가 의원님께서는 대만 정치대학교로 유학을 가시게 돼요. 아까도 좀 잠깐 말씀을 해주셨습니다만, 그 당시에 자료를 보

니까 당에서 젊은 청년 당직자들에 중국어도 가르치고 영어도 가르치고, 뭐 이런 국제화에 대한 시도들도 좀 있었던 것으로 알고 있고. 특히 국민당과는 지속적으로 사무처 차원에서 교류가 있었던 것으로 알고 있는데. 그런 차원에서 가진 것입니까?

김원웅 : 그런 것은 아니고, 제가 유신이 딱 나오니까는 고민이 생기더라고. 그때 유신체제가 들어서면서부터 사실 여당, 즉 공화당 체제에 대해서 좀 회의도 생기고. 정당이라 하는 게 꿈을 펴는 장소로서의 좀 회의감도 생기고. 그래서 그때 마침 제가 해외국을 하니까. 인맥이 있잖아요. 중국 대사관이나 일본 대사관이나, 실무자들 인맥이 있잖아요. 중국 장금궁(張金宮)이라는 분이 저보다 연세가 많은데, 아주 편안해요. 큰 형님 같은 편안한 분입니다. 제가 고민을 얘기했어요. '내가 중국에 가서 공부를 좀 하고 싶은데 방법이 없냐?'고 하니까, 그 다음날 나한테 전화가 와서 만나자고 그러더니, '중국 교육부의 장학금을 얻어 줄 수 있다.' 그럼 장학금을 얻어 주면은 한국에서 유학시험도 안 봐도 된다. 거기서 대학교에 장학금을 준다는 어드미션(admission)이 오면 된다고. 그래서 그 돈을 받아 가지고 간 것이죠. 유신 되고나서 고민하다가 해외국 하다가 그 인맥을 가지고 개인적으로 간 것이죠.

조영재 : 당 차원에서 간 것이 아니구요? 그럼 당과의 관계는 다 정리를 하셨습니까?

김원웅 : 당은 그 당시에 사표를 냈죠.

조영재 : 대만을 또 선택하신 뭐 계기가 있었습니까?

김원웅 : 아니 저는 중국을 갈 수 없잖아요. '중국어를 좀 했으면 좋겠다' 그러고 있는데, 그 당시 교류가 없어서 중국을 못가니까.

조영재 : 그럼 뭐 미래를 내다보신 것입니까?

김원웅 : 그 당시에는 미래를 내다본다고 한 것이에요. 근데 와 가지고 써먹지도 못하고.

조영재 : 거기서 무슨 공부를 하셨습니까?

김원웅 : 정치대학교의 정치연구소에 들어갔는데, 거기 가서 진짜 힘들었던 게, 중국말을 모르잖아요. 중국어 강의를 못 듣는 거예요. 재밌는 것이, 거기에 미국이나 무슨 서양 사람들이 객원교수로 와서 영어로 가르치는 게 있어요. 정치 뭐 영어로 가르치는 과목이 있길래, 그것을 1년 동안 들었죠. 그래서 가서 맨 날 중국말로 안 하고 영어로 페이퍼만 쓰느라고 (시간을 보냈어요). 그것을 듣다가 학점만 다 맞추고, 이제 졸업논문을 써야 되는데, 안 썼어요. 못썼어요. 그냥 귀국했죠.

조영재 : 예. 그러면 귀국 이후에 과거 공화당 인맥들하고는 좀 만나거나 교류를 하셨습니까?

김원웅 : 있었죠. 귀국한 계기가 그렇게 됐어요. 제가 거기서 공부하는 동안에 박정희 대통령이 먼저 죽고 나서 혼란기에 있잖아요. 근데 JP가 당을 이끌더라고. 3김체제가 다시 복원이 됐는데. 그래서 천상 JP 쪽에서 연락이 오기를, '새로운 사람들을 중심으로 유신과는 다르게 정치를 활성화 시키겠다.' 그래서 사람을 찾는데, 저도 리스트에 들어간 거예요. 그런데 제가 몇 년 (동안) 한국에 없었잖아요? 그 사이에 동기들이 부장으로 다 승진한 거예요. 그러니까 국장으로. 지금은 바뀌었는데 옛날에는 국장이 낮았어요. 부장이 더 높았어. 선전부장 아래 거기에 무슨 당무국장, 해외국장 뭐 이렇게 있으니까. 그런데 저보고 '동기들이랑 똑같이 승진을 시켜줄 테니까 와라.' 거기다 (대만에서) 몇 년 쉬다보니까 근질근질하잖아요. 정당 새로 한다니까, 그리고 또 유신체제가 무너진 것에 대해서 좀 기대가 있었고. '나도 활동공간이 생길 수 있겠구나.' 그래서 다시 들어왔죠. 들어오니까 청년국장 자리를 주더라고요. 들어오자마자 청년국장 발령을 내면서 들어왔어요.

조영재 : 그럼 그전에 공채 동기들하고 비슷한 레벨의 직급을.

김원웅 : 똑같은 레벨을 준 거죠. 우리 동기들도 국장이 처음 됐는

데, 같이 (국장으로)발령을 냈어요.

조영재 : 그러면 이제 거의 민정당이 창당되고 그쪽으로 옮기시게 되잖습니까?

김원웅 : 그냥 그대로 옮긴 거예요. 당명만 바뀐 거예요. 그러니까 청년부장이 된 것이에요. 청년국장이. 그러니까 직책을 바꾸는 거 있잖아요. 청년국장이 이제 제1청년국장, 제2청년국장 있는데 제가 제1청년국장을 했는데, 오니까 당명만 바뀌면서 이름을 그대로 하고, 위에 사람들도 그대로 있고, 사무처요원들이 그대로 다 있는 거예요.

조영재 : 일부가 좀 정리가 됐다고 하던데요.

김원웅 : 아주 소수가 정리됐어요. 국장급 정도가. 그러니까 그 위에 한 1기, 2기 정도에서 일부가 정리가 됐어요.

조영재 : 그럼 이제 조직 자산은 그대로 가져갔다는 말씀이신가요?

김원웅 : 네. 그리고 이제 그때 우리가 조직과 자산이 공화당 청산위원회에서, 모든 자산과 조직과 부동산과 모든 것을 민정당으로 넘기겠다고 해서 청산을 그렇게 했어요.[13]

조영재 : 의결을 해서요?

김원웅 : 예. 의결을 해서 넘어갔죠. 근데 새로 전두환이 집권을 했는데, 보니까 사람들이 필요하잖아요. 그러니까 위에 몇 명, 한 1기, 2기 정도 사람들이 기존 정치인과 밀착되어 있다거나, 이럴 수도 있잖아요. 예를 들면, 김종필이나 이런 사람들과 밀접하다고 판단하는 사람도 있을 수 있잖아요. 그런 사람들을 제외하고는 다 그대로 갔죠.

---

[13] 1980년 12월 10일 정래혁을 위원장으로 하는 15인의 청산위원회는 공화당의 자산 일체를 아직 창당되지도 않은 가칭 민주정의당에게 무상양도키로 결정했다. 여기에는 5층짜리 남산 당사, 가락동 소재 3층짜리 훈련원(대지 1만 2천 평), 전국 8개시도 사무국 건물 등이 포함되며, 1백억 원대로 추산되었다.(『동아일보』 1980. 12. 18)

조영재 : 실무당료들은 거의 다 그대로 갔다는 말씀이신가요?

김원웅 : 그대로 갔죠. 거의 한명도 안 빠지고. 우리 동기들도 한 명도 안 빠졌는데.

조영재 : 아, 그러셨어요? 그러면 그 당시에 상층의 일부는 신군부가 차지를 하게 되지 않습니까?

김원웅 : 그렇죠. 그렇게 하면서 상층의 일부가 몇 명 정도는 빠지고. 1기 2기 정도로 해서 일부가 빠지고 대부분 그대로 남고.

조영재 : 다 그대로 남고요?

김원웅 : 예. 3기 이하로는 다 그대로 남았죠.

조영재 : 그러면 오랫동안 공화당의 창당 정신이랄까, 또 다음에 공화당이 갖고 있는 근대 정당으로서의 체계와 전문성, 이런 것들을 사무국에서 온전히 갖고 있었는데, 이제 군 출신의 신군부들이 그런 상층에 일부 들어오게 되고, 또 이상재14) 씨라던가 이런 사람들이 중요 살림들을 맡고, 사무총장이 권정달15) 씨고. 이러면서 과거에 공화당의 정서나 정신이나 조직방침, 이런 것과 충돌을 하거나 하지 않았습니까?

김원웅 : 조금 충돌이 있죠, 아무래도. 공화당 쪽이 좀 리버럴한데 이쪽이 좀 덜 그렇잖아요. 그래서 충돌이 있죠. 그러면서 그 사람들이 (사무국) 일부를 육사 나오고한 애들로, 국장이나 이런 것으로 데려오고. 강창희16) 같은 경우는 조직국장으로 데려오고. 이런 것 있잖아요?

---

14) 이상재(1934~)는 창당 당시 민정당 조직국장과 사무차장을 맡았으며, 재선의원(12대, 14대)을 지냈다. 그는 1980년 당시 육군준위계급으로 보안사의 언론대책반장으로 있으면서, 언론인 강제해직과 언론사 통폐합을 주도했다.

15) 권정달(1936~)은 민정당 초대 사무총장을 맡았으며, 3선의원(11대, 12대, 15대)을 지냈다. 그는 1980년 당시 보안사 정보처장으로서 언론 통폐합과 언론통제에 깊숙이 개입하고, 국가보위입법회의 입법의원으로서 민정당의 창당을 주도했다.

16) 강창희(1946~)는 군내부 사조직인 하나회 출신으로 공화당 창당 당시 권정달 사무총장을 보좌했으며, 곧이어 조직부장(1981년)을 맡았다. 6선의 국회의원을

조영재 : 그럼 공화당이 민정당으로 넘어오면서, 일종에 뭐 단절성이랄까요? 또 연속성이랄까요? 어떤 점에서 연속이 되고, 어떤 점에서는 과거 공화당의 정신이나 또 철학이나 자산들과 구분이 된다고 생각하십니까?

김원웅 : 좀 리버럴하거나 이런 것 있잖아요? 자유롭거나 이런 분위기, 지적인 분위기는 많이 없어진 것 같고. 조금 아무래도 정보 쪽이 강화됐죠. 조사국이라는 것이 다 새롭게 생겼어요. 옛날에 없던 것이. 조사국이라는 것이 생겨가지고, 거기에 보안사에 있던 사람들 갖다 놓고 하니까, 안에 좀 분위기가 자유롭지 않잖아요. 보안사 문관 출신[17] 들 갖다 놓고 이러니까, 이제 분위기가 옛날처럼 편안하지는 않죠.

조영재 : 의원님이 공화당 활동하실 때에도, 중앙정보부 쪽에서 협의차 들어오기도 하고 특정사안에 대해 당료들도 중앙정보부로 초치를 해서 심문도 하고 조사도 하고, 이랬던 것으로 알고 있는데, 그때와는 어떤 차이가 있습니까?

김원웅 : (제 경우에는) 유신 전에는 안 그랬는데, 유신하고 나서 제가 새세대문제연구소에 있을 때, 남산에 끌려갔어요. 새세대문제연구소가 조선호텔 건너편에 있었으니까, 호텔에 있는데, 전화가 와서 누가 만나자고(해요). 그래서 만났더니, 다짜고짜 시커먼 차에다 태우더라고요. 몇 명이 에워싸더니 태워가지고 남산에 갔어요. 그런데 걔들(중앙정보부)이 새세대문제연구소의 활동을 모르는 거예요. 근데 제가 만나는 사람들이.

조영재 : 아, 정보부에서?

지냈으며, 제19대 국회 전반기 국회의장을 역임했다.
[17] 김두종(金斗宗, 1939~)으로 추정된다. 그는 보안사의 문관으로서, 10·26 이후 계엄사합동수사부감독관을 지냈다. 이후 민정당 조사국장(1981), 훈련국장(1983)을 지냈으며, 제12대 국회의원을 역임하였다.

김원웅: 정보부에서 모르는 거예요. 김원웅이라는 놈 이상하다 이거야. 그리고 좀 이상한 놈들이랑 만난다는 거야. 그래서 그것을 어디서 들었나봤더니, 서울대학에서 들었대. 동대문경찰서 쪽에서 첩보가 들어왔는데 제가 이상한 사람을 만난다고, 하여튼 그래서 한번 실랑이를 쳤는데, 나중에 저희들이 확인이 되니까, 이제 그냥 나왔죠. 평소에 그쪽이랑 무슨 커뮤니케이션이 거의 없었어요.

조영재: 아, 그럼 공화당 때 같은 경우에는 정보기구라던가 이런 것이 당 내부로 들어온 것은 아니었는데, 민정당 시기에는 이제 당 내부로 들어와 있었다는 거죠? 보안사의 경험이나 인력자원들이 들어와 있었다는 거죠?

김원웅: 예. 그렇죠. 민정당 초기에 우리 연수원의 청년부장을 하다가, 저희들 동기 중에 저 하나만 승진을 했어요, 부국장으로. 저보다 한 기 위도 하나도 승진 안 한 거야. 근데 제가 한 기 위까지 뛰어넘어서, 저 혼자 승진을 해 가지고 변방으로 가니까, 훈련국 부국장을 시켰어요. 훈련국장은 정창화 의원이었고. 그때 마침 훈련국에 격려차 전두환 대통령이 왔더라고. 훈련 연수원 원장, 훈련국장, 이렇게 몇 명 있고 저는 전 졸병이니까 그 밑에 배석해서 앉아 있는데. 이런 저런 이야기를 나누는 중에 그 당시 우리 사회 좌파 얘기가 나왔어요. 좌파 얘기가 나왔는데, 전두환 대통령이 뭐라 그랬냐면은 "북한이 있는 한 좌파가 안 없어질 거야." 이러더라고. 그래서 저는 그냥 듣고 말았는데, 그때 제가 결심을 내린 것이 '아, 현실 인식이 저러면 남북 관계나 이런 문제는, (그리고) 우리나라 내부의 탄압 문제는 좀 가혹해지겠구나.' (전두환 대통령은) 모든 남쪽에 있는 좌파적인 사람들이 친북이고 북한을 추종한다고 생각하잖아요. 제가 보면 그렇지 않거든요. 그것과 관계없이 있는 민족진영이나 이런 쪽도 있는데, 그것을 다 그렇게 (북한과) 연결시켜서 이해를 하고 있으면, 그쪽에서는 탄압을 해야만 되는 것이 원칙

이잖아요. 그래서 그때 제가 생각이 '이 체제가, 전두환이라는 사람이, 군인이라는 것이 한계가 있구나. 나랑 다르네.' 이질감 같은 것을 느낀 적이 있어요. 그런데 거기서 뭐라고 말은 못하고, 난 졸병이라 또 말할 자리도 아니고. 하여튼 자꾸 멀어지더라고. 그래서 고민하고 있는데, 당에서 (1987년) 대선 앞두고. 그때가 우리 급이 국장 올라갈 때거든요. 그리고 제일 문제가 됐던 것이 대학가였어요. 그런데 그것을 컨트롤 할 방법이 전혀 없는 거예요. (그때) 제가 조직국장 직무대행을 하고 있었는데 저보고 "청년국장을 네가 맡아라." 그래서 청년국장이 돼서 대선을 치렀어요. 어찌됐든 그 과정에서 고민이 되기는 하지만, 이게 생활이 됐잖아요. (그런데) 3당 통합을 한다고 그러기에. 우리 사회 가장 고질적인 병폐가 전 지역주의라고 보거든요. 근데 특히 호남을 고립화시키고 나머지 3개를 합친다? 이런 체제가 계속 이렇게 해 가지고 집권당과 야당이 갈라져서 몇 십 년 가면, 이게 몇백 년간 동안 고질적으로 문제가 된다고 생각했어요. 이게 몇백 년 앞으로 한국 사회 분열의 구조를 만드는 거라고 (생각)해서, 공개적으로 통합 얘기가 전체모임에서 처음 거론될 때, 아무도 공개적으로 반대하지 않는데, 제가 공개적으로 반대를 했어요. 그 당시에 당에 국장급으로 있으면서 나가서. 국장급이 나가서 발언을 하는 경우는 별로 없거든요. 근데 제가 그랬잖아요. (반대) 발언하고 나 합류 못하겠다고, 그리고 한달 있으니까 3당 통합하길래 안하겠다고 나왔죠. (그리고 나서) 주변에 다 물어봤더니, 다 나오면 안 된대. 그렇잖아요. 지금 네가 나이가 마흔이 넘었는데 여기(민자당) 있는 것이 다 재산이잖아요. 그 당시 우리 사무처 중에서 제 비례대표 예비번호가 제일 앞선 사람이에요. 박준병 씨가 그 당시에 통합된 때에 사무총장을 할 때인데, 제 고등학교 선배거든요. 저를 계속 부르더니 탈당하지 말고 남아 있으라고, 내가 책임지겠다고. 그리고 '여기 있으면 다음에 비례대표 하거나, 정식으로 지역구도 줄 수 있고,

또 안 되면 국영기업도 있고 하니까' 하면서 만류하는데, 근데 제가 안 하겠다고. 그래서 꼬마민주당 같이 만드는데 합류를 했죠. 하여튼 그 당시에 그런 결정을 쉽게 할 수 있었던 것은, 오랫동안 누적된 것이 있다고요. 그리고 제가 공화당 입사할 때 공채 때 봤던 세계관과 그때 본 세계관이 많이 바뀌었고, 세상도 바뀌고 제가 바뀐 것이 있어서. '여기서는 더 이상 몸담는 것이 아니다, 내 자리가 아니다'라는 생각이 들었어요.

조영재: 뒷얘기를 진행하기 전에 한 번 더 여쭤볼 것이 있습니다. 당과 정부와의 관계, 또 당과 청와대의 관계에 대해 여쭤보고 싶은데요. 공화당이나 민정당 시절이나, 사실 두 대통령이 모두 당에 대한 관심이 지대했던 것으로 알고 있습니다. 일단 박정희 대통령 재임기에 당에 대한 관심이랄까, 이런 것들은 어떻게 표현하고, 또 서로 관계를 맺고, 배려를 받고 했습니까?

김원웅: 당에 대한 심정적인 신뢰가 있었던 것 같아요. '공화당 당원들이나 당 주변 사람들이 자기를 지지한다' 이런 것 있잖아요. 그런 것에 대한 신뢰는 많았던 것 같아요. 그런 면에서는 전두환도 마찬가지였던 것 같고. 근데 실제로 권한을 주느냐 하는 문제는 좀 달랐던 것 같아요. 아까 2원체제 말씀하셨지만은, 당 사무처가 (국회)의원들을 장악하는 2원체제는 JP가 구상했던 것 같은데, 의원들이 반발했죠. 그런데 박정희가 JP 손을 안들어 준거잖아요. JP가 힘이 쎄질까 봐. 근데 그게 (2원체제) 무너지니까 공화당이라는 것이 초기 때부터 자꾸 약화되는 것 같아요. 유신 때 결정적으로 약화됐고. 중앙정보부 쪽은 저가 접촉을 안 해봐서 모르겠는데, 제가 알기로는 공화당과 정부기관과의 교감이나 이런 것은 별로 체계화되지 않았던 것 같아요.

조영재: 예. 근데 유신체제가 등장하고 나서부터는 당의 위상과 지위가 많이 떨어지지 않습니까? 또 행정부 중심으로 국정이 운영이 되

고. 그럼에도 불구하고 박정희 대통령께서는, 예컨대 '당원 훈련이라든가 연수원, 이런 쪽에는 끊임없이 방문을 해서 평당원이라든가, 하부 지지자들과는 끊임없이 교류하고 또 애정을 표시 했다'고 말씀을 많이 하시더라고요. 그러면 당 사무국이나 또 하급 당직자라던가 이런 쪽에는, (박정희 대통령이) 당시 당 총재로서 애정을 표하시거나 배려를 표하시거나, 이런 것은 없었습니까?

김원웅 : 사무국에는 별로 없었던 것 같아요. 저는 그런 것 표현을 느낀 적이 없어요.

조영재 : 그럼 행정부하고 관계는 좀 어떻습니까? 아까도 말씀하셨던 것처럼 당내에 인적 구조가 피라미드로 되다 보면, (인원을) 정리해야 하기도 하고, 일부러 적성에 안 맞아 나가시는 분도 있고. 근데 그 분들을 정부쪽으로 많이 배치를 했지 않습니까? 민정당 시기에 들어오게 되면, 정부 인력들도 당으로 좀 많이 들어오기도 하거든요. 전문위원이라든가, 순환근무하면서 교류하는 측면도 있었는데. 그것과 비교해봤을 때, 당시 공화당은 행정부와의 인사교류라던가 정책교류는 어떠했습니까? 아까 얘기했던 그 잉여인력들이 자리 옮기는 것 빼놓고는, 어떤 방법들이 있었습니까?

김원웅 : 뭐 큰 차이가 없었던 것 같아요. 그 흐름은 거의 비슷하게.

조영재 : 아, 공화당 때나, 민정당 때나?

김원웅 : 기본적인 것은 그대로 그냥 승계를 한 것 같아요. 그리고 군부라고 하는 것이 정당에 대한 자기 프레임이 없으니까 "이거 하던 건데", "어, 이것 괜찮아." "그래, 해." 이렇게 된 것 같아요. 자기의 프레임이 있거나 지식이 있거나, 이런 것이 없었던 사람이니까.

조영재 : 그러면 이제 몇 가지 질문이 남아 있습니다만 일단은 플로어에(청중에) 궁금하신 사항들이 있으시면 질문을 받는 기회를 드리도록 하겠습니다.

청중 : 공화당의 실체가 감이 안와서 그러는데, 혹시 기억하시는지 모르겠는데, 당시 사무처 인적규모하고 예산이 어떻게 조달되었는지, 혹시 듣거나 간접적으로 아시는 바 있으면 말씀해주십시오.

김원웅 : 예산이 어떻게 조달됐는지는 모르겠는데, 결국은 청와대에서 주지 않았겠어요? 중요한 행사가 있으면 그때그때 내려오고. 그 당시에는 정치자금 다 그렇게 마련할 테니까. 청와대에서. 무슨 재정위원회가 있으니까 (청와대에) '이렇게 이렇게 만들겠습니다.' 그러고. 청와대 동의 하에 기업들로부터 협찬을 받든지. 근데 잘 모르겠어요. 요즘같이 정치자금에 대해서 투명하거나 방법이 구체화 되어있거나, 그런 것이 아무것도 없을 때니까. 그 당시에는 여든 야든 마찬가지일 테니까. 정치자금 만드는 방법에 대해서, 그것을 말하는 것 자체가 금기예요. 저도 몰라요, 잘. 어떻게 해서 봉급이 나오는지 모르고. 근데 그냥 느낌이 '청와대에서 매년 주겠구나' 그러든지, 재정위원회 같은 데서 계획을 세워서 기업들 협찬 받고 하는 과정에서, 그것도 이제 청와대 일단 재가를 받고 이렇게 해서 하지 않을까 이런 생각이 (들어요). 그냥 추측하는 거예요.

청중 : 사무처요원들 숫자가 어느 정도 됩니까?

김원웅 : DJ가 대선 끝나고 나서 한번은 그런 말씀을 하시더라고. '우리가 가장 약점은, (그리고)저쪽의 강점은, 제일 부러운 것이 뭐냐면 사무처'라고. DJ가 실제로 그렇게 얘기했어요. 저쪽에는 사무처라고 아주 엘리트들이 있고. 그런데 제가 느끼는 것 또 하나 있어요. 제가 야당 와서 느끼는 거랑 그쪽(여당: 공화당, 민정당)에서 느끼는 게 달라요. 그쪽에서는 우리가 무슨 말을 하잖아요? 저놈(상대방)이 의심을 안해. 자기 생각이랑 달라도. '공채 몇 기지?' 그러면 '원래 그놈은 그런 놈이야.' 이렇게 하고 넘어가. 근데 이쪽에 있으면 '저놈이 누구 계보지?' 이렇게 얘기한다고. 그리고 계보라는 것이 자기가 당 잡았을 때

한 명이나 두 명 심어놓고, 당직을 떠난 거야. 당대표나 이런 걸로. 그리고 또 그 다음 사람이 심어놓고 가는 거예요. 근데 그런 사람들(심어논 사람들)이 복합적으로 있잖아요. 그 사람들이 계속 커뮤니케이션을 하는 거예요, 자기 심어논 사람이랑. (그 사람의) 행정력은 별로인데, 커뮤니케이션은 열심히 하는 거예요, 그게 살길이라고. 그러니까 (야당의) 사무처가 사무총장이 뭘 지휘를 해도 일사분란하게 안 움직이는 거예요. 기본적인 자질 면에서 그렇게 합리적이지 않은 사람들도 꽤 있고. 그게 좀 (야당의) 약점이란 생각이 들어요. 그래서 그것을 DJ가 지적한 것 같아요. 여당은 계보가 아닌 공채로 뽑아요. 그러니 사무총장이 바뀌어도 기본적인 틀이 있기 때문에 일하는 것이 좀 쉽죠. 역량 발휘하기도 쉽고. 근데 그것이 굉장히 차이 나는 것 같아요.

조영재: 근데 사실 그것에 관련해서 질문을 드려보면, 현재도 좀 그렇다는 얘기들을 많이 하거든요. 야당 내부의 파벌. 물론 이제는 보수정당도 3당 합당 이후에는 파벌이 많이 늘어났다고 해요. 근데 그 이전에 '민정당 시절이나 공화당 시절에는 사무국 내에 사실 파벌이 그렇게 크지 않았다, 근데 이런 것이 의원 조직하고의 관계에서도 그대로 드러난다, 상대적으로 의원 조직은 계속 교체가 되는데 사무국조직은 안정적으로 핵심당료로서 좀 주인의식을 갖고 먼저 이렇게 하는 측면들이 있다, 공화당의 유산이다' 이렇게 생각하시는 분들도 계시더라고요. 그런데 나중에 실제로 야당생활도 해보셨지 않습니까? 그러면 공화당이나 민정당과 비교해 볼 때, 의원조직과 사무국조직과의 위상과 관계는 어떠했던 것 같습니까? 야당의 경우에 파벌에 많이 휘둘린다고 얘기를 하고요, 여당의 경우에는 그렇지 않았다고 얘기를 하는데.

김원웅: 아무래도 그렇죠. 사무처 자신이 하여튼 약간 공조직으로서 의미를 갖고 있잖아요. 강하잖아요. 그러니까 의사결정 같은 것을 하거나, 지시를 실천하는 과정이나 좀 더 능률적이죠. 공공성이 있다고 생

각하니까.

조영재 : 그럼 내부의 승진구조의 투명성이나 원칙 같은 것들은 사무국 요원들이 다 수긍하거나 동의하는 방식이었습니까?

김원웅 : 일반적으로 좀 수긍이 되는 분위기였죠. 뭐, 사람에 따라 다를 수도 있겠지만 언제나 인사라는 것이 제한된 자리를 가지고 제한된 사람들을 이렇게 하다보니까, 일반적으로 존중하고. 그 다음에 국회의원 되고 안 되고는 별개의 문제고. 사무국의 국장까지 승진하는 것 가지고는 크게 무리가 없었던 것 같아요.

조영재 : 그러면 그 이후에 또 상부에 올라갈 경우에는 비례대표를 보장해 준다든가.

김원웅 : 네. 그렇죠. 개인적인 무엇이 있겠죠. 선거 때 누가 당직을 맡고, 어떻게 무엇을 하느냐, 또는 자기 지역 연고가 다 다르니까 어떤 사람은 유능한데도 지역이 꽉 차서 못가는 경우가 있고, 어떤 사람은 지역사정이 느슨해서 갈 수도 있고. 근데 이것은 (공정성과) 별개의 문제니까.

조영재 : 어쨌든 간에 국장급들 같은 핵심 당료들 경우에, 민정당에서는 대부분 전국구 공천을 받게 되는데, 그런 것이 사무국 요원들에게 큰 동기부여 요인이 됐었습니까?

김원웅 : 그럼요. 크죠. 중요한 것이죠. 사무국에서는. 비례대표가 꽃이죠. '안 되면, 뭐 예비 번호라도 들어가서 나중에 몇 개월이라도 하자' 이런 것이 컸죠.

조영재 : 그렇게 되고 나서(당직자가 비례대표가 되고나서) 당분간은 그 이전에 당직들을 상당부분 유지를 하고 계시더라고요. 그분들이 당의 의원조직과 당 사무국과의 연계 고리라던가 매개 역할들을 하고 그랬습니까?

김원웅 : 뭐 그때는 하는 거죠. 그리고 배지를 달면 아무래도 일하는

데 더 능률적일 수 있잖아요. 그래서 그냥 본인이 원하면 놔두고.

조영재 : 마지막으로 전체적인 소회를 말씀하실 기회를 드릴 텐데요. 그전에 마지막 질문을 드리도록 하겠습니다. 아까 모두에서도 말씀드렸습니다만, 공화당이 한국 정당사에서 독특한 위상과 지위를 갖고 있는 것 같습니다. 여러 가지 측면이 있습니다만 조직과 체계화라는 측면에서 봤을 때, 당시로는 한국 정당사에서 가장 근대적인 형태의 정당이었던 것 같은데요. 이 공화당이 그 이후 한국의 정당사에 미쳤던 영향들이 있다면 어떤 측면들일까요? 보수 정당이나, 중도 정당이나, 진보 정당이나 관계없이요.

김원웅 : 행정능력이 필요하다는 것을 인식시킨 것 같아요. 그냥 입으로 하고 떠들고 끝나고 그러는 것이 아니라, '축적되는 행정능력이라는 것이 필요하다' 하는 것을 인식시키는데 도움이 되었던 것 같아요.

조영재 : 근데 그 이후 과정을 보게 되면, 3당 합당되고 난 후에는 원류 보수 정당들(민자당, 신한국당, 한나라당 등)에서도, 그런 사무국 체제는 많이 형해화 됐다는 느낌이 좀 들고요. 또 DJ같은 경우에는 강점으로 인정했다고 하시는데도 불구하고, 여전히 (DJ에 뿌리를 두고 있는) 야당 같은 경우에는 아직도 안정화 된 사무국 체제를 갖고 있지 못 하구요. 이제야 엄격하게 관리되는 공채를 통해서 인원을 충원할 정도니까요. 여당과 야당에서 공화당의 그런 전통과 장점이 안착되지 못한 이유는 무엇이라고 생각하십니까?

김원웅 : 제가 보면 여당의 경우에는 옛날 박정희가 됐든 전두환이 됐든 간에 자기가 '몇 년 동안 안정적으로 당을 운영하겠다'고 하는 중심이 있잖아요. 내가 씨를 뿌려놓으면 나한테 도움이 된다고 생각했는데, 야당은 누가 당직을 맡아도 내가 몇 개월을 갈지 1년 갈지 모르는데, 내가 지금 공채를 내서 그 사람들 써먹을 수 있을지도 모르고, 그러니까 그렇게 멀리 볼 마음이 없었던 것 같아요. 그리고 또 경제적으로

도 어렵고. 또 공채를 하면 거기에 대해 상응해서 생활도 보장을 해줘야 하는데, 시험을 봤는데 그런 것(생활보장)에 대한 것도 없고 그러니까. 제가 정치하면서 느낀 것이 있어요. 노무현 정부 초기에 열린 우리당이 됐는데, 그 당시에 천정배가 원내 대표를 할 때예요. 13명 이상이 3선 이상이에요. 거기서 상임위를 배정하기로 했다고. 여야 협상을 하면서 우리 열린 우리당이 열 몇 개를 따왔어요. 그런데 그것을 안배를 하는데, 다 들 국회윤리위원장을 안할려고 그래요. 그게 제일 재미도 없고 폼도 안 나고 그렇잖아요. 그리고 욕만 얻어먹고. 그런데 그 당시에 천정배가 제안을 했어요. '이것을 먼저 맡으면 다음에 원하는 상임위원장을 또 한 번 시켜주겠다.' 그래도 아무도 안 하는 것이에요. 그 이유가 뭐겠어요, 그게. 말 자체로는 그게 이익이잖아요. 이것을 하고 또 하면 4년을 하잖아, 보통 2년밖에 못하는데. 2년 후를 아무도 모르겠다는 거예요. 근데 노무현 정부 초기여서 전부 다 '앞으로 당을 위해서 충성을 다 한다', 입으로 떠들면서 2년 후에 대해서는 안 할라 그래. 그래서 제가 선택했어요, 윤리위원장을. 그런데 2년 후가 되니까, 아니나 다를까 김한길이가 원내대표 되어가지고, '그게 무슨 소리냐'고 그래요. 저니까 통외통위원장을 했지, 다른 사람 같으면 안 됐을 거야, 아마. 그러니까 야당이라는 것은, '지금 생기는 거는 지금 먹는 게 최고'라고 보는 거예요. 그러니까 2년 후를 못 믿겠다는 것이에요. 그런 분위기에서 무슨 공채를 해서 뭐 하겠다고 그러겠어요. 제가 절실하게 피부로 느꼈던 것이에요. 그래서 2년 이후에 통외통위원장을 한다고 그러니까, 유인태가 나한테 와요. 저랑 가까우니까, 같은 꼬마민주당 출신이니까. 유인태가 재선인데 자기가 재선 중에 제일 연장자니까, 빈자리가 하나 있으면 자기가 들어가고 싶잖아요. "김원웅 의원님 말이 많은데 어떻게 하면 좋겠습니까?" 이러는 것이에요. '내부에서 이런 얘기가 있다네요. 그럼 1년만 하고 1년 후에 통외통위원장을 넘기면 어떻겠냐?'이래요. 그래서 내가 유인태보고 '그것은 나한테 맡겨 그냥. 내가 무조건 한다. 내가 1년만 하고 안하든, 내가 결정해야지. 원래 공식적인 임기가 2년인데' 그렇게 얘기를 했어요. (과거 야당은) 그런 식으로 복잡하다고. 그래서 하여튼 요즘 보면, 눈앞에 보이는 것을 따 먹지 않으면 손해 보는 데가 정치판인데, 야당이 더 심한 것 같아요, 그게.

조영재 : 의원님. 먼 길을 오셨는데 죄송한 말씀을 드려야 할 것 같구요. 저희들에게 허용된 시간이 다 된 것 같습니다. 더 많은 말씀의 기회를 못 드려서 죄송합니다. 고견은 나중에 또 청해서 듣도록 하겠습니다.

김원웅 : 네. 고맙습니다.

보론: '사실'과 '구술자료'의 간극에 대한 하나의 해석
— 정치엘리트 구술연구를 중심으로 —

조영재
명지대학교 국제한국학연구소

1. 문제제기

현대적 의미에서 구술사가 학계에 등장한 역사는 매우 짧다.[1] 그중에서도 정치엘리트의 구술기록을 체계적으로 생산·관리·활용한 것

---

* 이 글은 『기록학연구』(제43호, 2015)에 실렸던 논문이다. 정치엘리트의 구술에서 흔히 발생하는 사실(fact)과 구술내용의 차이(간극)를 분석한 글이다. 사실 정치엘리트의 진술은 의도적이든 비의도적이든 객관적 사실과 다를 가능성이 높다는 점에서 구술자료로서의 가치를 의심받아왔다. 이 글은 그러한 간극이 실제로 질적으로 상이한 여러 가지 유형으로 구분될 수 있으며, 그중 일부는 구술자료가 지니고 있는 단점이라기보다는 장점이자 특성이라고 주장한다. 이 책에 실린 구술자료의 특성을 이해하는데 도움이 될 것으로 본다.

[1] 고대 그리스 역사가 헤로도투스나 투키디데스가 역사를 기술하는데 있어서 구술에 의존했다는 점을 고려해 볼 때, 구술사적 전통은 고대사회로 거슬러 올라간다. 하지만 역사적 자료를 구축하는 방법으로 정착된 것은 1948년 출발한 컬럼비아 대학의 "구술사 프로젝트"에서였다.(Sharpless, Rebecca, "History of Oral History" Charlton, L. E, L. E. Myers eds. *Handbook of Oral History*, Oxford: Altamira Press, 2006, pp.19~22)

은 더욱 최근의 일이다.[2] 하지만 짧은 역사에도 불구하고 정치엘리트 구술의 성과는 적지 않다. 1961년부터 미국 국립기록청(National Archives of the United States: NARA)이 대통령기록관(presidential libraries)을 통해서 진행하고 있는 구술사프로젝트가 대표적인 사례이다.[3] 1920년에서 1980년까지 활동했던 영국 핵심 정치엘리트를 대상으로 진행되었던 영국런던정경대학도서관의 '영국정치행정구술사아카이브'(British Oral Archive of Political and Administrative History: BOAPAH) 프로그램이나 1970년대 이후부터 최근까지 수집되어 영국국립도서관(British Library)에 구축되어 있는 정부 및 정당관련 구술사컬렉션은 또 다른 사례이다.[4]

---

[2] 정치학과 사회학에서 '엘리트'의 개념, 구성, 기능, 역할 등에 대한 오랜 논쟁이 있었다. 하지만 대부분의 연구에서 '엘리트'는, 명시적인 개념정의 없이, 특권을 가지고 있거나 영향력을 지닌 개인이나 집단을 지칭하는 데 사용되어왔다. 이러한 사정은 구술사 연구에서도 마찬가지이다. 일반적으로 구술사 연구에서 '엘리트'는 단순히 정치인, 관료, 국회의원, 국가지도자, 기업인 등을 지칭하는데 사용된다. 또한 '엘리트'는 자신들이 지닌 통제력을 정당화시키는 존재로서 묘사되며, 그렇지 못한 일반사람들(ordinary people), 패배자들(the vanquished), 버림받은 자들(the earth's forshaken one)의 반대편에 있는 사람들을 은유하는데 쓰여지고 있다. 이 글에서는 대다수 엘리트 이론이 공유하고 있는 '정치·사회조직 또는 국가에서 정책결정권을 가진 소수 집단'이라는 서술적 정의에 따른다.

[3] 이 프로젝트는 NARA의 주관하에 개별 대통령기록관이 진행하는 일련의 독립적인 프로젝트로 구성되어있다. 트루먼대통령기록관의 구술프로젝트를 시작으로 하여, 이후 역대 대통령에 관한 구술프로그램이 현재까지 지속적으로 이어지고 있다. 대표적으로 케네디기록관은 1,300여 개, 존슨기록관은 1,500여 개의 인터뷰자료를 구축하고 있다. 2008년 종료된 클린턴기록관은 130여 개의 인터뷰자료를 소장하고 있다.(Greenwell, R., "The Oral History Collections of the Presidential Libraries" *The Journal of American History*. Vol.84, No.2. 1997. pp.597~599 ; Riley, R. L., "Presidential Oral History: The Clinton Presidential History Project", *The Oral History Review*, Vol.34, Issue 2. 2007, p.93)

[4] BOAPAH에 대해서는
http://archives.lse.ac.uk/Record.aspx?src=CalmView.Catalog&id=BOAPAH 참조. 영국국립도서관 컬렉션에 대해서는

한국에서도 이러한 양상은 압축적으로 반복된다. 지난 30여 년간 구술사 연구의 영역, 대상, 규모는 급속히 확대되어왔다. 특히 2000년 후반부터는 엘리트 구술자료의 수집이 확대되기 시작했으며, 이 분야의 주요 성장산업으로 기록될 만 했다. 정치엘리트에 대한 구술자료는 이러한 경향을 대표한다. 한국학 중앙연구원이 주관하는 '현대한국구술사연구'의 일환으로 해방이후부터 2000년대까지 활동했던 정당정치엘리트에 대한 구술프로그램이 진행되고 있으며, 국가기록원은 2008년부터 매년 지속적으로 '역대 대통령 관련인사 구술채록 사업'을, 그리고 국회도서관은 2012년부터 '역대 국회의장단 구술채록 사업'을 이어오고 있다.[5]

이러한 정치엘리트구술자료 수집에 있어서 핵심적인 목적 중에 하나는 권력자의 집무실에서, 행정부에서, 의회에서, 정당에서 도대체 무슨 일이 있었는가를 확인하는 것이다.[6] 물론 정치권력이나 제도가 작동하는 구체적인 과정을 연구하기 위해서 반드시 구술자료가 필요한 것은 아니다. 기존 연구들이 그렇듯이, 우리는 1차적으로 기존의 문서기록, 시청각기록들을 통해 이러한 작업을 수행할 수 있기 때문이다. 그러나 이러한 작업은 기록관리제도가 체계적으로 갖추어져 있고, 그 기록에

---

http://www.bl.uk/reshelp/findhelprestype/sound/ohist/ohcoll/ohpol/politics.html 참조 [2014.11.5 검색].

[5] 김태우, 「엘리트 구술자료의 성격과 수집방안」, 『구술사연구』 5-1, 2014, pp.43~44.

[6] 엘리트 구술자료의 쓰임새는 단순히 사실 확인의 영역을 넘어서 훨씬 다양하다. 다른 구술자료들과 마찬가지로 엘리트 구술자료 역시 구술자가 지니고 있는 사회적·정치적·심리적·언어적·문화적·이데올로기적 특성에 대한 다양한 정보를 포함하고 있기 때문이다. 그러나 이러한 정보를 얻기 위해 많은 인력과 높은 비용을 투입하여 엘리트 구술자료를 수집하는 경우는 드물다. 엘리트구술프로젝트에 자본을 제공하는 주체(정부기관 또는 재단)의 관심사가 아니기 때문이다.

대한 정보공개가 제도적으로 뒷받침되어 있는 선진 민주주의 국가에서도 결코 쉬운 일이 아니다. 권력은 주로 문어(written words)보다 구어(spoken words)를 통해 작동되고, 공개된 영역(front doors)보다 비공개영역(closed doors)에서 행사되기 때문이다. 게다가 이러한 권력의 작용이 언론을 통해 공개되었을 때조차, 권력에 의해 의도적으로 흘려진 것(purposive leaks)일 가능성이 높다. 미국 클린턴 대통령의 경우를 살펴보면 30,000여 개의 문서보존함(archival boxes)에 보존된 문서들, 백악관의 모든 이메일과 전자문서들, 사진과 영상필름들, 1,000쪽에 가까운 회고록(My life), 그리고 이러한 공적 기록에 버금가는 양으로 추정되는 언론자료들이 있음에도 불구하고, 별도로 구술자료를 수집하는 이유도 여기에 있다.[7]

문제는 많은 노력과 비용을 들여 어렵게 수집된 엘리트 구술자료가 그 가치를 의심받고 있다는 점이다.[8] 여기에는 두 가지 통념이 이유로

---

[7] 클린턴 대통령의 경우에는 다음과 같은 목록들이 추가된다. 7년 동안 4,000만 달러 이상의 비용을 들여 대통령의 은밀한 사생활까지 조사했던 특별검사 스타(Starr)의 조사기록들, 각종 독립위원회와 의회 위원회의 조사 및 회의기록들. 이러한 기록들의 목록과 함께 이들 기록들을 통한 사실접근이 어려운 이유에 대해서는 Riley, "Presidential Oral History", pp.84~87 참고.

[8] 엘리트 구술자료의 가치에 대한 의심은 크게 두 가지 시각으로부터 나온다. 하나는 실증주의적 시각으로부터의 의심이다. 대중들과 비교해 볼 때 정치엘리트들은 자신의 정치적 목적이나 명예 등을 이유로 허위진술을 할 가능성이 높은 반면, 그들의 진술을 경험적으로나 실증적으로나 검증하는 것이 불가능한 경우가 매우 많다는 점에서 그렇다. 본 논문은 이러한 의심에 대한 하나의 답변이다. 또 다른 의심은 '아래로부터의 역사'(history from below) 시각으로부터 나온다. 이들에 따르면, 엘리트 구술자료는 연구자원의 낭비일 뿐이다. 엘리트들은 이미 공공기록을 통해 압도적으로 과잉 대표되어 있을 뿐 아니라, 일기, 메모의 형태로 자신의 기록들을 남기고 있기 때문이다. 엘리트 구술자료가 연구자원의 낭비라는 주장에 대해 반론을 제기하는 것은 본 논문의 목적을 넘어선다. 다만 다음과 같은 몇 가지 점을 지적하고자 한다. 첫째, 엘리트 구술연구에 의해서도 엘리트들이 공적문서 속에서 얼마나 과잉대표되어 있는지를 드러낼 수 있으며, 이를

작용한다. 첫째, 정치엘리트 구술자료는 구술자의 개인적 경험과 기억에 기초하고 있으며, 따라서 개별적이며, 주관적일 뿐 아니라 부정확하기까지 하다는 통념 때문이다. 이는 정치엘리트 구술자료에 국한된 문제가 아니라 모든 구술자료에 적용된다. 하지만 객관적 사실의 재구성을 1차적인 목적으로 하는 정치엘리트 구술에서 더욱 문제가 된다.[9] 둘째, 정치엘리트의 속성 상 자기 합리화와 거짓 진술의 위험을 피하기 어렵다는 통념 때문이다. 이 또한 정치엘리트 구술자료에 국한된 문제는 아니다. 하지만 비엘리트(non-elite)보다 엘리트가 더 많은 자기 정당화의 동기와 능력을 갖추고 있다는 점은 이론적으로나 경험적으로 부정하기 어렵다. "엘리트들은 사회를 통제하기 위한 자신들의 시도를 정당화하는 이야기(a lore)를 발전시키는 사람들"이라는 맥마한(McMahan)의 지적은 이러한 속성을 잘 드러내 준다.[10] 게다가 정책결정에 핵심

통해 문서기록이 지니고 있는 (엘리트들에게 과도하게 기울어진) '체계적인 비대칭성'(systematic lopsideness)을 보완할 수 있다. 둘째, 그들만이 공유하고 있는 정보를 사회적으로 공유할 수도 있으며, 어떤 방식으로 권력을 생산·재생산하는 지를 분석할 수도 있다. 게다가 엘리트구술사연구 또한 다른 전통적 구술사 연구와 마찬가지로 '다른 곳에서 구할 수 없는 정보를 획득한다'는 구술사의 '특화된 목적'을 공유하고 있다는 점을 기억할 필요가 있다. Waldemarson, Y. "Openness and Elite Oral History: The Case of Sweden", *The Paradox of Openess: Transparencey and Participation in Nordic Cultures of Consensus*. Brill Academic Publishers. 2014, p.177 참고.

[9] 엘리트 구술연구자 모두가 이런 목적에 동의하는 것은 아니다. 하지만 정부기관 또는 재단으로부터 재원을 지원받는 국내외의 대규모 정치엘리트 구술연구에서 객관적인 사실을 재구성 하는 것이 1차적인 목적임에는 틀림없다. 또한 엘리트 구술을 활용하여 정치현상의 인과분석을 하고자 하는 많은 학문적 연구들의 목적도 이와 유사하다.

[10] 엘리트를 정치적·사회적·경제적·이념적 자원의 소유관계 속에서 정의하는 정치학 또는 사회학적 정의와 별도로, 맥마한은 엘리트를 정의하는데 있어서 '자신들이 지닌 통제력을 정당화하는 구술주체적 성격'을 강조한다. 그에 따르면 비엘리트(non-elite)는 "자신들이 사회에 대한 통제력이 없다는 이야기를 만들어내는 사람들"이다. McMahan, E. M. *Elite Oral History Discourse: A Study of*

적 역할을 수행했던 엘리트 구술이 지닌 영향력은 비엘리트(non-elite)에 비할 바가 아니라는 점에서 거짓 진술의 파급효과는 심대하다.

이 글의 문제의식은 위와 같은 두 가지 통념에서 출발한다. 이 통념들이 지적하는 것은 다음과 같다. 정치엘리트 구술자료는 다른 구술자료와 마찬가지로 객관적이지도 신뢰할 만하지도 않을 뿐만 아니라, 정치엘리트의 자기정당화의 도구로 전락할 수 있다는 것이다. 필자가 보기에 여기에는 공통된 전제가 있다. 정치엘리트의 구술자료는 실제 역사적 사실과 간극(괴리)이 매우 크다는 것이다. 즉 사실과 많이 다르다는 것이다. 이글의 목적은 이와 같은 간극을 탐구하는 것이다. 구체적으로는 간극이 발생하는 이유와 양상은 어떠하며, 그러한 간극을 줄일 수 있는 방법은 무엇인가라는 질문에 답하는 것이다.

2. '사실'과 '구술자료'의 간극구조와 특성

정치엘리트 구술자료는 객관적인 사실로부터 얼마나 벗어나 있는가? 이 질문은 정치엘리트 구술자료가 지닌 역사적 증거능력의 가능성과 한계를 묻는 것이다. 여기에 답하기 위해서는 '객관적인 사실로부터 구술자료가 어떻게 생산되는가'를 살펴보는 것이 필수적이다. 사실과 구술자료 사이의 '거리'를 의미하는 '간극'은 구술자료가 생산되는 과정을 통해 얻어진 산물이기 때문이다.

사실 구술대상에 관계없이 모든 구술자료는 크게 다음과 같은 세 가지 요소, 즉 '사실(fact)', '기억(memory)', '구술(oral narrative)'이라는

Cooperation and Coherence, Tuscaloosa: University of Alabama Press, 1989, pp.33~34.

요소를 거쳐서 생산된다. 구술자료와 사실 사이의 간극은 이러한 세 가지 요소를 거치면서, 때로는 구술자의 의도와 관계없이 자연적·우연적·필연적으로 형성(rising)되기도 하고, 때로는 구술자의 의식적·무의식적 의도에 의해 인위적·선택적으로 구성(making)되기도 한다. 세 가지 요소와 간극 사이의 관계를 그림으로 도해하면 다음과 같다.

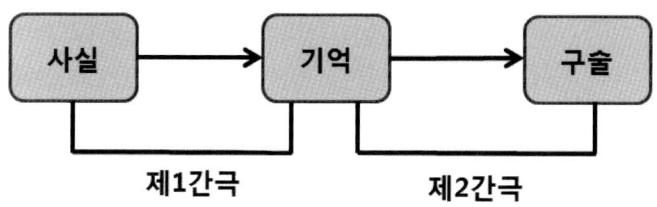

〈그림 1〉 구술과정과 간극

최초의 간극(제1간극)은 외부의 '사실'과 구술자의 '기억' 사이에서 발생한다. 실제 구술의 토대가 되는 것은 개인의 '기억'인데, 이는 단순히 외부의 객관적인 사실을 모사하거나 재현한 것이 아니다.[11] 심리학

---

[11] 구술사 연구자들은 '기억'을 서로 다른 차원에서 접근한다. 폴 톰슨(Paul Thompson)처럼 심리학적 연구에 기초하여 기억이 지닌 생물학적·생리학적 특성에 주목하기도 하고, 나탕 바슈텔(Nathan Wachtel)처럼 사회학적 연구에 기초하여 기억이 지닌 사회적·집합적 성격을 강조하기도 한다.(Wachtel, N. *Between Memory and History*, Harwood Academic Publishers. 윤택림 편역, 『구술사, 기억으로 쓰는 역사』, 아르케, 2010 참고).
하지만 만약 '기억'이 다차원적인 속성을 지니고 있다는 점을 우리가 받아들인다면, 기억에 대해 서로 다른 차원에서 접근하고자 하는 견해들을 서로 대립적인 것으로 볼 필요는 없다. 왜냐하면 개인의 기억이 지닌 신뢰성을 검증하기 위해서는 기억의 심리적·생리적 메커니즘에 대해 접근하는 것이 필수적이며, 사회집단 간에 존재하는 권력관계를 분석하기 위해서는 기억의 사회적 틀(집합적/사회학적 차원)에 대해 접근해야 하기 때문이다. 본 논문은 '간극'에 대해 분석하기 위해 심리학적으로 접근한다. 반면 후자의 차원을 통해 접근한 연구로는 허영란(「대항기억의 정치학과 기억공동체: 울산 장생포 포경사 구술을 중심으로」, 『로

적 발견에 따르면, 완전 기억(total recall)이라는 것은 일종의 신화이며, 기억이란 일련의 선택과정을 거치는 재구성 행위(reconstructive behavior)라는 점이다.12)

사실과 기억이 일치하지 않는다는 점(제1간극)이 구술연구에 미친 영향은 이중적이다. 이러한 불일치와 간극을 부정적으로 바라보았던 실증주의 역사학은 구술연구의 객관성을 부정하는 근거로 삼았던 반면, 긍정적으로 바라보았던 일부 역사가나 구술연구자들은 새로운 역사인식의 토대로 삼았기 때문이다. 예컨대 역사학자 카아(Carr)는 과거에 있었던 일 그 자체를 의미하는 '과거(의 사실)'와 '역사적 사실'을 구분하고, 역사적 사실이란 과거에 있었던 일 그 자체가 아니라 역사가가 능동적으로 해석했던 결과로 보았다.13) 구술자료 자체가 가지고 있는 독립적이고도 독특한 특성에 주목했던 포르텔리(Portelli)는 기억이 주관적인 것이란 점을 수동적으로 인정하는데 그치지 않고 적극적으로 받아들여 역사의 일부로 해석하였다. 그에 따르면,

> [개인적 경험이나 기억의] 주관성은 더 가시적인 '사실들' 만큼이나 역사의 영역 안에 있다. 제보자들[구술자들]이 믿는 것은 정말 일어난 것만큼이나 진정한 역사적 사실, 즉 그들이 믿는다는 사실이다.14)

컬리티의 문화적 재구성과 실천적 담론 학술회의 자료집』, 2012) 참고.
12) Parkin, A. *Memory: A Guide for Professionals,* Wiley, 2000. 이영애·박희경 역, 『기억연구의 실제와 응용』, 시그마프레스, 2001, pp.20~26.
13) 이재성, 「한국정치사와 구술사: 정치학을 위한 방법론적 탐색」, 『한국사회과학』, 29, 2007, p.186.
14) Portelli, A, *The Death of Luigi Trastulli and Other Stories: Form and Meaning in Oral History,* State Unversity of New Youk Press. 1991. 윤택림 편역, 『구술사, 기억으로 쓰는 역사』, 아르케, 2010, p.84.

포르텔리는 주관적 기억을 역사적 사실로 취급함으로써 구술사에 새로운 의미를 부여했다. 즉 구술자료는 실제의 가시적인 사건에 대해서보다는 그 사건들이 지니는 의미에 대해 더 많은 것을 말해주며, 실제 사건들에 대해 '틀린' 진술이라 하더라도 심리적으로 계속 '진실'이고, 이러한 '진실'은 '사실적으로 믿을 수 있는 설명'과 마찬가지로 중요하다는 것이다. 이제 포르텔리에게 있어서 사실과 기억의 간극은 그다지 중요하지 않다. 왜냐하면 틀린 믿음이라 하더라도, 그 자체가 역사적 사실의 일부로서 신빙성을 지니고 있기 때문이다.[15]

주관적 기억 그 자체가 역사적 사실의 일부라는 포르텔리의 주장은 제1간극을 해석하는 데 있어서 중요한 진전임에는 틀림없다. 모든 간극이 부정적이거나 배척되어야 하는 것은 아니라는 점을 시사하기 때문이다. 하지만 제1간극의 구조와 의미는 포르텔리가 생각하는 것에 비해 좀 더 복잡하고 복합적이다. 객관적 사실과 주관적 기억 간에는 다양한 동학이 있으며, 이를 이해하기 위해서는 세분화된 구분이 필요하기 때문이다.

이를 위해서 사실과 기억 사이에 인지(cognition)과정을 추가하는 것이 필요하다. 즉 제1 간극은 외부의 사실(fact)→인지(cognition)→기억(memory)하는 과정에서 발생한다는 것이다.[16] 그러므로 제1간극이 발생하는 '사실을 기억하는 과정'이란 다음과 같은 두 개의 과정, 즉 '사실을 인지하는 과정', '인지한 사실을 기억'하는 과정으로 세분화할 수 있다.

---

[15] Portelli, Ibid, pp.83~85.
[16] 넓은 의미에서 인지(cognition)는 지식의 습득, 저장(기억), 변형, 사용을 의미하며, 따라서 기억 역시 넓은 의미의 인지에 포함된다.(Matlin, M. W. *Cognition*, 6th ed. Wiley. 2004. 민윤기 역, 『인지심리학』, 박학사, 2007) 여기서는 분석적 편의를 위해 좁은 의미로 쓰이며, 지식의 습득(외부 사실에 대한 인식)에 국한한다.

〈표 1〉 제1간극(제1유형간극과 제2유형간극)의 발생요인과 형태

제1간극 발생과정	사실 --------------------〉 기억	
제1간극 유형	사실과 인식의 간극 (제1유형)	인식과 (장기)기억의 간극 (제2유형)
간극 발생요인	인식주체의 능력, 상태, 상황 등	장기기억의 종류, 시간, 학습, 인지부조화
간극 형태	생략, 선별, 착오	망각, 기억변형

제1간극의 첫 번째 과정, 즉 먼저 외부의 사실을 어떻게 인지하느냐 하는 문제는 인식론의 오래된 주제이자 논쟁의 대상이다. 여기서 분명한 것은 인식주체의 상태, 능력, 상황에 따라서 인지 내용에 커다란 차이를 보이며, 종종 생략과 선별, 착오나 오류로 나타난다는 점이다.[17] 이러한 문제로 인해 발생하는 간극을, 이 논문에서는 '제1유형의 간극'이라고 표현하고자 한다.

제1간극의 두 번째 과정은 인식한 내용을 어떻게 유지(기억)하는가의 문제이다. 다시 심리학적 연구에 따르면, 이 과정은 근본적으로 다른 두 가지 형태, 즉 단기기억과정과 장기기억과정으로 구분된다.[18]

---

[17] 이 과정은 복잡한 메카니즘 속에서 이루어진다고 알려져 있다. 여기에 외부의 사상(event)을 등록하는 감각(sensation), 등록된 감각을 해석하는 지각(perception), 직접 지각되지 않는 것을 심적 그림으로 만들어내는 심상(imagery)이 개입한다. Hermann, D. J., C. Y. Yoder, *Applied Cognitive Psychology*, Lawrence Erlbaum Associates, Inc. 2006. 이재식 역, 『응용인지심리학』, 박학사, 2009, pp.97~100 참조.

[18] 새로운 기억은 단기기억에 저장되며, 필요하면 장기기억으로 옮겨 저장된다. 옮겨지는 과정은 기억흔적의 '응고화(consolidation)'로 알려져 있다. 두 가지 기억의 차이와 메카니즘에 대해서는 Parkin, *Memory: A Guide for Professionals*, Wiley, 2000, pp.3~13 참조.

구술과 관련하여서는 장기기억과정이 중요하다. 구술은 장기기억을 대상으로 하며, 그 지속성에는 다양한 요인이 개입되기 때문이다. 구술과정에서 흔히 만나게 되는 '망각'이나 '기억변형'에 의한 간극은 이 과정에서 일어난다. 이 논문에서는 이러한 간극을 '제2유형의 간극'이라고 명명하고자 한다.

또 다른 간극, 제2간극은 기억과 구술 사이에서 발생한다. 이로 인해 나타나는 형태는 매우 간단하다. 의도적인 허위진술, 즉 거짓말을 하는 것이다. 이처럼 제2간극은 제1간극에 비해 간명한 형태로 나타나지만, 그 요인은 매우 다양하다. 자신의 과거 행위를 합리화하기 위해서, 이전의 진술과의 일관성을 위해서, 자신의 입지를 강화하기 위해서, 또는 반대자나 경쟁자의 위신을 손상시키기 위해서 허위진술을 한다. 이러한 간극은 앞의 유형들과 달리 '제3유형의 간극'으로 이름한다.

제3유형의 간극과 그 결과가 구술자료에 미치는 영향은 치명적이다. 많은 심리학 연구가 '인간의 삶에서 거짓말은 일상적이며 바람직하기까지 하다'고 주장한다. 하지만 구술에 관한 한 이러한 주장을 받아들이기 어렵다.[19] 일부 사실에 대한 허위진술은 나머지 다른 사실에 대한 진술의 신뢰도를 손상시키기 때문이다. 게다가 구술자료가 구술자의 사적인 목적에 이용되는 결과를 초래하기까지 한다.

---

[19] 사회심리학자 드파울로(DePaulo)는 일련의 실험과 연구를 통해 거짓말은 비정상적이며 잘못된 것이라는 주장은 그릇된 것이라고 주장한다. 그에 따르면, "전적인 진실(whole truth)은 가능하지도 않을 뿐 더러, 설령 가능하다 손 치더라도 바람직하지도 않다"고 주장한다.(DePaulo, B. M. "The Many Faces of Lies", in A. G. Miller, ed. *The Social Psychology of Good Evil*, Guilford Press. 2004).

〈표 2〉 제2간극(제3유형 간극)의 발생요인과 형태

제2간극 발생과정	기억-----------------〉구술
제2간극 유형	기억과 구술의 간극 (제3유형)
간극 발생요인	수많은 개인적 동기
간극 형태	허위진술(거짓말), 반복적인 허위진술

앞서 보았듯이 객관적인 사실과 구술자료들 사이에 존재하는 간극은 다양한 형태로 구성되며, 그 형태마다 훨씬 많은 발생요인을 갖고 있다. 이러한 것을 모두 다루는 것은 광범위한 심리학적·사회학적 작업이 될 것이다. 따라서 아래에서는 다양한 간극 형태 중에서 구술연구에 중대한 영향을 미치는 주요 형태를 선별하여 유형별로 살펴보고자 한다.

3. 제1유형: 기억의 형성과정에서 발생하는 간극

앞서 지적했듯이, 모든 간극은 객관적 사실을 인식하고 이를 기억으로 만드는 과정에서 출발한다. 인간은 객관적 사실을 온전히 총체로서 인식하거나 재현할 수 없으며, 개인에 따라서 선택적으로 인식하기 때문이다. 게다가 개인의 인식과 기억의 토대가 되는 경험은 객관적 사실의 일부에 지나지 않기 때문이다. 전자는 '기억의 주관성'으로, 후자는 '기억의 개별성'으로 표현된다. 아래 두 가지 형태는 이를 대표한다.

1) 선별인식과 선별기억

 구술자들이 사물을 개별적·선별적으로 '인식'할 뿐만 아니라, 더나가 개별적·선별적으로 '기억'하는데 따라 발생하는 간극이다. 이는 동일한 시간대에서 동일한 경험을 함께 했던 사람들 사이에서 조차 서로 다르게 구술하는 원인으로 작용한다.

 먼저 선별인식은 사람들이 객관적 사실을 인식하는 과정에서 나타나는 지각정보 등을 선별적으로 받아들일 뿐 아니라, 이를 통해 각자 주관적인 의미를 부여하는 과정에서 발생한다. 대표적인 사례는 특정 시공간, 특정 상황, 또는 특정 인물에 대한 구술묘사에서 종종 등장한다. 예컨대 1980년대 전두환 정부 시절, 한 야당지도자가 당지도부의 결정에 따르지 않았던 야당의원에 대해 징계할 것을 언급했던 사례를 살펴보자. 당시 그 자리에 함께 했던 두 명의 구술자는 서로 다른 관점에서 인식했다. 즉 그 야당지도자의 언급에 대해, 한 구술자는 '여당에 대한 결연한 투쟁의지'를 보였다고 인식했던 반면, 다른 구술자는 '당지도부의 결정에 따르라는 협박'이었다고 느꼈다.[20]

 선별기억이란 시간이 흐르면서 인식한 내용을 선별적으로 기억하는데 따라 나타나는 간극형태이다. 구술연구자 반시나(Vansina)의 '기억' 개념은 이러한 간극에 기초하고 있다.

> 기억은 내면화된 행위, 즉 '회상이미지'(remembrance-image)로 사건이나 상황을 재현하는 것이다. (…) 이미지를 만들어내고 동시에 그것을 서술하는 두 가지 과정에서 감각적인 자료는 선택되거나 버려지고 재구성되

---

[20] 이 글에서 인용되는 구술자는 익명으로 처리한다. 일부 비공개 기록이 포함되어 있을 뿐만 아니라, 단순 사례 인용에 굳이 구술자의 인명이 필요하다고 보지 않기 때문이다.

어서, 그 가운데 생기는 '공백'(gaps)은 '그랬음이 틀림없어'(it must have been)라고 논리적으로 연결되어 채워진다. 예를 들면, 교통사고를 회상하는 경우에도 이 모든 것은 명백하게 나타난다. 증언은 반복되면 될수록 거듭 재구성되고, 어떤 정보는 생략되고 관찰되지 않는 것들이 첨가된다.[21]

이처럼 구술자들은 인식과 기억의 과정에서 객관적인 사실로부터 선별되고 재구성되어 인식하고 기억함으로써 간극을 발생시킨다. 그리고 이러한 간극의 존재는 구술자료(정치엘리트 구술자료를 포함하여)뿐 아니라 인간의 의식을 통해서 구성된 모든 산물의 운명이다.

문제는 접근방법이다. 반시나는 서로 독립적인 구술 속에서 일치점을 찾음으로써 왜곡을 찾아내고 간극을 좁힐 수 있다고 주장한다.[22] 또 다른 구술사가 포르텔리는 왜곡이나 왜곡을 만들어내는 주관성 자체가 또 다른 창조물이므로, 주관성이 만들어낸 산물들을 역사적 사실의 일부로 받아들이라고 요구한다.[23] 일견 서로 다른 해석처럼 보이는 이 두 가지 입장은 사실 대립적이지 않다. 엘리트 구술자료에도 사실과 다른 무수한 착오나 왜곡이 존재한다. 이러한 오류는 반복된 구술이나 독립적 구술을 통해서, 그리고 문서자료를 통해서 교정할 수 있고, 또 그래야만 한다. 하지만 여기서 그쳐서는 안 된다. 왜곡된 인식과 기억은 그 자체로, '사건이 발생했던 과거'를 해석하는데 있어서, 그리고 '구술을 하고 있는 현재'나 '구술이후의 미래'에 있어서 의미있는 '또 다른 사실'로 작용하기 때문이다.

인간의 인식과 기억이 선별적으로 구성되는 대표적인 사례는 '이데

---

[21] Vansina, Jan, "Memory and Oral Traditon", in J. C. Miller, ed. *The African Past Speaks: Essays on Oral Tradition and History*, Archon, 1980. 윤택림 편역, 『구술사, 기억으로 쓰는 역사』, 아르케, 2010, p.56.

[22] Vansina, 위의 글. pp.73~74.

[23] Portelli, 위의 글. p.85.

올로기적 폐쇄회로 속의 사고'나 '집단사고'(groupthink)의 경우이다.24) 역사학자 소퍼(Soffer)는 '이란-미국 외교관계 프로젝트'(Iran-American Relations Project)의 구술자료를 분석하면서, 잘못된 인식이 역사적으로 어떤 의미가 있는지를 설득력 있게 보여준다.25) 1970년대 초 이란 군사지원임무의 책임을 맡고 있었던 국방성 소속의 한 장성(Gen. Ellis Williamson)은 그의 구술을 통해, 자신이 이란왕정(shah's regime)에 대해 매우 비현실적인 인식을 갖고 있음을 드러냈다. 그는 구술에서, 이란왕정의 지배층인 상층 5~6%는 최고의 교육을 받았으며 교양있는 훌륭한 사람들이었던 반면, 나머지 대다수 대중은 신데렐라 정서를 지니고 있었으며 자극을 갈망하는 존재로 묘사했다. 그리고 그들은 "마침내 (1979년 이란혁명을 통해) 자극을 받았으며, 극단적으로 위험한 존재가 되었다"고 구술하였다.

소퍼는 윌리암슨의 구술자료를 통해 세 가지 해석을 도출해낸다. 첫째, 윌리암슨의 구술자료는 그 자체로, 윌리암슨 개인이 대다수 이란인에 대해 서구적 편견을 가지고 있으며, 스스로 무능한 제국주의자임을 드러냈다는 것이다. 하지만 윌리암슨의 구술자료는 그가 말하지 않은 것도 드러낸다. 소퍼는 윌림암슨을 다른 구술자들과 비교함으로써, (윌리암슨이 속해있는) '군사관료'와 '외교관료' 간에 이데올로기적 균열(ideological cleavage)이 존재했다고 분석한다. 당시 이란에 파견된 미국 관료들 사이에는 서로 다른 이데올로기적 집단사고(ideological groupthink)가 존재했다는 것이다. 마지막으로 소퍼는 윌리암슨과 같

---

24) 집단사고의 개념은 제니스(Janis)가 쿠바미사일 위기 당시 피그만 습격 사건 등과 같은 미국의 정책결정의의 실패를 설명하기 위해 고안한 개념이다. 그에 따르면, 응집력있는 집단의 구성원들은 집단 내의 규범에 동조현상을 보이며, 따라서 합리적으로 인식하고 판단하기 어렵다고 주장한다.

25) Soffer, J, "Oral History and the History of American foreign Relations", *The Journal of American History*, Vol.82, No.2. pp.610~612.

은 군부관료들이 자유민주주의적 원리에 따르는 '대다수 미국인들'과 매우 비민주적인 이란왕정을 지지하는 '미국정부' 사이에 놓여진 갭을 메우기 위해 그러한 이데올로기를 이용했다고 해석한다. 이처럼 객관적 사실과 동떨어진 어리석은 인식조차 역사적 현실을 구성하는 자료로서 해석이 가능하다.[26]

2) 개별적 경험

개별적으로 경험한 사실에 기초하여 인식하는 것이나 기억하는 것은 간극을 발생시키는 또 다른 요소 중에 하나이다. 이것은 개인적으로 경험했던 하나의 사건이 더 많은 사건들로 구성된 큰 사건의 일부일 경우에 발생한다. 대부분의 사회적·정치적 사건들이 무수한 행위자들에 의해 구성된다는 점을 고려해 볼 때, 이러한 간극은 매우 빈번하게 나타날 수 있다.

1987년 '6·29선언'에 관한 구술자료는 그러한 사례에 해당한다. 당시 노태우 민정당 대통령후보가 전격적으로 발표했던 '6·29선언'의 실제 진원지가 어디인가 하는 것은 한국 민주화과정을 연구하는데 있어서 매우 중요한 문제이다. 이때 6·29선언이 전두환 대통령 측의 기획에 의한 것인지 아니면 노태우 후보의 결단에 의한 것인지가 중심적인 관심사이다.[27] 구술연구에서도 선언 당사자인 '노태우 후보' 주변인들

---

[26] 소퍼는 이러한 자료해석 방법을 '징후발견적 독해'(symptomatic reading)이라 불렀다. Soffer, Ibid. p.610.
[27] 이른바 '협약에 의한 민주화' 과정에서 권위주의 세력 내부의 강경파와 온건파의 균열이 중요한데, 6·29선언은 이러한 균열의 정도를 보여주는 지표이기 때문이다. 만약 강경파로 알려진 전두환 측이 기획하고, 온건파로 알려진 노태우 측이 실행에 옮긴 것이라면 둘 사이의 균열은 크지 않은 것이다. 반대로 노태우 측이 기획하고 실행에 옮긴 것이라면, 권위주의세력 내 온건파가 강경파를 제압한 것

을 통해, 사실여부를 확인하고자 하였다.28) 즉 '노태우 후보가 '6·29 선언'의 핵심 내용인 대통령직선제를 정말 고려하고 있었는가?' '만약 그렇다면 어떠한 경로를 통해 그러한 생각을 가지게 되었는가?' 하는 점을 면밀하게 추적하는 것이다. 구술자료에 의하면, 당시 외교안보 전문가였던 K교수, 측근 정치인 L씨, P씨 등 여러 인사들이 그들 스스로가 당시 야당과 재야가 주장하고 있던 대통령 중심제를 수용하여 정국을 돌파하도록 노태우 후보에게 조언했던 '진원지'(당사자)임을 자처하였다.29)

그러나 여러 명이 진원지일 수는 없다. 그렇다면, 이들 중 한명을 제외하고 나머지는 거짓진술을 한 것인가, 아니면 이들 모두가 거짓진술을 한 것인가? 다른 여러 구술을 통해서 확인 한 바로는, 이들 모두가 노태우 당시 민정당 대표에게 독자적으로 권고한 것은 사실이었다. 하지만 노태우 대표가 이들의 권고를 실제로 받아들였는지, 받아들였다면 누구로부터 영향을 받았는지는 명확하지 않다. 중요한 것은 당시 전두환 대통령이 '4·13 호헌조치'로 대통령 직선제를 강경하게 거부하고 대치정국을 이어갈 때, 여권 내부에서 조차 직선제를 받아들이지 않으면 안된다는 시각이 적지 않았다는 것을 보여 준다는 점이다.

이처럼 역사적 사건에는 여러 행위자들이 관련되어 있고, 그들은 모두 서로 다른 경험을 통해 그 사건에 관여하고 있을 수 있다. 특히 정

으로 해석할 수 있다. 협약에 의한 민주화와 권력블럭 내 분열의 중요성에 대해서는 임혁백, 『시장, 국가, 민주주의: 한국민주화와 정치경제이론』, 나남출판, 1994, pp.244~249.

28) 2009년 대통령기록관에서 '노태우-전대통령 관련인사구술채록' 연구사업을 진행한 바 있다.

29) 노태우 전대통령 자신은 언론인 조갑제와의 인터뷰에서 외교안보전문가 K교수가 진원지임을 밝힌 바 있다. 하지만 그 인터뷰는 측근 S씨의 관리 하에 진행된 것으로 보이며, 신뢰성에는 의문에 여지가 있다. 조갑제, 『노태우 육성회고록』, 조갑제닷컴, 2007, p.164.

치적 파급효과가 크고, 이해당사자(stakeholders) 간의 갈등이 심할 경우에, 소수 엘리트의 구술만으로는 전체적인 객관적 사실을 구성하는 데에는 뚜렷한 한계가 따른다.[30] 달리 말하면, 개별적 경험에 기초한 구술자료일 경우에, 사실과의 간극은 더 많은 개별적 경험자들의 구술을 확보하고 이들을 종합함으로써 좁혀 질 수 있다는 것을 의미한다.

4. 제2유형: 기억의 유지과정에서 발생하는 간극

주관적으로, 그리고 개별적으로 형성된 기억조차, '원형'을 있는 그대로 유지하는 것은 불가능에 가깝다. 기억은 시간의 풍화과정을 거치면서 소실되기도 하며, 여러 가지 요인에 의해 변형되기도 하기 때문이다. 아래에서는 '기억의 상실'과 '기억의 변형'에 따른 간극 유형을 다룬다.

1) 망각

인간의 기억은 단기기억과 장기기억으로 구분된다. 전자는 현재 처리하고 있는 재료에 대한 짧은 시간의 즉각적 기억이며, 후자는 일생동안 누적되어 있는 경험과 정보에 대한 기억이다.[31] 망각(forgetting)은 이러한 장기기억의 일부를 잃어버린 것이다. 일반적으로 망각은 처음

---

[30] 민주화 이후의 사회정책 결정과정은 이러한 복합성을 명료하게 보여준다. 예컨대 김대중 정부하에서 이루어진 의료보험 통합정책은 대표적인 사례이다. 다양한 행위자들이 이해관계자로 참여했던 의보통합정책과정을 살펴보기 위해서는 청와대, 경제관료, 복지관료, 국회, 사회단체 등의 복합적 구술이 필요하다. 조영재, 「한국 복지정책과정의 특성에 관한 연구」, 『한국정치학회보』, 2008 참고.

[31] Matlin, *Cognition*, p.118.

에 급속히 진행되다가 거의 기억이 남아 있지 않는 순간부터는 매우 더디게 진행된다고 알려져 있다.[32]

구술연구에서 이러한 망각이 만들어낸 간극은 일종의 재앙이다. 다른 간극유형들은 분류하고, 오류를 수정하고, 변형을 재해석함으로써 다양한 의미를 부여할 수 있다. 이에 반해 망각은 수정하거나 해석할 수 있는 그 어떤 소재도 남겨 놓지 않는다. 하지만 심리학적 연구결과를 활용하면, 아무런 분석대상 조차 남아 있는 않는 '망각'상태에 대해서도 몇 가지 해석의 여지가 남아있다.

먼저 '섬광기억'(flashbulb memory)에 대한 논의를 살펴볼 필요가 있다. 섬광기억은 정서적 각성을 일으킬 만큼 놀라운 사건이나 개인적으로 중요한 사건에 대한 기억을 말한다.[33] 이 종류의 기억은 오랫동안 망각을 이겨내는 놀라운 힘이 있다. 예를 들어 기자출신의 정치인 S씨는 처음 특종 정보를 획득했을 당시 상황에 대해, 50년이 지난 지금까지도 마치 현재에 그 현장에 있는 것처럼 상세히 기억하고 있었다. 그는 당시 날짜, 시간, 날씨에 관한 사항 뿐 아니라, 주변 장소의 사물 배치, 상대방의 옷차림과 표정, 대화내용까지 스냅사진처럼 기억하고 있었다. 구술연구에서 이러한 섬광기억이 시사하는 바는 명료하다. 망각을 견뎌내지 못하는 기억들은 구술자에게 정서적 각성을 일으키지 않는 평이한 사건들일 가능성이 매우 높다는 것이다.

'전문성'도 망각에 저항하는 요인으로 알려져 있다. 특정 사안이나 사건에 대한 전문성이 높을수록 그 사건에 대해 오랫동안 기억을 유지한다는 것이다.[34] 노태우 정부시기 청와대 경제수석을 지냈던 K씨는

---

[32] 멱함수(power function) 형태로 나타나는 망각곡선(forgetting curve)을 통해 시각적으로 확인할 수 있다.
[33] Ibid. p.181.
[34] Ibid. p.175.

당시 논란이 되었던 '토지공개념' 정책에 대해 상세한 기억을 유지하고 있었다. 토지공개념정책의 배경이 되었던 재벌들의 토지투기현황과 그에 관련된 수치들, 정책 찬성자 및 반대자의 목록과 그 행위들, 그 과정에서 벌어졌던 일화들을 기억하는데 어려움이 없었다. 이러한 전문성이 구술연구에 시사하는 바는 다음과 같다. 즉, 자신이 경험했던 사안들에 대해 기억을 유지하지 못할 경우에는 그 전문성을 의심해 볼 여지가 있다는 것이다. 전직 국회의원들에게서 무수한 사례를 발견할 수 있다. 국회 상임위원회 위원으로서, 간사로서, 위원장으로서 활동했음에도 불구하고, 해당 상임위에서 다루어졌던 중요한 법안이나 사안에 대해 상세한 기억을 유지하고 있는 경우는 많지 않다. 심지어는 자신이 발의하여 사회적·정치적 이목이 집중되었던 사안에 대해서조차 망각하는 경우가 적지 않았다. 반면 이들 국회의원들은 자신의 지위정보나 외유정보, 정치적인 친소관계 등과 같은 정치정보에 대해 높은 기억력을 보였다. 이런 부류의 국회의원은 정책전문가라기보다 정치전문가라 할 수 있다.

일상적으로 '반복되었던 경험'이나 '기분일치'(mood congruence)[35]도 망각에 버티는 힘이 있다고 알려져 있다. 이미 쓰여진 문서기록에서 누락된 정보는 더 이상 다루기 어렵지만, 이처럼 구술연구에서 망각된 기억은 구술자의 경험적 특성을 추론하는데 제한적으로 활용될 수 있다.

2) 기억의 변형

한번 '형성된 기억'일지라도 고정되어 있지 않으며, 지속적인 변형과

---

[35] 기분이 유쾌한 상태에서 유쾌한 기억이나, 기분이 불쾌한 상태에서 불쾌한 기억은 더디게 망각된다. Ibid. p.167.

정을 거치면서 객관적인 사실로부터 멀어져간다. 여기에서 발생하는 간극은 여러 가지 형태로 나타난다.

먼저 '학습'(learning)이 기억의 변형을 가져올 수도 있다. 엘리트들은 비엘리트를 보다 학습의 기회나 동기를 더 많이 가지고 있다고 알려져 있다. 정치엘리트들 경우, 과거 자신이 관련되어 있었던 사건이나 인물에 대해 책을 통해서, 언론을 통해서, 주변인들과의 대화를 통해서 지속적으로 정보를 습득하고 학습한다. 그 결과, 때로는 자신이 경험하지 못했거나 부분적으로만 경험했던 사실에 대해서도 습득된 정보에 기초해 자신의 기억을 변형시키는 경우가 있다.

'일관성 편향'(consistency bias)도 기억의 변형을 가져오는 요인으로 꼽힌다.[36] 사람들은 '과거'와 '현재'의 감정(및 신념) 사이에 일관성을 과장하는 경향이 있으며, 그로인해 과거에 대한 기억이 왜곡될 수 있다는 것이다. 미국에서 멕시코계 여성파업 노동자들을 면담했던 역사학자 호닉(Honig)은, 이들에게서 일관성 편향을 발견하였다. 처음 파업에 참가했을 당시 여성노동자들은 '파업을 통해 자신들이 소심한 공장노동자에서 자기 확신에 찬 투사로 변모하였다'고 생각했었다. 그러나 몇 년 뒤 다시 면담했을 때에 '그들 자신들은 항상 자기주장에 강하였으며, 복종적이지 않았었다'고 회상했다는 것이다.[37]

'인지부조화'(cognitive dissonance)는 기억변형을 가져오는 매우 빈번하고도 은밀한 형태의 간극이다. 인지부조화라는 것은 '흡연으로 인해 죽을 수도 있기 때문에 흡연하는 것은 어리석은 짓이다'라는 생각과 '나는 하루 두 갑의 담배를 피운다'라는 서로 상반되는 두 가지 인지요소(사상, 신념, 태도, 견해)를 가지고 있을 때, 사람들이 가지게 되는

---

[36] Matlin, *Cognition*, p.184.
[37] Ibid. p.185.

불유쾌한 감정이다. 사람들은 이러한 부조화를 해소하기 위해 '흡연은 긴장이완이나 비만예방에 도움이 되기 때문에 해롭지 않다'라는 구실을 만든다. 이것은 일종의 자기기만을 통해 부조화에 따른 불편한 감정을 해소하는 것이다.[38] 비엘리트들도 일상적으로 인지부조화를 해소하려고 시도하지만, 정치엘리트들은 그러한 경향이 더욱 뚜렷하다.[39] 예컨대 과거 야당에서 권위주의 정부와 격렬하게 투쟁했던 정치인들이 공천탈락이나 기타 이유로 인해 권위주의적 여당으로 당적을 옮길 경우가 있다. 이때 상당수의 정치엘리트들이 자기정당화를 시도한다. 자신들이 추종했던 "(야당 지도자의) 위선적인 행태에 환멸을 느껴서", "호랑이를 잡으려면 호랑이 굴로 가야해서", "현실 정치를 조금이라도 개선하기 위해서", "또는 자신을 지지해준 유권자이 절실히 요구해서" 그랬다는 것이다. 이러한 인지부조화에 따른 자기기만은 뒤에서 말하는 허위진술(거짓말)과 근본적으로 다르다. 허위진술을 하는 사람들과 달리 그들은 진정으로 그것(자기기만적인 진술)을 믿는다는 것이다. 다른 사람들에게는 터무니없는 변명으로 들릴 경우에도 그렇다. 앞과 뒤가 선뜻 이해되지 않는 진술들 중에서 상당수가 이러한 사례일 것으로 추정된다.

의식적으로든 무의식적으로든, 기억이 변형되는 과정은 일상적으로 발생할 수 있다. 그리고 변형된 기억은 사실과 구술자료의 간극을 확대시킴으로써 구술자료의 신뢰성을 저하시키는 요소로 작용한다. 이때 우리가 구술자에게서 기억변형이 일어나는 다양한 이유와 그 메카니즘

---

[38] Tavris, C. and Elliot Aronson, *Mistakes Were Made(But Not By Me)*, Lescher and Lescher, 2007. 박웅희 역, 『거짓말의 진화: 자기정당화의 심리학』, 추수밭, 2007, p.27.
[39] 위의 태브리스(Tavris)와 애런슨(Aronson)의 책은 이러한 사례들로 가득 채워져 있다.

을 이해할 수 있다면, 그 구술자의 구술자료를 해석하고 그 간극을 좁히는데 한 발 더 나아갈 수 있을 것이다.

5. 제3유형: 구술하는 과정에서 발생하는 간극

과거의 경험이 여러 경로를 통해서 하나의 기억으로 응고(consolidation)되었다 하더라도, 간극은 거기서 끝나지 않는다. 구술자는 구술하는 과정에서 자신의 기억과 다른 내용을 진술할 수 있기 때문이다. 허위진술(거짓말)은 구술자료를 독해하는데 있어서 가장 경계해야할 '무의미한' 간극이다.

1) 의도적인 허위진술

정치엘리트들이 허위진술하는 이유는 실로 다양하다. 자신의 실수나 잘못을 감추고 자신을 방어하기 위해서, 정치적 반대자를 제거하거나 위해(危害)를 가하기 위해서, 자신의 과거를 포장하기 위해서, 또는 보다 적극적으로 자신의 정치적 자산이나 입지를 구축하기 위해서 허위진술을 한다.

허위진술은 앞에서 언급했던 인지부조화를 해소하기 위해 기억을 변형하는 것과는 근본적으로 상이하다. 가장 중요한 차이는 후자가 '자신을 속이기 위한 무의식적 행위'인 반면, 전자는 '타인을 속이기 위한 의식적인 행위'라는 점이다.[40] 또 한 가지 차이는 진술하는 태도와 일관

---

[40] 필자의 개인적 경험에 비춰 볼 때, 정치엘리트라 할지라도 명시적으로 타인을 속이기 위해 거짓으로 진술한 경우는 많지 않았다. 물론 자신을 기만하는 구술이 많았을지는 모른다. 하지만 그들이 필자를 속이기 위해 의도적으로 허위진술

성에서 드러난다. 인지부조화를 해소하기 위한 진술은 실제 자신의 믿음과 생각에 기초하기 때문에 확실하고 단호한 태도를 보이는 경우가 많으며, 그 진술내용은 오래도록 일관성을 유지하며 반복된다. 하지만 일시적인 목적으로 타인을 속이는 거짓 진술은 불확실하고 머뭇거리는 태도를 보이는 경우가 많으며, 속여야할 이유가 사라지면 거짓진술이 더 이상 유지되지 않을 경우가 많다. 심지어는 손쉽게 이전과는 반대진술로도 이동하기도 한다.

이러한 의도적 허위진술은 논란의 여지없이 제거되어야할 간극이다. 다만, 거짓말의 동기를 유추하는 것은 당시 정치적 상황이나 맥락을 이해하는데 도움을 줄 수도 있을 것이다.

2) 반복되는 허위진술

흔히 말하는, 거짓이 거짓을 낳는 경우이다. 위에서 언급한 의도적인 허위진술이 뚜렷한 목적을 가지고 이루지는 것이라면, 반복되는 허위진술은 뚜렷한 목적을 확인하기 어려운 사례이다. 이러한 반복되는 허위진술은 구술과정에서 나타나기도 한다. 앞에서 허위진술을 하고나서, 어쩔 수 없이 그 허위진술을 반복하는 것이다. 일례로 들면, 앞선 진술에서 자신의 독립성을 강조하면서, 당으로부터 선거비용을 전혀 지원받지 않았다고 주장했던 한 정치인이 있었다. 그러나 몇 칠 후에 이어진 면담에서 당의 모든 정치인들이 등급별로 선거비용을 차등지원 받았음을 인정했었다. 이때 그는 자신만은 그러지 않았다는 진술을 덧붙이고자 했다. 별다른 실익도 없는 허위진술을 반복한 것이다. 하지만

을 하고 있다는 느낌이 들거나, 또는 그와 관련된 대한 증거를 발견하기란 어려웠다. 대답하기 곤란한 질문(거짓말로 답해야 할지도 모를 질문)에 대해서, 그들은 사전에 필자에게 '그 질문을 하지 말아 달라'고 요청하는 경우는 가끔 있었다.

구술과정에서 이루어지는 허위진술을 반복했을 경우에 손쉽게 그 허위성이 드러나는 경우가 많다. 위의 사례에서처럼 앞에서의 진술과 뒤에서의 진술의 맥락이 다를 경우가 많은데, 그럴 경우 허위진술의 여부가 명백히 드러나기 때문이다.

반복적인 허위진술은 현실세계에서도 발생하며, 때로는 믿음으로까지 이어지기도 한다. 학자출신의 정치인 P씨는, "1960년대 한국 정부가 독일로부터 상업차관을 얻을 수 있었던 것은 파독광부·간호사의 임금을 담보로 했기 때문에 가능했다"는, 소위 '임금담보설'을 반복적으로 주장하였다.[41] 그는 구술을 통해, 누가 보더라도 확신과 감동에 찬 어조로 진술하였다. 그로 인해 '임금담보설'은 일반 시민들, 그리고 당사자였던 파독광부·간호사뿐 아니라 학계와 언론계에서 조차 '사실'로 받아들여지고 있다. 하지만 이는 명백한 허위진술이었다.[42]

이처럼 반복적인 허위진술은 그 허위성이 드러날 가능성이 높다. 하지만 그 반복성으로 인해 발생하는 문제는 의외로 심각할 수 있다. P씨의 거듭된 허위진술 사례에서처럼 허위가 객관적 사실로 둔갑할 수 있으며, '서민의 설움을 극복하고 일구어 낸 성공적 근대화'라는 허위이데올로기를 만들어낼 수 있기 때문이다.

---

[41] P씨는 자신의 회고록, 언론인터뷰, 정치엘리트 구술에서 반복적으로 임금담보설을 주장한 바 있다.

[42] 법적으로나 연대기적으로 임금을 담보로 하여 차관을 얻는 것은 불가능한 일이었다. 그리고 파독인력 중에서 임금을 강제로 담보했다는 주장은 그 누구를 통해서도 나온 바가 없다. 이영조·이옥남, 「1960년대 초 서독의 대한 상업차관에 대한 파독근로자의 임금 담보설의 진실」, 『한국정치외교사논총』 34-2, 2013 참고.

6. 결론: 간극 좁히기

　구술자료가 지니고 있는 긍정적 요소는 잘 알려져 있으며, 따라서 이 글에서 반복하진 않는다. 반대로 이 글에서는 구술자료의 객관성과 신뢰성을 해치는 부정적 요소로 지목되고 있는, 즉 사실과 구술자료 사이에 놓여 있는 간극에 대해 살펴보았다. 이 간극에는 질적으로 상이한 간극형태들이 포함되어있으며, 따라서 이 간극들이 단순히 '거리'라는 양적인 개념으로 환원될 수 없다는 것은 분명하다. 특히 기억을 형성하거나 유지하는 과정에서 발생하는 간극은 풍부한 해석의 여지가 있으며, 이로 인해 구술자료는 문서기록과 구별되는 독특한 특성과 장점을 가진다.

　하지만 '구술자료가 풍부한 해석의 가능성을 지니고 있다고 주장하는 것'과 '구술자료의 모든 내용이 하나의 객관적 실체라고 주장하는 것'은 명백히 다르다. 간극을 다양하게 해석함으로써 역사적 사실을 재구성하는 것은 중요하다. 이에 못지 않게 구술자료의 신뢰성을 해치는 일부 '무의미한' 간극을 걷어내고 역사적 사실에 접근하는 것 또한 중요하다.

　문제는 이미 생산된 구술자료에서 무의미한 간극을 걷어내는 것은 불가능에 가까운 일이란 점이다. 간극들 사이에는 객관과 주관, 의식과 무의식, 사실과 허위가 뒤엉켜 있기 때문이다. 하지만 비관할 일은 아니다. 이미 생산이 완료된 문서기록과는 달리, 구술자료는 생산과정에 개입여지가 남아 있기 때문이다. 구술연구, 특히 엘리트 구술연구가 지니고 있는 장점 중에 하나이다.

　구술자료에서 나타날 수 있는 무의미한 간극은 다음과 같은 세 가지 영역에서 축소할 수 있다. 첫째, 구술을 준비하는 과정에서 축소할 수 있다. 이때 구술자에게 충분하게 기초정보를 제공할 필요가 있다. 기초

정보를 접한 구술자는 의도하지 않는 착오나 혹시 있을 지도 모를 허위진술에 대한 유혹을 줄일 수 있기 때문이다. 미국 클린턴대통령 구술프로그램은 좋은 사례를 제공한다.[43] 그들은 인터뷰를 진행하기 전에 브리핑북(briefing book)을 통해 구술자에게 기초정보를 제공한다. 브리핑북에는 구술자가 관련된 뉴스기사의 연대기, 구술자가 행했던 주요 연설이나 공개진술 표본들, 주요 이슈나 사건들에 대한 뉴스기사, 그리고 인터뷰에서 질문할 내용들이 담긴 사전질문지 등이 여기에 포함된다.[44] 이러한 정보제공을 통해 구술자의 착오를 줄이거나, 망각했던 기억을 다시 회상케 하거나, 허위진술의 가능성을 미리 차단할 수도 있다.[45]

둘째, 구술을 진행하는 과정에서 축소할 수 있다. 구술자료 수집은 구술자와 면담자가 서로 협력하는 과정을 통해 이루어진다. 이 과정에서 신뢰와 친밀감(rapport)은 필수적이다. 본 면담에 앞서 사전면담을 갖는 것이 효과적이며, 구술의 목적·내용·방향에 대해 충분한 교감이 필요하다. 이때 면담이 학술적 환경 속에서 진행될 것이며, 구술결과물이 미래세대를 위해 공적으로 활용될 것이란 점, 그리고 비공개 사항에 대해서는 철저한 보안이 이루어질 것이라는 믿음을 주는 것이 중요하다.[46] 면담을 진행하는 과정에서도 신뢰와 친밀감을 유지해야하며, 구술의 주제에 관해 전문적인 식견을 갖고 있음을 보여 주는 것도 중요하다. 흔히 엘리트는 비엘리트와 달리 자신의 의도대로 상황을 주도하려는 경향이 있기 때문이다.[47] 이때 면담자가 구술 내용에 대해

---

[43] Riley, "Presidential Oral History", pp.93~94.
[44] 이 작업은 대학원생들에 의해 진행되며, 40여 명이 넘는 전문연구자들 중에서 관련자가 함께 한다. Ibid. pp.93~94.
[45] 필자가 수행하는 정치엘리트구술에서도 충실한 정보를 담은 사전질문지의 효과는 뚜렷하였다.
[46] Ibid, p.96.

전문성을 지니고 있음을 보여주는 줌으로써, 구술자가 허위진술하거나 주제를 벗어난 진술할 가능성을 효과적으로 차단할 수 있을 것이다.

마지막으로 구술자료의 해석과정을 통해 줄일 수 있다. 흔히 연구자들은 구술자료가 문서자료의 빈공간과 오류를 점검하는데 있어서 효과적으로 활용될 수 있다고 생각한다.[48] 하지만 그 반대도 가능하다. 하나의 구술자료는 다른 구술자료를 포함하여 다양한 문서자료들과 함께 교차검토(triangulation)될 수 있다. 그 과정에서 우리는 무의미한 주관적 진술이나 허위진술이 만들어낸 간극을 줄여나갈 수 있을 것이라 기대할 수 있다.

위와 같은 논의에 기초해 볼 때, 본 논문의 최종적인 결론은 다음과 같이 요약할 수 있다. 첫째, 모든 간극을 부정적으로 볼 필요는 없다는 것이다. 제1유형과 제2유형 간극은 구술자료가 지니고 있는 장점이다. 이 간극들을 해석함으로써 사실을 보다 풍부하게 재구성하고 이해 할 수 있기 때문이다. 둘째, 부정적인 간극인 제3유형의 간극은 구술을 준비하는 과정, 구술을 진행하는 과정, 구술자료를 해석하는 과정에서 좁힐 수 있다는 것이다.

---

[47] 김태우, 「엘리트 구술자료의 성격과 수집 방안」, pp.51~52.
[48] Tansey, O. "Process Tracing and Elite Interviewing: A Case for Non-probability Sampling", *Political Science and Politics*, Vol.40, No.4, 2007, p.6.

──────── **필자 & 구술자** ────────

조영재 ǀ 명지대학교 국제한국학연구소 연구교수 / 정치학

강성원 ǀ 전 공화당 사무차장
김영도 ǀ 전 공화당 사무차장
예춘호 ǀ 전 공화당 사무총장
정창화 ǀ 전 공화당 훈련부장
김한선 ǀ 전 공화당 조직부장
김원웅 ǀ 전 공화당 청년국장